드라마네 톨로바 – 「이중의 빛」, 2022년. (관련기사 : 94p)

Le Monde *diplomatique*

Vol. 211   Apr. 2026

커버스토리

중국 고속철도의 딜레마: 거대한 성취와 불안한 미래

글 · 아르센 뤼를만

중국의 고속철도란 무엇인가? 그것은 눈부신 규모로 구축된 통합 기술 생태계이며, 경제적 균형이 취약한 상태에서 유지되는 공학적 위업이자, 지역 통합을 강력하게 촉진하는 핵심 수단이기도 하다. 아마 이 모든 설명이 옳을 것이다. 그러나 동시에 그것은 중국이 세계에 보여주기를 즐기는 상징적 쇼케이스이기도 하다.

16면 계속 ▶

이달의 칼럼

포커스

지구촌

41

26

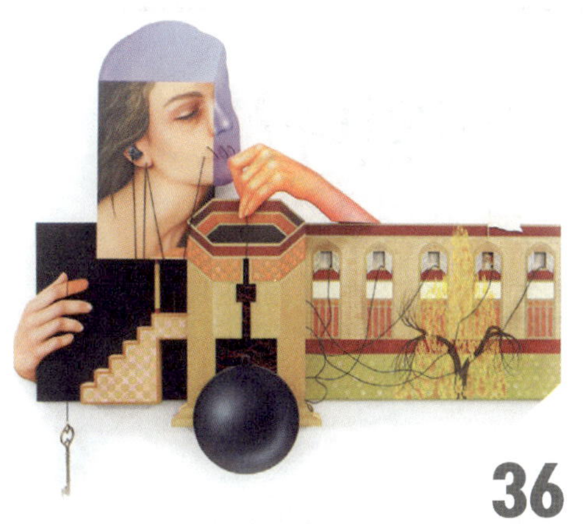

36

46

56

63

94

제프리 엡스타인, 모사드 요원이었나?

세르주 알리미 | 〈르몽드 디플로마티크〉 프랑스어판 전 편집장

앨런 더쇼위츠는 미국에서 가장 널리 알려진 변호사 가운데 한 명이다. 열렬한 친이스라엘 인사로 알려진 그는 제프리 엡스타인의 변호인이기도 했다. 지난 2월 13일, 이집트계 코미디언 바셈 유세프와의 공개 토론에서 더쇼위츠는 엡스타인이 이스라엘 정보기관과 연계돼 있다는 주장을 반박하려 했다. 그러나 그의 논지는 오히려 역효과를 낳았다. 미국 내에서 점점 더 많은 이들이 자국의 행정부·입법부·사법부가 이스라엘에 과도하게 종속돼 있으며, 워싱턴의 중동 정책이 텔아비브에 의해 좌우되고 있다고 믿고 있기 때문이다.(1)

유세프는 토론에서 엡스타인을 겨냥해 "(모노폴리 게임처럼) 자동 출소 카드라도 갖고 있었던 것 아니냐"고 비꼬았다. 이어 그는 미국에서 범죄를 저지른 뒤 이스라엘로 피신했지만 미국이 송환을 요구하지 않았던 이스라엘인 사례들을 언급했다. 그는 이어 이렇게 풍자했다. "나는 점점 더 주류 언론, 특히 CBS와 CNN의 주장에 동의하게 된다. 엡스타인은 분명 러시아 요원이다." 이는 언론을 둘러싼 각종 음모론을 비꼬기 위한 풍자적 표현이었다. 이어 유세프는 엡스타인의 동료 기슬레인 맥스웰이 모사드와 연계됐다는 의혹을 받았던 언론 재벌 로버트 맥스웰의 딸이라는 점, 그녀 역시 더쇼위츠가 변호했다는 점, 그리고 에후드 바라크 전 이스라엘 총리가 엡스타인의 집을 자주 방문했다는 사실 등을 나열했다. 이에 대해 더쇼위츠는 다음과 같이 반박했다. 엡스타인은 2008년 미성년자 성매매 알선 혐의에 대해 유죄를 인정하고 18개월 형을 선고받았는데, 이는 매우 가벼운 형이었을 뿐 아니라 실제로도 전부 복역하지 않았다. 만약 엡스타인이 모사드 요원이었다면 애초에 감옥에 가지 않았을 것이라는 주장이다. 그는 이렇게 말했다. "만약 그가 모사드를 위해 일했다고 내게 말했다면 그는 절대 감옥에 가지 않았을 것이다. 나는 대통령을 포함해 필요한 사람들을 만나 간단히 합의를 이끌어냈을 것이다. 왜 그가 모사드를 위해 일했다면 내게 말하지 않았겠는가? 나는 그의 변호인이었다. 모사드 근무가 사실이라면 오히려 그에겐 이익이었을 것이다. 정보기관을 위해 일했다는 사실보다 더 유리한 변론거리를 나는 상상할 수 없다."(2)

이 발언에 토론 진행자였던 영국 언론인 피어스 모건조차 잠시 말을 잃었다. 유세프는 곧바로 응수했다. "지금 더쇼위츠 씨가 한 말은 모사드를 홍보하는 최고의 표현이다. 모사드를 위해 일하면 무엇이든 할 수 있다고 말한 셈이다."

유세프는 이어 엡스타인이 로스차일드 가문과 함께 일했고, 친이스라엘 학생 단체에 기부했으며, 친이스라엘 자선단체 활동에도 관여했고, 이스라엘 외교 관련 활동에도 연루됐다는 주장들을 열거했다. 또 전 이스라엘 정보요원 아리 벤-메나셰가 엡스타인이 이스라엘을 위해 정보를 수집했다고 말했다는 점도 언급했다. 그리고 그는 음절을 또박또박 끊어 말하며 결론지었다. "결국 그는 분명히… 러시아 요원이다." 이 논쟁 이후 더쇼위츠는 자신의 방어 전략을 다시 생각해봐야 할지도 모른다. **ID**

글 · **세르주 알리미** Serge Halimi
언론인, 프랑스어판 르몽드 디플로마티크 전 편집장

(1) 「Même les Américains se lassent d'Israël」, 〈르몽드 디플로마티크〉, 2025년 12월호.
(2) 유튜브 채널 「Piers Morgan Uncensored」, 2026년 2월 13일.
(3) 실제로 그는 2008년 형을 복역하기 전 해외 출국을 허가받는 이례적 조치를 받았다

'그 많던 싱아는 어디로 다 사라졌을까.'

성일권 | 〈르몽드 디플로마티크〉 한국어판 발행인

『그 많던 싱아는 누가 다 먹었을까』는 일제 강점기와 해방 전후를 배경으로 작가의 어린 시절과 성장기를 그린 고 박완서 작가의 자전적 작품입니다.

그런데 이상하게도, 한동안—아니 지금 이 순간까지도— 그 제목을 다르게 기억하고 있음을 깨닫습니다. '그 많던 싱아는 어디로 다 사라졌을까.' '누가 다 먹었을까'에서 '어디로 다 사라졌을까'로 바뀐 것이지요. 아마도 이 작품이 지금은 사라지고 없는 시대와 그 시대를 살아낸 삶들을 되돌아보게 했던 때문일 것입니다. 그 시절로 돌아가라면 선뜻 응할 사람은 많지 않겠지만, 그 어려움 속에서도 기어이 살아낸 이들의 마음과 의지, 그럼에도 따뜻했던 시선과 손길에는 잃고 싶지 않은 어떤 본향의 힘이 깃들어 있겠지요.

1992년에 출간된 작품이니, 아마도 그 무렵 제 손에 들려 있었을 책입니다. 잠시 그 시대로 돌아가 봅니다. 당시 세상의 이야기는 종이신문에 담겼습니다. 사람들은 신문을 통해 세상을 접했고, 밑줄을 긋고 스크랩을 하기도 하며 기억을 쌓았습니다. 조금 더 거슬러 올라가 1980년대로

가보면, 지하철 안에서 신문 묶음을 옆구리에 낀 채 "신문 있습니다"를 외치며 승객들 사이를 오가던 판매원들의 모습은 익숙한 풍경이었습니다. 누군가 펼쳐 든 신문을 슬쩍 함께 들여다보는 재미도 있었고, 선반 위에 놓인 신문을 향해 경쟁적으로 손을 뻗던 시절이었습니다. 기차를 기다리며 플랫폼 가판대에 진열된 신문 1면을 훑어보던 기억 또한, 그 무렵의 한 장면이었습니다.

그 풍경들, 어디로 사라졌을까요. 마음만 먹으면 언제 어디서나 수많은 정보와 기사를 검색해 접할 수 있는 시대에, 왜 우리는 그 아날로그적 장면을 다시 떠올리게 되는 것일까요. 이에 대해 할 말이 없는 것은 아니지만, 한국어판 발행 19년 차에 접어든 〈르몽드 디플로마티크〉의 이야기로 대신하고자 합니다.

아시다시피 인공지능(AI)은 정보의 생산과 유통 방식을 급격히 바꾸고 있습니다. 동시에 전쟁과 갈등에 관한 소식이 TV와 소셜미디어를 통해 끊임없이 확산되면서, 세상의 관심은 점점 더 빠르고 자극적인 정보 흐름으로 옮겨가고

있습니다. 이러한 변화는 인쇄 매체의 위기로 이어지고 있습니다. 독자는 줄고, 인쇄비와 종이값은 상승하고 있습니다. 그러나 이는 새삼스러운 일이 아닙니다. 한국어판 창간 이후 줄곧 겪어온 변화이자, 지금도 여전히 맞서야 할 경영의 현실이기도 합니다.

다만 독자 여러분과 나누고 싶은 이야기가 있습니다. 올해 3월 정산 결과를 보면, 지난 한 해 동안 종이 잡지 독자 수는 전년 대비 약 6% 감소한 반면 디지털판은 약 3% 성장했습니다. 종이 매체 전반이 겪고 있는 구조적 어려움을 고려하면, 당사는 비교적 안정적인 흐름을 유지하고 있다고 평가할 수 있습니다.

힘의 논리가 주류 언론을 지배하고, 언론 생태계 자체가 급변하는 어려움 속에서도 〈르몽드 디플로마티크〉는 독립언론의 사명을 지켜왔습니다. 균형과 냉철함, 깊이 있는 분석과 사유를 담은 지성적 담론으로 독자의 곁을 지켜왔습니다. 그러나 한국어판 〈르몽드 디플로마티크〉가 그렇게 할 수 있는 힘은 오로지 독자 여러분 덕분입니다.

그럼에도 불구하고 종이 매체 〈르몽드 디플로마티크〉를 놓치지 않고, 기사와 콘텐츠를 공유하며 다양한 자리에서 토론으로 확장해 주시는 독자 여러분의 관심과 실천은, 단순히 이 매체의 존재와 성장을 넘어 지성과 가치의 힘을 현실 속에서 구체화하는 데 중요한 역할을 합니다.

지금 이 순간에도 세계 곳곳에서의 충돌과 갈등은 국제 질서를 암흑 속으로 내몰고 있습니다. 이러한 상황에서 단순한 선전이나 도식적 설명은 근본과 궁극에 닿지 못한 채, 그저 현실을 피상적으로 덧칠하는 데 그칠 뿐입니다. 우리가 지향하는 것은 근본과 진실, 역사적 맥락과 지정학적 재편의 복잡성을 드러내는 냉철한 분석입니다.

이번 4월호 역시 그러한 문제의식 속에서 다양한 주제들을 엮었습니다. 제프리 엡스타인의 정체를 둘러싼 물음을 통해 드러나는 국제 정치의 어두운 단면, 칸트의 철학적 시선에서 바라본 국제적 무질서, 중국 고속철도의 발전과 그 이면의 딜레마를 짚었습니다. 또한 '돈'에 지배되는 보건정책의 현실, 엘살바도르의 권위주의적 치안 정책, 미국의 압박 속에서의 쿠바의 운명, 캘리포니아 과수원에서 일하는 미성년 이주 노동자들의 가혹한 현실을 다뤘습니다. 더불어 모로코에서 벌어지는 토지와 노동의 착취 구조, 전쟁 중인 이란의 현실, 그리고 콩고 광물을 둘러싼 미중 경쟁까지 함께 담았습니다.

이번 호에서는 이스라엘과 팔레스타인 문제도 비중 있게 다루었습니다. 팔레스타인 인권을 말하는 일이 어떻게 명예훼손으로 몰리는지, 그리고 이스라엘을 의식한 프랑스 외교가 어떤 방식으로 진실을 왜곡하는지를 분석합니다. 또한 정치를 숙주로 삼아 기생하는 종교 집단의 좀비화, 곧 한국적 종교 파시즘의 양상과 특징을 짚었습니다. 극우화된 일부 개신교 세력들이 어째서 성경 대신 이스라엘기와 성조기를 들게 되었는지를 비판적으로 들여다봅니다. 이 외에도 다양한 주제의 글들이 독자 여러분을 기다리고 있습니다.

『그 많던 싱아는 누가 다 먹었을까』는 사라진 시대에 대한 기억입니다. 우리는 한 가지 질문을 던져봅니다. 스스로 사라지는 존재가 과연 얼마나 될까요. 어쩌면 대부분은 다른 모습으로 기억되거나, 잊히거나, 혹은 지워지는 것은 아닐까요. 아픔과 상처의 역사, 그리고 한때 소중했던 것들 역시 그러합니다. 이것이 〈르몽드 디플로마티크〉가 바라보는 세계입니다.

여전히 독자 여러분의 손에 남아 있는 종이 매체 〈르몽드 디플로마티크〉와 함께, 우리는 '사라짐'의 역사 속에 사유의 질문을 던집니다. 그리고 기원합니다. 전장의 포성이 멈추고, 인간의 삶이 다시 평온을 되찾는 날이 하루라도 빨리 오기를. **LD**

글 · 성일권
〈르몽드 디플로마티크〉 한국어판 발행인

LE MONDE *diplomatique*

"세계를 읽는다"

국제관계 전문시사지 〈르몽드 디플로마티크〉는 프랑스 〈르몽드〉 의 자매지로
전세계 20개 언어, 37개 국제판으로 발행되는 월간지입니다.

르디플로
통권 211호 ▶

마니에르
통권 21호
▼

단행본

회원가입 시 구독체험 페이지에서 과월호 PDF 체험이 가능합니다.
구독 문의 www.ilemonde.com | 02 777 2003

국제법은 세계 평화를 지킬 수 있는가

강대국 탐욕에 좌초된 칸트의 '영구평화'

18세기 말, 철학자 임마누엘 칸트(1724~1804)는 국가 이익보다 보편적 인권과 평화를 우선하는 '세계 시민주의'의 관점에서 '영구 평화'의 조건을 탐구했다. 국제법의 철학적 토대를 마련한 그의 사상은 오늘날에도 여전히 중요한 의미를 지닌다. 그의 사상은 우리 시대를 특징짓는 전쟁의 역학, 안보 딜레마, 외교적 교착, 그리고 국제 질서의 비극적 전환을 이해하는 데 중요한 통찰을 제공한다.

라후아리 아디 | 철학자

17 95년, 약 2세기 반 전에 쓰인 임마누엘 칸트의 『영구 평화론』은 오늘날 국제무대에서 벌어지는 여러 사건을 떠올리게 한다. 우크라이나와 가자지구, 그리고 카리브 지역에서 이어지는 분쟁을 보면 그의 사상은 여전히 시사성을 지닌다. 이 책은 비교적 읽기 쉬운 서술 방식으로 쓰여 있으며, 인간이 본래 이기적인 존재이면서도 동시에 도덕적으로 행동할 수 있는 이성적 존재임을 강조한다. 또한 인간의 행동이 이 두 요소 사이의 긴장 속에서 이루어진다고 설명한다. 인간은 종교와 경제에서 그렇듯 정치에서도 선과 악의 양면성을 동시에 지닌다. 국가를 운영하는 위치에 서더라도 이러한 인간적 한계에서 완전히 벗어나기는 어렵다.

인간의 양면성, 국가 경영에도 반영

칸트는 국가 역시 개인과 마찬가지로 행동한다고 보았다. 국가는 지배하기 위해, 그리고 지배에 맞서기 위해 끊임없이 힘을 추구한다. 근대 정치의 발전과 함께 국민국가라는 정치 형태가 등장했고, 국가는 폭력 사용을 독점하고 법을 강제함으로써 일정한 국경 안에서 사회 질서와 시민적 평화를 유지한다. 그러나 국제사회에는 국가들 위에 서서 법 준수를 강제할 상위 권력이 존재하지 않는다. 국가들은 자신들보다 높은 권위를 인정하지 않기 때문이다. 그 결과 국제사회는 머리 없는 체계, 즉 힘에 의해 조절되는 구조 속에 놓이게 된다. 이는 국제 체제의 무정부성(anarchy)을 뜻한다. 이러한 무정부적 구조 속에서 강대국의 패권 시도가 등장하며, 이에 맞서는 대응은 결국 힘의 균형이나 저항의 형태로 나타난다. 칸트는 이를 두고 국가들의 '야만적 자유'라고 표현했다. 국가 역시 개인처럼 호전적이며, 적대심과 권력에 대한 끝없는 욕망을 지닌 존재라는 것이다. 그러나 칸트는 동시에 '자연'—인간 사회와 역사 속에서 작동하는 보이지 않는 질서 또는 힘—의 어떤 메커니즘이 이러한 적대적 성향을 조절한다고 보았다. 칸트에 따르면 자연은 인간과 국가가 서로를 견제하도록 만들고, 그 과정에서 결국 인간과 국가는 스스로 강제적 법 질서에 복종하게 된다. 그 결과 법이 실질적인 힘을 갖는 평화의 상태가 형성된다는 것이다.(1)

최고 권력이 법에 귀속되도록 하는 '자연'

국가들이 스스로 국제법을 따르게 될 때 세계에는 민족들 사이의 평화를 유지하는 하나의 법적 질서가 형성된다.

칸트에 따르면 국제법은 정치 지도자들의 도덕이나 선의에서 비롯된 것이 아니라 국가들 사이의 상호 견제와 억지 속에서 형성된 결과다. 약한 국가들조차 지배에 맞서 저항할 잠재력을 지니고 있기 때문이다. 식민 제국들이 결국 붕괴한 것도 이러한 힘의 균형과 저항의 가능성 때문이었다. 제2차 세계대전 이후 식민 지배를 유지하는 데 드는 정치적 비용은 지나치게 커졌다. 군사력만으로 한 국가가 다른 국가를 지속적으로 지배하기는 어렵다. 미국 역시 막대한 군사력을 보유하고 있었지만 베트남, 이라크, 아프가니스탄에서 결정적인 승리를 거두지 못했다. 압도적인 군사력에도 불구하고 결국 침공했던 국가들에서 철수해야 했다. 현지의 저항이 인명 피해와 재정 부담 측면에서 감당하기 어려운 수준에 이르렀기 때문이다. 이러한 현상은 미국만의 문제가 아니다. 모든 국가는 팽창하려는 성향을 지니는 동시에 다른 국가의 지배를 받을 가능성도 안고 있다. 그러나 이를 억제하는 것은 결국 지배에 따르는 비용과 대가다. 칸트는 이를 자연의 작용으로 보았다. 자연은 인간의 호전적 성향을 제어하고 보편적 의지를 뒷받침하는 방향으로 작용한다는 것이다. 그는 이렇게 말했다. "자연은 궁극적으로 최고 권력이 법에 귀속되도록 한다."

전쟁 억지의 힘, 국제법의 한계

한편 아무리 강력한 국가라 하더라도 국제 평화를 보장하는 세계 정부를 수립하기는 어렵다. 칸트는 이러한 가능성을 제약하는 것 또한 '자연'의 작용이라고 보았다. 그는 언어와 종교의 다양성이 서로 다른 민족들이 하나의 국가로 통합되는 것을 어렵게 만든다고 보았다. 세계 국가의 형성이 어려운 상황에서 각 국가는 더 강한 군사력과 경제력, 그리고 이념적 영향력을 확보하려는 경향을 보인다. 그 결과 국가 간 경쟁은 더욱 격화되며, 이러한 경쟁은 언제든 무력 충돌로 이어질 가능성을 내포하고 있다. 이런 상황에서 전쟁을 억제할 수 있는 현실적인 방법은 국제법의 구축이다. 이는 국가들이 합의한 헌장을 바탕으로 국제기구를 통해 형성되며, 그 목적은 전쟁을 방지하는 데 있다. 이러한

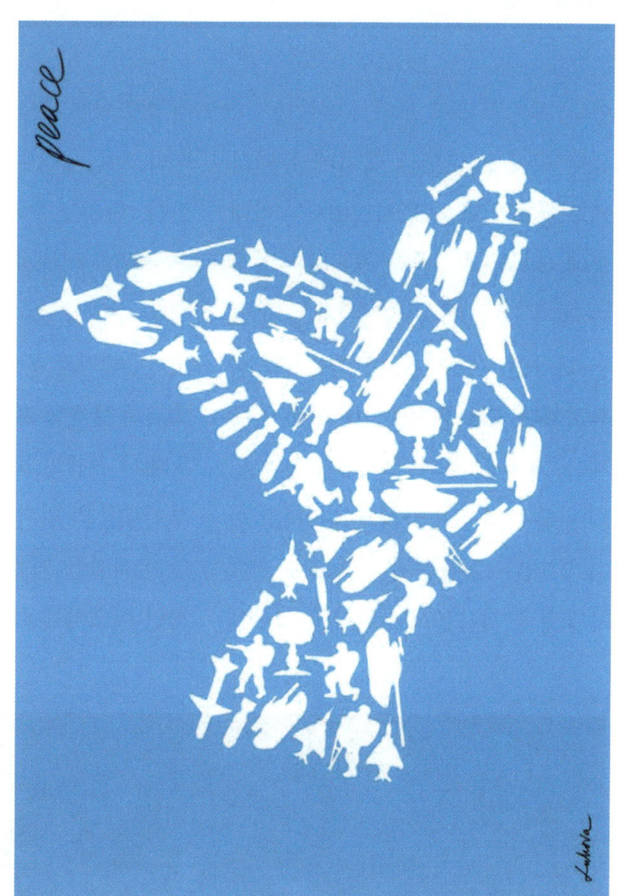

루바 루코바(Luba Lukova), 「평화(Peace)」, 2001년.

한 점에서 칸트는 국제연합의 정신적 선구자로 평가된다. 1945년 창설된 국제연합은 전쟁을 금지하는 원칙을 제도화했다. 두 차례의 세계대전을 겪은 국가들이 문명의 미래를 위해 평화의 필요성을 절실히 인식했기 때문이다.

다섯 강대국에게 허용된 '전쟁'

그러나 국제연합(UN)은 국제 평화를 유지하는 데 중요한 역할을 수행하고 있지만, 칸트가 말한 '영구 평화'를 실현할 만큼 충분한 권한과 능력을 갖추었다고 보기는 어렵다. 전쟁은 원칙적으로 모든 국가에 대해 금지되어 있지만, 실제 국제 질서에서는 안전보장이사회 상임이사국인 다섯 강대국이 사실상 예외적 지위를 누리고 있기 때문이다. 이들 국가는 거부권을 통해 자신들의 이해에 맞지 않는 결의를 언제든지 막을 수 있다. 그 결과 이 다섯 나라 가운데 하나가 전쟁에 관여할 경우, 유엔은 이를 법적으로 제지할 수

있는 권한을 갖지 못한다. 이러한 이유로 국제법은 모든 국가에 동일하게 적용되지 않으며, 현실에서는 강대국에 유리한 방식으로 작동하는 경우가 적지 않다. 법적 관점에서 보면 이는 하나의 구조적 모순이다. 이를 비유하자면, 200명으로 이루어진 공동체가 '현자들의 위원회'에 의해 운영되며 폭력 사용이 금지되어 있다고 하자. 그러나 그 공동체 안의 다섯 명에게만 폭력 사용을 허용한다면, 그들은 사실상 전쟁 군주처럼 행동하게 될 것이다. 현실에서도 비슷한 구조가 작동한다. 안전보장이사회 상임이사국들은 동맹과 이해관계의 거래를 통해 전쟁을 수행할 수 있는 특권을 유지하고, 그 대가로 동맹국이나 우호국에게 외교적 보호를 제공한다. 이러한 구조 속에서 유엔과 국제 시민사회의 비정부기구들은 가자지구에서 벌어진 집단적 학살을 막지 못했다. 유엔 회원국인 이스라엘은 미국의 외교적 보호 아래 전쟁을 수행했다. 이 '유엔이라는 마을'의 다섯 전쟁 군주 가운데 하나는, 이스라엘 총리와 전 국방장관에게 체포영장을 발부한 국제형사재판소 판사들에게 제재를 가하기까지 했다. 세계 최강대국인 미국은 자국이 보호하는 국가가 전쟁 범죄와 같은 행위를 저질렀을 때 국제사법권을 인정하지 않는다. 그들은 국제법이 자신들의 이해관계에 부합할 때에만 이를 인정한다.

칸트가 본 군대와 평화의 역설

칸트는 군대의 존재에 대해 비판적인 시각을 지니고 있었다. 그는 군대가 사람들에게 급여를 지급해 서로를 죽이거나 죽임을 당하게 만드는 제도라고 보았다. 그러나 동시에 외부의 군사적 침략으로부터 국민을 보호하기 위해 국가가 군대를 필요로 한다는 점도 인정했다. 따라서 군대는 호전적인 이웃 국가로부터 나라를 방어하는 목적을 가질 때에만 정당성을 얻는다. 칸트에게 군대는 평화를 파괴하는 수단이 아니라, 평화를 유지하기 위한 도구로 이해되어야 한다. 한 국가가 안보를 강화한다는 명분으로 군사력을 과도하게 증강해 이웃 국가들을 불안하게 만들어서는 안 된다는 것이다. 이 지점에서 이른바 안보 딜레마가 발생한다. 한 국가는 자신을 보호하기 위해 군사력을 강화하지만, 그 조치는 이웃 국가에게 위협으로 인식된다. 그러면 상대 국가는 공격 가능성에 대비해 다시 군비를 확대하게 된다. 국제 관계에서 위협에 대한 인식은 실제 위협의 존재 여부와 관계없이 국가의 안보 정책을 형성하는 중요한 요인으로 작용한다. 국가들은 더 큰 안전을 확보하기 위해 군사 동맹을 구축하기도 한다. 그러나 이러한 동맹은 잠재적 경쟁국들을 자극해 또 다른 동맹 형성을 부추긴다. 그 결과 국제 질서는 점점 긴장이 높아지고 전쟁의 가능성에 가까워진다. 이러한 관점에서 보면 북대서양조약기구의 존재는 러시아와 중국 사이의 군사 협력을 강화하는 효과를 낳는다. 이들 국가가 NATO를 잠재적 위협으로 인식하기 때문이다. 냉전이 종식된 이후 NATO는 해체되거나 유엔의 권한 아래 편입되었어야 한다는 주장도 제기된다. 그러나 무기 판매와 이해관계를 공유한 군수 산업은 NATO의 존속과 확대를 지속적으로 지지해 왔다. 그 결과 각국 납세자의 세금으로 무기가 계속 구매되는 구조가 유지되고 있다.

상호 두려움을 키워온 국제사회

우크라이나와 가자지구에서 벌어지는 분쟁은 칸트의 관점에서 어떻게 이해할 수 있을까. 러시아의 우크라이나 침공은 두 가지 두려움이 맞물린 결과로 해석할 수 있다. 하나는 러시아의 팽창을 경계하고 이를 억제하려는 유럽 정부들의 두려움이고, 다른 하나는 NATO의 확대를 포위와 압박으로 인식하는 러시아의 두려움이다. 양측은 서로를 위협하고 있지만 실제로 선을 넘을 가능성은 크지 않다. 핵무기의 존재로 인해 NATO 국가들과 러시아 사이에 직접적인 전쟁이 벌어질 가능성은 낮기 때문이다. 그러나 그렇다고 평화가 쉽게 실현될 것이라고 보기도 어렵다. 현재의 상황은 레이몽 아롱의 표현처럼 "전쟁은 불가능하지만 평화도 불가능한 상태"에 가깝다. 모스크바는 NATO가 러시아의 생존을 위협하는 존재라는 인식을 상당수 러시아 국민에게 설득하는 데 성공했다. 반면 유럽 정부들 사이에서는 이러한 인식이 동일하게 공유되지는 않는다. 유럽의 여론은 일정 수준에서 우크라이나에 대한 군사적·재정적 지원에는 동의하지만, 러시아와의 직접적인 전쟁에는 대체로 반대하는 경향을 보인다. 일반적으로 정치 지도자들은 호전적인 태도를 보이는 경우가 많은 반면, 국민들은 평화를 선호하는 경향이 있다. 프랑스에서는 1914년 제1차 세계대전을 앞두고 전쟁에 반대하며 칸트의 평화사상에 공감했던 사회주의자 장 조레스"가 암살되었다. 이후 수백만 명의 생명을 앗아간 제1차 세계대전은 결국 제2차 세계대전의 씨앗을 남겼고, 그 전쟁은 인류에게 더욱 파괴적인 결과를 가져왔다.

이 전쟁 동안 20세기 최대의 집단학살이 발생했다. 나치는 유대인을 인간종에 속할 자격이 없는 존재로 규정하고 조직적인 절멸 정책을 실행했다. 전쟁이 끝난 뒤 유대인들은 말할 수 없는 폭력의 희생자로 인식되었고, 그들이 겪은 고통과 비극은 국제사회에서 큰 공감과 연민을 불러일으켰다. 이러한 분위기 속에서 시온주의 운동은 팔레스타인 주민들이 살던 땅에 국가를 건설했다. 군사적·재정적·외교적 지원을 받은 이스라엘은 점차 강력한 국가로 성장했으며, 전쟁과 지배를 중심으로 한 정치 논리에 점차 깊이 들어가게 되었다. 그 결과 수십 년 사이에 과거 박해의 희생자였던 유대인, 혹은 그 후손들이 팔레스타인 땅에서 팔레스타인인들을 억압하는 가해자가 되는 역설적인 상황이 나타났다. 칸트의 표현을 빌리자면, 억압받는 인간 안에도 또 다른 억압자가 잠들어 있을 수 있다. 여기서 또 하나의 질문이 제기된다. 식민 지배를 경험했던 국가의 지도자들은 독립 이후 자국민에게 시민적 권리를 충분히 보장하고 있는가, 아니면 과거 식민 권력이 식민지 주민들에게 가했던 제한을 다른 형태로 되풀이하고 있는 것은 아닌가.

국제 무질서에 대한 칸트적 시선

칸트에 따르면 역사는 원인과 결과가 이어지는 연속적인 과정이다. 이러한 관점에서 보면 가자지구에서 벌어지는 일은 앞으로 태어날 팔레스타인 세대의 분노와 증오를 더욱 키울 가능성이 있다. 그들은 언젠가 복수를 시도하려 할 수도 있다. 현재의 국제 권력 구조는 이스라엘에 유리하게 작용하고 있지만, 이러한 힘의 균형이 변할 경우 이스라엘의 미래 역시 불확실해질 수 있다. 가까운 장래에 이란이 핵 보유국이 될 가능성이 있으며, 그로부터 수십 년 뒤에는 사우디아라비아와 아마도 이집트도 핵무기를 보유하게 될 수 있다. 그렇게 되면 이스라엘은 주변 국가들과의 대치에서 더 이상 핵 독점에 의존하기 어려워질 것이다. 이러한 상황에서 이스라엘이 국가의 붕괴를 피하려면 두 가지 선택지 가운데 하나를 택해야 할 가능성이 있다. 하나는 종교와 무관하게 모든 시민에게 동일한 시민권을 보장하는 이중민족 국가로 나아가는 것이고, 다른 하나는 과거의 고통을 기억하고 있는 팔레스타인 주민들의 국가를 인정하는 것이다.

다섯 강대국에게 부여된 거부권으로 사실상 무력화된 유엔은 국제법을 제대로 집행하지 못했고, 그 결과 칸트가 기대했던 보편적 평화 역시 실현되지 못했다. 한편 제3차 세계대전이 칼리닌그라드에서 시작될 수 있다는 우려도 제기된다. 이러한 가능성은 2025년 7월 17일 NATO 군사령관인 미국 장군 크리스 도너휴가 언급한 바 있다. 제2차 세계대전 이후 소련에 편입된 이 지역은 과거 프로이센의 요새 도시였으며, 오늘날에는 NATO 국가들 사이에 위치한 러시아의 군사 거점으로서 유럽에서 가장 군사화된 지역 가운데 하나로 꼽힌다. 이곳에는 러시아 발트해 함대와 공군 기지가 주둔하고 있으며, 일부 서방 정보에 따르면 전술 핵미사일도 배치된 것으로 알려져 있다. 역사의 아이러니는 칼리닌그라드가 바로 쾨니히스베르크라는 사실이다. 이곳은 철학자 임마누엘 칸트가 태어나 평생을 보내고 생을 마친 도시이기도 하다. ⒹⒹ

글 · 라후아리 아디 Lahouari Addi
프랑스 리옹 고등사범학교 산하 연구센터 트리앙글(Triangle)의 협력 연구원이며, 미국 메릴랜드대학교 볼티모어 카운티 캠퍼스의 초빙 교수. 이 글은 그의 저서 『칸트로 돌아가기: 지적 근대성의 기원』(Armand Colin, 파리, 2026)의 후기 일부를 약간 수정한 것이다.

(1) 임마누엘 칸트, 『영구 평화론』, 장 지블랭(Jean Gibelin) 번역, 브랭(Vrin), 파리, 1948년(1999년 재판). 이하의 인용문 역시 모두 같은 저작에서 발췌한 것이다.

마흐무드 알하지. – 「프래자일 No.2」, 2020 – 우슈발 고체즈 갤러리(스페인 바르셀로나)

이스라엘의 억누를 수 없는 전쟁 충동

기드온 레비 | 〈하아레츠〉 기자, 작가

냐민 네타냐후 총리의 낮은 지지율에도 불구하고, 이란에 대한 공격은 이스라엘 국민 다수의 강한 지지를 받고 있다. 이는 2023년 10월 7일 하마스의 이스라엘 공격이 남긴 깊은 트라우마를 넘어, 이스라엘 사회가 안고 있는 내적 모순을 드러낸다. 즉 텔아비브의 호전적 전략을 성찰하거나 비판하려는 움직임이 좀처럼 시작되지 못하고 있음을 보여준다.

나는 이 글을 사이렌 소리 사이, 쉼과 쉼 사이에 쓰고 있다. 대피소로 즉시 이동하라는 길고 집요한 경보음이 이어진다. 휴대전화의 경고음조차, 특히 한밤중에 울릴 때는 공포 그 자체다.

이미 2주째, 천만 명의 이스라엘 시민이 하루에도 여러 차례 대피소로 향하고 있다. 전쟁 첫날, 적어도 텔아비브 인근에서는 21번이나 대피해야 했다. 그러나 모든 이에게 대피소가 있는 것은 아니다. 일부 지역, 특히 아랍계 주민이 다수인 곳에는 애초에 대피소조차 존재하지 않는다.

이스라엘인들이 이 전쟁과 폭력에 관대한 이유

이 전쟁이 이스라엘 사회에 요구하는 대가는 막대하지

만, 그 규모를 아직 정확히 가늠하기는 어렵다. 이란과의 충돌, 그리고 가자지구에서의 군사 작전이 남긴 피해의 전모를 파악하는 데에는 아마도 수년이 걸릴 것이다. 경제, 안보, 국제적 위상, 그리고 시민들의 일상까지-그 모든 것이 흔들리고 있다. 흘린 피와 파괴, 그리고 앞으로도 오래 지속될 불안은 말할 것도 없다. 기업 파산은 늘어나고, 교육 시스템은 사실상 마비 상태에 빠졌다. 사람들은 정신적으로 붕괴되고 있다. '정상 국가'를 자처해온 이 나라는 2023년 10월 이후 2년 반 동안 비정상적인 상태 속에서 살아왔다. 모든 이스라엘인은 그 대가를 치렀고, 앞으로도 어떤 방식으로든 계속 치르게 될 것이다.

대다수 이스라엘인들은 가자지구에서 벌어진 일을 정당한 것으로 받아들인다. 그 근거는 2023년 10월 7일 하마스의 공격이다.(1) 이 사건은 많은 이들에게 자국 군대가 전쟁을 수행할 권리를 넘어, 사실상 '절멸 전쟁'까지 수행할 수 있다는 인식을 가능하게 한 출발점이 되었다. 그 결과 사회는 그 희생과 파괴를 비교적 쉽게 받아들였고, 심지어 그것을 도덕적으로도 정당한 것으로 여기게 되었다. 언론은 팔레스타인 지역에서 벌어진 참상을 거의 드러내지 않았고, 외부의 비판을 무력화하는 하나의 서사가 자리 잡았다. 즉 세계는 본질적으로 반유대주의적이며, 이스라엘을 증오한다는 주장이다.

크네세트의 모든 유대계·시온주의 정당들은 가자 전쟁을 지지해 왔으며, 지금도 그 지지를 이어가고 있다. 보다 건강한 사회였다면 전쟁 수행 방식과 넘지 말아야 할 선, 그리고 저질러진 범죄들에 대해 구체적인 질문을 던졌을 것이다. 그러나 그러한 논의는 거의 존재하지 않는다. 전쟁의 결과에 대한 토론 역시 찾아볼 수 없다. 이 전쟁은 모두에게 '성공'으로 인식된다. 언론이 그렇게 말하고, 베냐민 네타냐후 총리 역시 그 주장을 끊임없이 반복하고 있다.

생존 여부와 관계없이 모든 인질이 돌아왔다는 사실만으로, 7만 명이 희생되고 200만 명이 사는 가자지구가 거의 완전히 파괴된 이 전쟁은 '성공'으로 규정되었다. 사회는 어떠한 후회도 보이지 않으며, 오히려 시간을 되돌릴 수 있다면 아마도 더 잔혹한 선택을 했을 것이다.(2) 하마스는

여전히 존재하고 무장 해제되지 않았으며, 이스라엘이 전쟁 이전보다 더 안전해진 것도 아니다. 이러한 사실들은 군사력과 우월성의 한계를 성찰하게 만들었어야 했다. 그러나 그러한 성찰은 끝내 이루어지지 않았다.

휴전 이후 5개월이 지났지만, 이스라엘은 여전히 가자지구의 상당 부분을 점령하고 있으며, 나머지 지역은 하마스가 통제하고 있다. '전후'에 대한 어떠한 진지한 해법도 보이지 않는다.

이러한 상황을 장기적인 전략적 성공으로 보기는 어렵다. 폐허가 된 이 지역은 정치적·사회적, 그리고 결국 군사적 긴장의 온상으로 남을 것이며, 이스라엘은 이를 계속해서 폭력과 무제한적 군사력에 의존해 통제하려 할 것이다.

이스라엘 유대인 93%가 이란 전쟁지지

이러한 맥락 속에서 이란과의 전쟁이 시작되었다. 2023년 10월 7일의 공격은 이스라엘로 하여금 중동 지역에 대한 군사적 통제력을 더욱 강화해야 한다는 결론에 이르게 했다. 이란 정권을 전복하려는 구상은 베냐민 네타냐후 총리의 오랜 집념이었다. 그러나 가자지구, 레바논, 예멘의 후티 반군을 상대로 한 전쟁 등 2년 반에 걸친 충돌로 이미 지친 사회가 어떻게 또 다른 고통을 감내할 수 있는지는 여전히 의문이다. 인구의 상당수로부터 혐오와 경멸의 대상이 되어온 정부 수반 - 그의 퇴진을 수년간 요구해온 이들도 적지 않다 - 이 이전보다 훨씬 더 위험한 군사적 모험으로 국가를 이끌면서도 거의 아무런 저항에 부딪히지 않는 현실은 놀라움을 자아낸다.

이스라엘 유대인 가운데 93%가 이란에 대한 군사 행동을 지지하고 있으며(아랍계 시민의 63%는 이에 반대한다).(3) 이처럼 중대한 사안에서 압도적 다수가 형성되는 사회는 민주주의로서는 이례적이다. 이는 자유 사회의 다원주의 원칙과도 배치된다. 이러한 수치는 이스라엘 사회의 정신 상태를 적나라하게 드러낸다. 충격적이지만, 놀랍지는 않다.

물론 전쟁은 개시 시점에 높은 지지를 얻기 마련이며,

특히 적대국 지도자가 제거될 경우 더욱 그렇다. 이란의 위협 제거, 핵 위기 해소, 탄도미사일 위험 제거와 같은 명분도 반복적으로 동원되며 지지를 부추긴다. 그러나 그 어느 목표도 달성에 가까워 보이지 않는다. 정권 교체도, 핵 위협의 제거도 마찬가지다. 그럼에도 비정상적인 봉쇄 상태 속에서 2주를 보낸 지금까지, 이 전쟁에 대한 공개적 문제 제기는 거의 나타나지 않는다.

오로지 "침묵하라, 발포하라!"

최근 몇 년간 네타냐후 정부에 반대하는 시위를 이어왔던 이들조차 전쟁 문제에 있어서는 그를 지지하고 있다.(4) 복무 거부를 시사했던 공군 조종사들 역시 주저 없이 수천 킬로미터 떨어진 지역으로 출격해 폭격 임무를 수행하고 있다. 지금까지 알려진 바에 따르면, 비행을 거부한 조종사도, 항공기에 무장을 거부한 기술자도 없다. 전쟁의 결말을 아무도 알 수 없는 상황에서도, 전면적 지지만이 울려 퍼지고 있다. 레바논 정부가 이스라엘과의 협상 의사를 밝히자, 이스라엘 정부는 이를 거칠게 거부했다.(5) 과거에는 레바논이나 다른 아랍 국가와의 평화가 하나의 꿈으로 여겨지던 시기도 있었다. 그러나 오늘날에는 이스라엘과 미국의 F-35 전투기 이야기만이 오갈 뿐이며, 이에 대해서는 이견조차 존재하지 않는다. 이는 악몽에 가깝다. 과거 전쟁에서 익숙했던 구호가 다시 등장하고 있다. "침묵하라, 발포하라!"

이스라엘 국민은 아무것도 잊지 않는다고 말하지만, 실제로는 기억이 짧다. 2025년 초여름, 이란의 탄도미사일 위협은 제거되었다고 발표된 바 있다.(6) 그러나 불과 8개월 뒤, 미사일은 다시 이스라엘을 향해 쏟아지고 있다. 이란의 핵 프로그램과 기타 군사 능력 역시 이미 파괴되었다고 주장되었지만, 지금은 그것을 다시 파괴하기 위한 새로운 전쟁이 시작된 상황이다. 2025년 한 해 동안 네타냐후 총리는 이스라엘이 헤즈볼라를 격파했으며 그 조직은 거의 남아 있지 않다고 여러 차례 강조했다. 그러나 현재 헤즈볼라는 북부와 중부를 향해 공격을 이어가며 다시 모습을 드러내고 있다.

이스라엘의 '자기성찰', 불가능

활력 있고, 민감하며, 크고 집요하며 강력한 목소리의 이스라엘 사회가 왜 전쟁 앞에서는 침묵하는가. 왜 실제이든 상상이든 위협 앞에서 이처럼 완전히 단결하는가. 그 답은 어쩌면 질문 속에 이미 담겨 있을지도 모른다. 이스라엘은 전쟁을 필요로 한다. 그것은 단지 국가 서사를 지배하는 핵심 원리일 뿐만 아니라, 존재론적 필요이기도 하다. 전쟁은 정치적·사회적·종교적·민족적으로 분열된 사회를 하나로 묶고, 내부의 균열을 가리며, 다른 문제들 – 특히 해결의 기미가 보이지 않는 팔레스타인 점령이라는 수치—로부터 시선을 돌리게 한다.

중동에서 전쟁 외에 다른 선택지는 없으며, 결국 무력만이 답이라는 생각은 극도로 위험하다. 아무것도 배우지 못한 채, 이스라엘은 다시 레바논이라는 함정으로 향하고 있다. 이 악순환에서 벗어나는 유일한 길은 깊은 자기 성찰에 있을 것이다. 그러나 이를 수행할 주체는 존재하지 않는다. 설령 그런 인물이 있다 하더라도 성공할 가능성은 거의 없다. 체제는 즉각적으로 그를 정당성 없는 존재로 만들 것이기 때문이다.

비판은 금지되고, 전쟁만이 허용되는 사회에서 남는 말은 단 두 마디뿐이다.

침묵하라. 발포하라. **LD**

글 · **기드온 레비** Gideon Levy
이스라엘 텔아비브의 일간지 〈하아레츠〉 소속 작가이자 기자.

---

(1) 「이스라엘의 집단학살에 대한 동의」, 〈르몽드 디플로마티크〉, 2025년 10월호 참고.
(2) Alain Gresh, 「가자 주민의 소거, 하나의 집착」, 『가자: 증언하고, 이해하고, 저항하다』, 〈마니에르 드 부아르〉 제205호, 2026년 2~3월호 참고.
(3) Tamar Hermann, Lior Yohanani, Yaron Kaplan, 「대다수의 이스라엘 유대인은 이란 전쟁 목표 달성이 가능하다고 믿는 반면, 대다수의 아랍계 이스라엘인은 그렇지 않다고 본다」, 이스라엘 민주주의 연구소, 예루살렘, 2026년 3월 12일, https://en.idi.org.il
(4) Charles Enderlin, 「이스라엘의 역사적 반란」, 〈르몽드 디플로마티크〉, 2023년 10월호 참고.
(5) 「레바논, 이스라엘과 협상을 위한 대표단 구성 예정」 및 「이스라엘, 레바논과의 직접 협상 계획 없다고 밝혀」, 〈AFP 통신〉, 각각 2026년 3월 14일 및 15일자 참고.
(6) Akram Belkaïd, 「텔아비브가 중동에서 추구하는 것」, 〈르몽드 디플로마티크〉, 2025년 7월호 참고.

바이 쉐페이 – 베이징역에서 청더(承德)로 향하는 관광열차, 2025년.

중국 고속철도의 딜레마:
거대한 성취와 불안한 미래

중국의 고속철도란 무엇인가? 그것은 눈부신 규모로 구축된 통합 기술 생태계이며, 경제적 균형이 취약한 상태에서 유지되는 공학적 위업이자, 지역 통합을 강력하게 촉진하는 핵심 수단이기도 하다. 아마 이 모든 설명이 옳을 것이다. 그러나 동시에 그것은 중국이 세계에 보여주기를 즐기는 상징적 쇼케이스이기도 하다. 현지 언론이 이를 "고속철도 외교"라고 부르는 것도 바로 그 때문이다.

아르센 뤼를만 | 특파원

25년 넘게 중국을 찾지 않았던 외국인 여행자에게 이 변화는 상당한 충격으로 다가온다. 상하이에서 가장 오래된 공항인 상하이 훙차오의 고속철도역은 마치 공항의 제3터미널을 연상시킨다. 거대한 규모에다 승차권을 가진 여행객만 입장할 수 있으며, 시설은 현대적이고 쾌적하다. 다양한 상점과 저렴한 식당까지 들어선 이곳은 중국 고속철도역의 전형적인 모습이다. 내부 곳곳에서 공항 터미널을 떠올리게 한다. 대기 좌석의 배치,

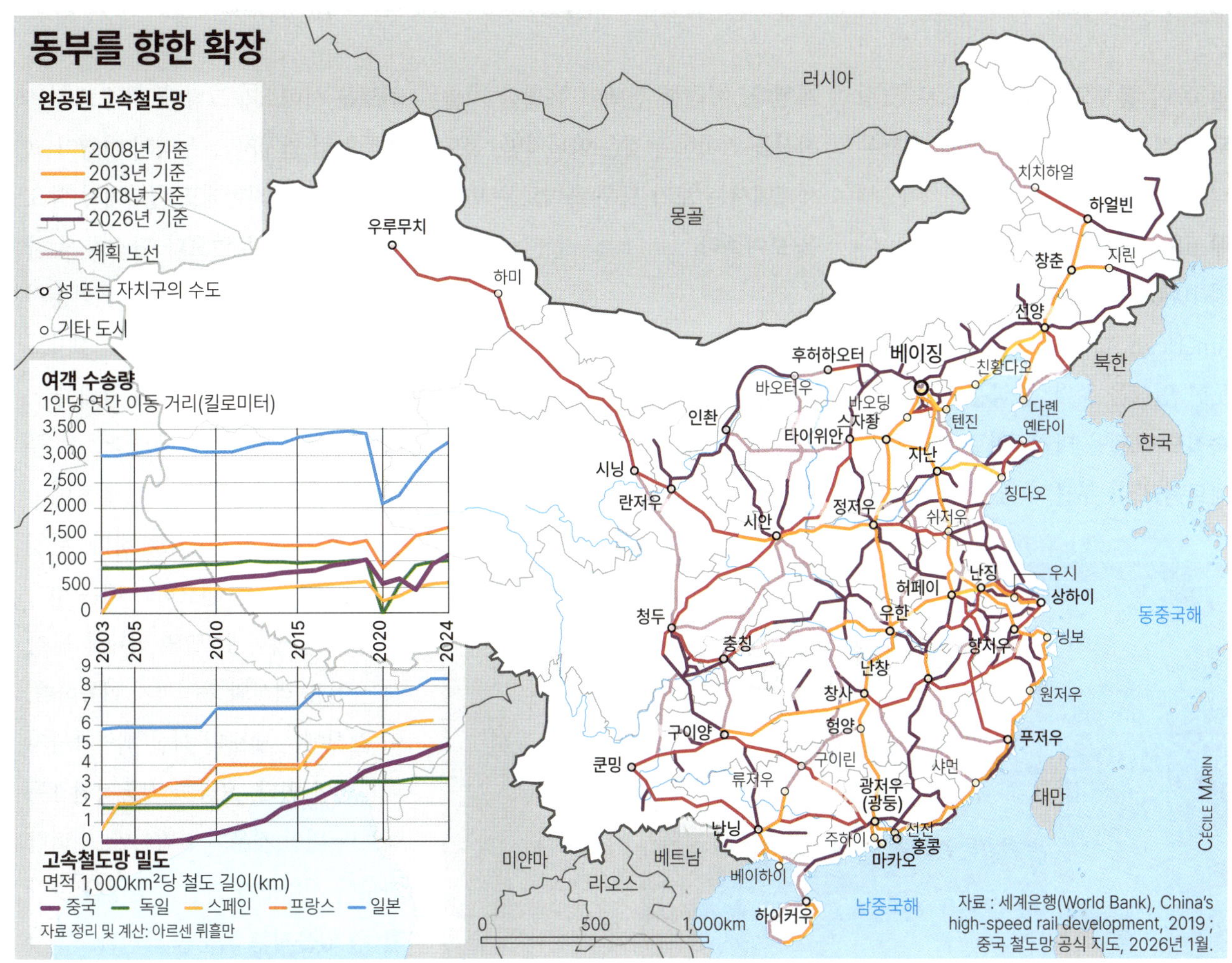

승강장으로 이어지는 탑승 게이트, 스위스 브랜드 시계가 달린 전광판까지…. 공간 디자인과 안내 표지, 이동 동선의 설계 수준은 인상적이다.

중국 철도의 기술적 '대약진'은 분명하다. 1997년만 해도 상하이와 쑤저우 사이 85킬로미터를 이동하는 데 거의 두 시간이 걸렸다. 당시 중국 열차의 평균 속도는 시속 48킬로미터에 불과했다. 2006년 제11차 5개년 계획은 고속철도망 건설의 출발 신호가 되었다. 이 네트워크는 '네 개의 종축과 네 개의 횡축'(四縱四橫)이라는 체계적 구상 아래 구축되었는데, 이는 로마 제국의 직교형 도시 계획이나 중국 제국 도시의 격자형 구조를 떠올리게 한다. 이 계획은 처음에는 이른바 '핵심 경제권 중국', 즉 베이징·상하이·청두·충칭 같은 국가 경제를 견인하는 주요 도시들을 중심으로 추진되었으나, 이후 점차 그 범위가 확대되었다. 2008년 개통된 중국의 고속철도망은 2012년 이미 1만8천 킬로미터에 이르렀다. 2025년 초 기준으로는 4만6천 킬로미터까지 늘어났는데, 이는 전 세계 고속철도망의 약 4분의 3에 해당한다. 중국은 앞으로 10년 안에 7만 킬로미터까지 확대한다는 목표를 세우고 있다. 당국은 이제 중국의 333개 지급시(地級市) 모두를 고속철도망에 연결하겠다는 의지를 밝히고 있다. 열차의 평균 운행 속도는 2011년 시속 70킬로미터까지 올라갔으며(1), 현재는 시속 100킬로미터에 가까운 수준에 이르렀다. 그 결과 1997년에는 두 시간이 걸리던 상하이-쑤저우 구간이 이제는 약 20분이면 충분하다.

하지만 오늘 우리가 향하는 곳은 우한이다. 열차에 올라타면 여전히 비행기에 탄 듯한 느낌이 든다. 접이식 테이블, 객실을 돌아다니는 음식 판매 카트, 각 좌석 앞에 놓인 종이 봉투와 플라스틱으로 코팅된 안전 안내문까지…. 회색 체크무늬로 장식된 넓은 좌석이 놓인 이 1세대 고속열차의 다소 낡은 내부는 마치 1980년대 초 파나메리칸 항공(Pan American Airways) 비행기에 올라탄 듯한 인상을 준다. 중국은 자국의 고속철도 모델을 마치 "철로 위의 항공 네트워크"라 부를 수 있을 정도로 설계했다. 이러한 선택이 특별한 기술 혁신을 의미하는 것은 아니지만, 철도 세계에서는 보기 드문 흥미로운 변형을 보여준다.

베이징, 기술 이전을 선택하다

예를 들어 비즈니스 클래스의 호화로운 서비스가 그렇다. 가죽 좌석은 침대처럼 펼쳐지고, 우리의 여행이 고작 30분에 불과한데도 슬리퍼와 담요가 제공된다. 무엇보다 단정하게 차려입은 승무원들이 역의 전용 라운지에서 우리를 맞이해 탑승 검색 절차도 거치지 않고 곧장 좌석까지 안내한다. 이 서비스는 최고의 항공사 퍼스트 클래스에 견줄 만한 수준이다. 철도에서는 보기 드문 사치이기도 하다. 무엇보다 많은 인력이 필요하기 때문이다. 각 승객은 직원 한 명의 안내를 받아 작은 전용 객실의 좌석까지 이동하며, 이 객실에는 별도의 객실 책임자까지 배치되어 있다. 요금이 전통적인 1등석보다 비싼 것은 사실이지만, 이러한 과도한 서비스가 과연 수익성을 보장할 수 있을지는 의문을 남긴다. 이 서비스는 까다로운 비즈니스 고객을 끌어들여 항공기 대신 고속철도를 선택하도록 하기 위한 것일까? 아니면 다른 목적이 있는 것일까? 예컨대 사진에 잘 담기는 화려한 장면을 연출해 전문 잡지의 광택지면을 장식하기 위한 의도일 수도 있다. 실제로 〈차이나 로지스틱스 타임스(China Logistics Times)〉 2025년 8월호는, 지난 7월 열린 제12회 세계 고속철도 총회를 계기로 세계 각국 대표단이 중국 고속철도의 발전 현장을 둘러보고 감탄한 과정을 자세히 전하고 있다.

그러나 이곳에서 잡지들이 덜 이야기하는 사실이 있다. 중국 고속철도의 '도약'이 결코 순탄하게 이루어진 것은 아니었다는 점이다. 2011년

원저우(溫州) 열차 사고는 중국 고속철도의 급속한 발전에 냉혹한 현실을 일깨운 사건이었다. 7월 23일, 저장성 오우장 장대교 위로 천둥을 동반한 폭풍이 몰아쳤다. 베이징에서 푸저우로 향하던 D301 열차가 신호 시스템 고장으로 선로 위에 멈춰 있던 앞 열차를 뒤에서 들이받았다. 이 충돌로 약 40명이 사망하고 거의 200명이 부상했다. 당국은 서둘러 증거를 묻어버렸다. 말 그대로였다. 구조대가 도착한 지 몇 시간 지나지 않아 열차의 앞부분이 현장에서 매몰되었다. 당시 철도부 대변인 왕용핑은 "수색 작업을 용이하게 하기 위한 조치였다(2)"고 설명했다. 그러나 국민들의 의구심이 커지자 그는 중국에서 유명해진 말을 덧붙였다. "여러분이 믿든 믿지 않든, 나는 믿는다(3)." 결국 당국은 매몰시켰던 열차를 다시 파냈고, 이후 사고의 원인을 절차상의 오류(4)와 일부 개인의 독단적 판단 탓으로 돌렸다.

이러한 사고 이후 중국 철도 시스템은 세계적으로 유례없는 수직적 통합 구조를 갖춘 세 개의 국영 기업 중심으로 재편되었다. 이 과정에서 '실용주의자'-경영 모델에 따른 효율성을 중시하는 세력-와 '정치적 노선'-비용보다 국가 발전 목표를 강조하는 세력- 사이에 힘겨루기가 벌어졌고, 2017년 실용주의자들이 우위를 점했다. 그 결과 중국 철로총공사(China Railway, CR)는 하나의 지주회사 아래 18개의 지역 회사로 분할되었다. 공식적으로 이 개혁의 목적은 현대적 경영 도입, 수익성 개선, 부채 증가 억제였다. 이 가운데 가장 큰 회사인 차이나 레일웨이 상하이는 연간 약 3천억 여객킬로미터를 운송한다. 이는 프랑스 국철(SNCF)의 연간 여객 수송량의 두 배에 해당한다. 반면 가장 작은 회사조차 벨기에나 네덜란드 전체 철도 교통량과 맞먹는 규모를 지닌다. 비록 "지역화"되었다고는 하지만 중국 철도 자회사들은 여전히 거대한 규모와 통합된 체계를 유지하고 있다. 그래서 다음 날 2010년에 개장한 우한 고속철도역에서 다시 열차를 탈 때도, 실제로 어느 자회사의 열차를 이용하는지 구분하기는 거의 불가능하다.

도심에서 한참 떨어진 곳에 자리한 이 거대한 유리와 강철 구조물은 프랑스 건축사무소 아르엡이 설계했다. 이 회사는 프랑스 국철(SNCF)의 자회사다. 중국의 철도역은 종종 국제 컨소시엄의 도움을 받아 설계된다. 이들은 전문 기술을 제공하기 위해 참여했다가 공사가 진행되면서 점차 현지 팀에 작업을 넘긴다. 그러나 최근 5년 사이 이러한 프로젝트에서 현지 팀의 비중이 크게 늘어났다. 역 건설에 참여한 한 엔지니어에 따르면 이제는 설계 단계부터 중국 팀이 점점 더 중요한 역할을 맡고 있다.

열차 자체의 개발에서도 같은 방식이 적용되었다. 가능한 한 빨리 고속열차를 확보하기 위해 중국은 기술 이전 전략을 선택했다. 일부 열차는 수입했지만, 이후에는 수백 대를 라이선스 방식으로 국내에서 생산했다. 거대한 중국 시장의 유혹에 대부분의 제조업체가 응했지만, 일부는 신중한 태도를 보였다. 봄바디어(1호 계열), 가와사키(신칸센 제작사·2호 계열), 알스톰(5호 계열)은 비교적 구형 모델, 즉 최고 시속 249킬로미터로 제한된 열차를 이전했다. 알스톰은 한 발 더 나아가 펜돌리노(Pendolino) 모델을 판매하기도 했다. 이는 1960년대에 개발된 이탈리아 기술로, 알스톰이 피아트로부터 인수한 것이다.(5) 이 시스템은 열차가 곡선 구간에서 차체를 기울여 높은 속도를 유지할 수 있도록 설계되었다. 그러나 본질적으로 직선 위주로 설계된 고속철도 노선에서는 이러한 기술의 실질적인 이점이 제한적이다.(6)

지멘스(Siemens)는 같은 우려를 갖지 않았다. 2008년 이 회사는 벨라로(Velaro) 기술을 중국에 이전했다. 이는 시속 300킬로미터를 넘어 달릴 수 있는 고속열차 모델이었다. 당시 딥테크(deep tech, '심층 기술')를 전략의 중심에 두고 있던 이 거대한 독일 기업에게 중공업은 더 이상 핵심 사업이 아니었다. 따라서 기술 이전에 따른 위험도 상대적으로 관리 가능한 수준으로 여겨졌다. 무엇보다 이 결정은 막대한 규모의 부품 공급 시장을 열어줄 것으로 기대되었다. 실제로 독일 기업 크노르 브렘제는 약 5년 동안 중국 국영 철도 차량 제조업체 CRRC에 제동 시스템을 공급하며 큰 이익을 올렸다. 그러나 이후 이 기술은 복제되어 중국 현지에서 생산되기 시작했다.

당시 분위기는 중국으로의 기술 이전을 당연하게 받아

들이는 쪽으로 기울어 있었다. 서방에서는 미래 산업이 '패블리스(fabless)', 즉 공장이 없는 산업 구조로 발전할 것이라는 믿음과 함께, 일종의 기술적 우월감도 존재했다. 이런 상황에서 알스톰만이 기술 이전을 거부하는 선택을 했다. 그 대가로 TGV 판매를 포기할 위험까지 감수했다. 알스톰은 확신하고 있었다. 중국은 첨단 산업에서 성공하려는 의지뿐 아니라 그럴 능력도 갖추고 있다는 것이었다. 바로 이러한 판단 덕분에 알스톰은 오늘날에도 기술적 측면에서 중국 경쟁사들보다 일정한 격차를 유지하고 있다.

충칭행 D637 열차가 곧 출발한다는 안내 방송이 나온다. 중국의 고속철도 서비스는 크게 두 가지 유형으로 나뉜다. 먼저 D열차('동차식 열차')는 시속 200~249킬로미터로 운행한다. 이는 국제철도연맹(UIC)이 정한 고속철도의 기준인 시속 250킬로미터에는 미치지 못한다. 반면 G열차(gāo tiě, '고속철도 열차')는 시속 300킬로미터 이상으로 달리며, 이 열차들만이 엄밀한 의미의 고속철도에 해당한다.

따라서 우리가 탄 D637 열차는 결코 시속 249킬로미터를 넘지 못한다. 이 열차는 우한에서 충칭까지(직선거리 약 750킬로미터)를 6시간 38분에 걸쳐 달린다. 그렇다면 실제로 시속 250킬로미터 이상, 즉 진정한 의미의 고속으로 달리지 않는 고속열차는 얼마나 될까? 정확한 수치를 제시하

타오 량 – 중국 남서부 구이저우성 화추(Huachu) 시를 통과하는 고속열차, 2025년

기는 어렵지만, 그 비중은 상당하다. 우리의 추정에 따르면 고속철도망의 약 26%는 시속 250킬로미터 이상의 운행에 맞게 설계되어 있지 않으며, 열차 편성의 38%는 1세대 차량, 즉 상대적으로 '느린' 열차다. 여기에 더해 고속철도 노선에서도 여러 이유로 속도가 낮은 열차가 운행되기도 한다.

우리가 열흘 동안 중국 전역을 고속철도로 4,400킬로미터를 이동하는 동안, 열차 속도는 시속 310킬로미터를 한 번도 넘지 않았다. 화려한 발표와 달리 중국의 거대 철도 산업 기업들은 해외 시장 진출에서 어려움을 겪고 있다. 중국철도건설공사(CRCC)는 2024년에도 매출의 94%를 중국 내에서 올렸는데, 이는 지난 10년 동안 거의 변하지 않은 수치다. 한편 철도 차량 제조업체 CRRC의 해외 매출 비중은 11.5%에 그친다. 이는 10년 전의 6%보다 늘어난 수치이긴 하지만 여전히 낮은 수준이다. 국내 수요는 둔화되고 있으며, 중기적으로는 정체될 가능성까지 제기되고 있다. 이런 상황에서 생산 과잉의 위험이 점차 커지고 있다. 결국 중국 철도 산업이 해외 시장에 제품을 대폭 할인된 가격으로 쏟아내는 전략을 택할 가능성도 제기된다.

유럽 전체의 여섯 배에 달하는 철도망

우리는 충칭 동역에 도착했다. 이 역의 개장은 이러한 보여주기식 발표의 가장 최근 사례다. 2025년 6월 이미 일반에 개방되었지만, 11월 초의 더운 날씨 속에서도 많은 사무실과 상업 공간은 아직 문을 열지 못한 채 공사가 계속되고 있다. 이 역은 개장과 동시에 하나의 기록을 세웠다. 이용객 수가 아니라 면적에서였다. 그 규모는 122만 제곱미터에 이른다. 이곳 역시 다른 중국의 역들과 마찬가지로, 아니 어쩌면 그보다 더 극단적으로 쇼핑몰과 공항이 결합된 거대한 공간이다. 이 역에는 29개의 승강장 선로가 있는데, 이는 파리 동역과 같은 수다. 다만 파리의 역이 훨씬 절제된 규모일 뿐이다. 그러나 이날 이 역을 이용하는 열차는 고작 스무 대 남짓이다. 역이 거의 비어 있는 탓에 이곳에서 출발하는 흥미로운 목적지를 찾는 것조차 쉽지 않다. 이곳은 마치 기록과 보도자료를 위해 지어진 것처럼 보인다. 중동 일부 지역에 세워진 강철과 유리로 된 초고층 빌딩들을 떠올리게 한다. 결국 우리는 가장 가까운 목적지를 선택한다. 중요한 것은 어디로 가느냐가 아니라, 역 안으로 들어가기 위해 신원 확인 절차를 통과하는 것이기 때문이다.

중국은 급진적인 결정을 내렸다. 종이 기차표를 완전히 없앤 것이다. 열차표를 구입하려면 신분증 번호나 여권 번호를 입력해야 한다. 역 입구에서는 얼굴 인식 또는 신분증

확인 절차가 이루어진다. 이어 X선 검사가 진행된다. 승강장으로 들어가기 위해 탑승 게이트를 통과할 때도 같은 절차가 반복된다. 그리고 역을 나설 때 세 번째로 동일한 검사를 거쳐야 한다. 이러한 절차는 중국의 모든 역에서 적용된다. 가장 큰 역에서 가장 작은 역까지 예외가 없다. 또한 무장을 갖춘 경찰관이 각 열차에 한 명씩 탑승한다. 역 곳곳에 붙어 있는 "검문 시 직원에게 협조해 주십시오"라는 문구는 이러한 보안 통제 속에서 더욱 현실적인 의미를 띠게 된다.

열차 여행은 계속된다. 대부분의 구간은 끝없이 이어지는 고가교와 터널을 통과한다. 이제는 그 풍경조차 거의 눈에 들어오지 않는다. 다른 나라들과 달리 중국은 고속철도망의 대부분을 교량과 터널 같은 대형 토목 구조물 위에 건설했다.(7) 이 방식은 공사 속도를 크게 높이는 효과를 가져왔다. 흔히 생각하는 것과 달리 중국에서도 토지 수용은 그리 간단하지 않다. 지난 20년 동안 이의 제기 절차도 강화되었다. 고가 구조물 위에 철도를 건설하면 지면 점유 면적을 줄일 수 있어, 귀중한 농지를 보존하는 데 도움이 된다. 그러나 그 비용은 과연 얼마나 될까?

이 공사의 건설 비용은 평균 킬로미터당 약 2천만 유로(약 290억 원)로 알려져 있다. 이는 유럽보다 약 30% 낮은 수준이다. 유럽에서는 이처럼 많은 교량과 터널 같은 대형 토목 구조물을 거의 사용하지 않음에도 비용은 더 높다. 예를 들어 파리-리옹 고속철도(LGV)에는 이러한 구조물이 거의 없다. 이러한 비용 차이는 중국 경제의 높은 통합 구조로 부분적으로 설명할 수 있다. 예컨대 보조금을 받는 철강-이러한 대형 프로젝트에서 원자재 비용은 전체의 약 3분의 1을 차지한다-과 저렴한 에너지가 그 예다. 또한 터널 굴착 작업은 상당히 표준화된 공정이며, 중국처럼 대규모 프로젝트가 이어지는 경우 규모의 경제 효과가 매우 크다. 중국 기업 중국철도공정장비집단(CREG)은 이제 세계 최대 규모의 터널 굴착기(TBM) 제조업체 가운데 하나로 자리 잡았다. CREG는 유럽에도 두 대의 장비를 판매했다. 하나는 그랑 파리 익스프레스 지하철 16호선 구간 공사에 사용되었고, 다른 하나는 2020년 밀라노-베로나 고속철도 터널 공사에 투입되었다.

중국의 폭발적인 인프라 건설은 새로운 세대의 엔지니어들을 길러내고, 세계적으로도 유례없는 규모의 기술 경험 축적을 가능하게 했다. 이 아시아 거대 국가의 고속철도망 규모는 프랑스의 18배, 유럽 전체 철도망의 6배에 달한다. 이 정책은 단순히 교통 문제를 넘어선다. 그것은 분명히 경제적·사회적 영역을 겨냥하고 있다. 이것이 바로 중국식 고속철도 시스템이 노리는 효과 가운데 하나다. 한편 독일은 2002년부터 2023년 사이 철도망을 7% 축소했고, 프랑스는 10% 축소했다. 반면 중국은 철도망을 거의 두 배로 확대(+93%)했는데, 이는 대부분 고속철도 건설 덕분이다. 또 다른 목표는 국토 공간의 재편이다.

정부는 이를 "철로 위의 양쯔강 삼각주"라는 표현으로 홍보해 왔다. 이는 양쯔강 삼각주 지역의 경제·도시·물류 통합 과정을 가리키는 말로, 고속철도망의 상호 연결을 통해 추진되는 것이다. 이 표현은 2010년대에 등장한 관용적 슬로건으로, 이후 새로운 철도 노선이 개통될 때마다 곳곳에서 반복적으로 사용되고 있다.

정치 선전 도구화, 고속철도역 유치

실제로 중국인의 철도 이용은 크게 늘었다. 중국인은 평균적으로 연간 754킬로미터를 철도로 이동한다. 이는 2003년의 두 배에 해당한다. 현재 중국은 철도 이용량에서 이탈리아와 독일을 바짝 추격하고 있으며, 광대한 철도망으로 유명한 인도를 이미 넘어섰다. 다만 여전히 프랑스(연간 1인당 1,355킬로미터)에는 미치지 못하며, 특히 스위스(2,300킬로미터)와 일본(3,200킬로미터)과는 큰 격차가 있다. 이 같은 성과의 배경 가운데 하나는 비교적 저렴한 고속철도 요금이다. 특히 고정 요금 체계 덕분에 막판 예약이 가능하고, 표 교환이나 취소도 비교적 쉽게 이루어진다. 예를 들어 2등석 기준, 약 1시간 15분 거리의 이동 비용은 약 16유로(약 2만3천 원) 정도다. 이는 특히 중산층에게도 접근 가능한 수준의 요금이다. 한편 충칭 서역에서 출발해 베이징으로 향하는 야간 고속열차의 경우-약 2,000킬로미터, 10시간 남짓의 여정-요금은 약 275유로(약 40만 원) 정도다.

중국은 장거리 이동을 위해 독특한 선택을 했다. 세계적으로도 드물게 일부 고속철도(TGV)를 침대칸과 객실을 갖춘 야간열차로 운영하는 것이다. 열차 안에 들어서면 식당차가 눈에 띈다. 붉은색 푹신한 벤치 좌석과 체크무늬 식탁보가 놓인 이 공간은 다소 옛스러운 분위기를 풍긴다. 열차 자체는 비교적 최근에 제작된-다른 고속열차와 마찬가지로 약 15년 정도 된 차량-이지만, 내부는 마치 옛날 야간열차의 분위기를 일부러 재현하려는 듯하다. 객실은 꽤 넓다. 세 명의 승객을 위한 구조로 작은 소파형 침대가 놓여 있다. 판다 그림이 장식된 작은 세면도구 파우치도 제공되는데, 그 로고는 묘하게도 프랑스의 한 유명 가죽 제품 브랜드를 떠올리게 한다.

객실 승무원의 설명과 달리, 이 열차-거의 대부분이 침대칸으로 구성된-가 낮에도 운행된다는 말에는 의문이 남는다. 세계 어디에도 없는 개념이 등장하면 늘 같은 질문이 떠오른다. 과연 한발 앞선 혁신일까, 아니면 실현 가능성이 낮은 발상일까? 물론 중국의 국토는 넓다. 그러니 야간 고속열차는 값비싼 열차 편성을 24시간 동안 단 한 번의 운행에만 묶어 두게 된다. 반면 일반적인 고속열차는 하루에 세 번에서 다섯 번까지 왕복 운행할 수 있다. 이것이 과연 공공 자원을 가장 효율적으로 사용하는 방식일까? 이러한 의문은 몇몇 고속철도역을 직접 방문해 보면 더욱 커진다.

예를 들어 후베이성의 샤오간 북역에 도착하려면 상당한 인내심이 필요하다. 기차로 바로 도착하지 않는 방문객이라면 먼저 거대한 광장을 가로질러야 한다. 이 광장은 끝이 보이지 않을 만큼 길고, 동시에 불필요할 정도로 넓다-거의 300미터에 달한다. 이 역은 샤오간 시내 중심에서 약 100킬로미터 떨어져 있다. 샤오간은 인구 24만 명 규모로, 중국 기준에서는 사실상 작은 마을에 가깝다. 이처럼 역을 도시 외곽에 건설하면 철도 인프라를 건설하는 데 드는 비용과 공사 기간을 줄일 수 있다.

샤오간 북역은 2012년에 개장했다. 건설 비용은 1억2천만 위안(약 230억 원)이었다. 이 역은 하루 1만5천 명의 승객을 수용하도록 설계되었지만, 10월 현재 실제 이용객은 겨우 백여 명 남짓이다. 직원 수와 비슷한 수준이다. 그 결과 지상층은 폐쇄된 상태다. 정확히 말하면 애초에 한 번도 개방된 적이 없다. 방문객은 탑승층에 올라가기 위해 소박한 비상계단을 이용해야 한다. 그럼에도 불구하고 중국 철도는 이 역을 중국의 6단계 역 분류 체계 가운데 '1급 역'으로 지정했다.(8)

이처럼 과도한 규모의 건설에 대한 우려는 정책 결정자들 사이에서도 제기되고 있을까? 루 다다오(Lu Dadao)-중국지리학회 전 회장이며 1999년부터 2010년까지 국가 도시화 계획을 담당했던 인물-는 2035년까지 고속철도 7만 킬로미터를 구축하겠다는 목표를 "놀라운 도박"이라고 평가한다.(9) 그 이유 가운데 하나는 지역 지도자들의 압력이다. 각 지방 정부는 자신들의 지역에 고속철도 노선을 유치하려는 강한 욕구를 가지고 있다. 국내 정치 무대에서 상징적 효과가 크기 때문이다. 고속철도역 하나만 있어도 국가 발전의 지도 위에 이름을 올릴 수 있고, 국가 발전 서사 속에 지역을 편입시킬 수 있으며, 더 나아가 중국 공산당(PCC) 내부의 관료 승진에도 유리하게 작용한다. 그림에도 불구하고 대다수 고속철도 노선의 이용객 수는 기대에 미치지 못하고 있다.

예상치 못한 위협이 수평선에 나타나다

2022년 초, 문제를 인식한 중국 정부는 브레이크를 걸기 시작했다. 정부 지침은 이른바 "고속철도 경쟁"을 비판하며, "일반 철도보다 고속철도를 우선시하고, 수익성을 고려하지 않은 투자로 철도 기업에 막대한 부채를 떠안겼다"고 지적했다.(10) 실제로 통계를 보면 지난 3년 동안 건설 속도가 둔화된 것이 확인된다.

그러나 지방 정부들은 다른 길을 찾았다. 이제는 대도시 주변의 매우 짧은 고속철도 노선-대략 50~150킬로미터 규모-을 추진하고 있는 것이다. 예를 들어 후베이성은 동시에 여덟 개의 공사를 시작했고, 청두와 충칭은 각각 자체적인 지역 고속철도망을 계획하고 있다. 그러나 이러한 "소형 고속철도" 프로젝트 역시 대형 노선에서 이미 드러난 같은 문제를 반복할 가능성이 크다. 예컨대 E-징 노선-중형 도시 어저우, 징먼, 징저우를 연결하는 노선-은 77킬로미터의 신설 선로 건설에 2억 유로가 투입되었다. 2024년 말 개통된 이 지역 노선에서는 좌석의 절반도 채워지지 않은 열차가 운행되고 있다.

중국은 2008년부터 2028년 사이 고속철도 노선 건설에만 약 8,500억 유로(2025년 가치 기준, 약 1,230조 원)를 투입하게 된다. 그러나 이 노선들도 시간이 지나면 노후화될 것이며, 결국 대규모 보수 공사가 필요해질 것이다. 이는 이미 유럽과 일본이 겪고 있는 비용 부담이 큰 문제로, 앞으로 중국철도 역시 직면하게 될 상황이다. 향후 20년 동안-만약 고속철도 7만 킬로미터라는 목표가 실제로 달성된다면-중국은 지난 20년과 거의 같은 규모의 비용을 다시 지출해야 할 것으로 보인다. 다만 그 가운데 약 4분의 1은 기존 노선의 보수와 개량에 쓰이게 된다. 만약 그 이후 2048년부터 2068년까지의 20년을 가정해 보면, 기존 인프라 유지에만 무려 1조8천억 유로(2025년 가치 기준, 약 2,600조 원)가 투입될 것으로 추정된다. 여기에는 노후 열차 교체 비용이나 역 유지·관리 비용은 포함되어 있지 않다. 이미 2023년 기준, 중국 철도의 부채는 6조1,300억 위안(약 1,100조 원)에 이르며, 이는 전체 자산의 66%에 해당한다.

인프라 부채가 계속 쌓이는 가운데 철도 운영 자체는 여전히 적자 상태. 현재로서는 화물 운송 부문에서 발생하는 이익이 여객 부문의 적자를 메우고 있다. 더 큰 아이러니는 중국 고속철도의 경제적 기반을 떠받치고 있는 것이 석탄 산업이라는 점이다. 2023년 기준, 석탄은 철도 화물 운송량의 50%를 차지했다(전체 36억 톤·킬로미터 가운데 17억 톤·킬로미터). 그러나 파리 기후협약은 중국 고속철도에 예상치 못한 위협을 가져올 수도 있다. 석탄 발전이 원자력 발전으로 대체될 경우 화물 운송량이 급격히 감소할 가능성이 있기 때문이다. 실제로 카스토르형 원자력 연료 운반 차량 한 대(11)는 석탄 화차 1만7,375량이 생산하는 전력과 맞먹는 에너지를 운반할 수 있다.(12) 즉 원자력 발전이 확대될수록 철도 화물 운송량은 크게 줄어들 수 있다. 중국의 고속철도는 기술적 도전에는 성공했다. 그러나 지속 가능성의 문제는 아직 해결되지 않았다. ⓛⓓ

글 · 아르센 뤼를만 Arsène Ruhlmann
특파원

(1) 장-프랑수아 둘레(Jean-François Doulet)·자넷 라모스-둘레(Janet Ramos-Doulet), 「중국 고속철도의 지정학(Géopolitique du TGV chinois)」, La Vie du rail, 파리, 2011.
(2) 「치명적인 철도 사고 이후 증거를 파기했다는 의혹을 중국이 부인하다(China denies destroying evidence after fatal rail crash)」, 〈로이터〉, 2011년 7월 30일.
(3) Sun Shangwu·An Baijie, 「'진부한 표현이 아니라 사실'을 약속하는 변화(Changes promise "facts, not clichés")」, 〈차이나 데일리〉, 베이징, 2013년 11월 21일.
(4) 「'7·23 원저우 철도선 대형 사고' 조사 보고서」(중국어), 중화인민공화국 응급관리부, 베이징, 2011년 11월 28일.
(5) 알스톰(Alstom)은 2001년 이탈리아 기업 피아트(Fiat)의 철도 사업 부문을 인수했다.
(6) 중국은 이 모델을 결국 140편성만 생산했다. 이는 가와사키 2호 계열 630편성, 봄바디어 1호 계열 344편성에 비해 적은 수치다.
(7) 교량이나 터널 같은 토목 구조물을 가리키는 표현.
(8) 이 등급 위에는 소수의 주요 역에만 적용되는 **'특급 등급(classe exceptionnelle)'**이 존재한다.
(9) Jia Yuxuan·Li Xintian·Zhao Huiyi·Wang Zichen, 「중국은 고속철도를 과도하게 건설했다—한 경제지리학자의 지적(China massively overbuilt high-speed rail, says leading economic geographer)」, 2025년 7월 20일, www.pekinology.com.
(10) 「국무원 판공청이 국가발전개혁위원회 등 기관의 철도 계획 및 건설 업무 개선 의견을 전달한 통지」(중국어), 베이징, 2021년 3월 30일.
(11) 'Castor'는 **"cask for storage and transport of radioactive material"**의 약자이며, 방사성 물질 저장·운송용 용기를 뜻한다. 이러한 화차는 약 115~125톤의 핵연료를 운반할 수 있다.
(12) 우라늄 광석 1톤은 최종 에너지 기준으로 석탄 약 1만5,900톤과 맞먹는 전력을 생산할 수 있다.

4월의 르몽드 디플로마티크 추천도서

『대오염의 시대』 (정선화 지음, 심심)

정선화는 오염을 환경 문제가 아니라 사회 시스템의 산물로 분석한다. 이 책은 기후위기와 생태 파괴를 '인류 일반'의 책임으로 흐리는 담론을 경계하며, 그것이 특정한 생산 방식과 소비 구조에서 비롯된 것임을 짚어낸다.

『비인간 권력』 (제임스 스타인호프 외 지음, 안호성 옮김, 갈무리)

이 책은 플랫폼, 알고리즘, 자동화된 시스템이 구성하는 새로운 권력 구조를 분석한다. '비인간'이라는 개념은 단순히 인간이 사라졌다는 의미가 아니라, 권력이 더 이상 특정 주체에 귀속되지 않는 상태를 가리킨다.

『20세기의 거인들』 (마이클 만델바움 지음, 홍석윤 옮김, 미래의창)

만델바움은 20세기를 형성한 정치 지도자들을 통해 세계 질서의 변화를 추적한다. 윌슨의 자유주의 국제주의, 레닌의 혁명, 히틀러의 전체주의, 처칠과 루스벨트의 전쟁 지도력, 간디의 비폭력, 마오의 혁명 등은 서로 충돌하면서 현대 세계를 구성했다.

『왜 우리는 돈에 지배당하는가?』 (홍기빈, 이라영 외 지음, 철수와영희)

이 책은 돈을 단순한 경제적 수단이 아니라 사회적 권력으로 분석한다. 저자들은 금융화 이후 돈이 어떻게 삶의 조건을 재편했는지를 다양한 관점에서 설명한다. 특히 노동, 주거, 돌봄의 영역에서 돈이 인간의 권리를 어떻게 재규정하는지를 보여준다.

『드레퓌스 옥중 서신』 (알프레드 드레퓌스 지음, 진인혜 옮김, 도서출판 b)

이 서신들은 단순한 개인적 고통의 기록이 아니다. 드레퓌스 사건은 반유대주의, 군부 권력, 언론이 결합해 만들어낸 정치적 사건이었다. 그의 편지에는 억울함뿐 아니라, 공화국의 정의에 대한 믿음과 그 믿음이 무너지는 과정이 담겨 있다.

이 책은 국가 권력이 어떻게 진실을 조직적으로 왜곡할 수 있는지를 보여주는 동시에, 법과 정의의 취약성을 드러낸다.

『포식자들의 시간』 (줄리아노 다 엠폴리 지음, 이세진 옮김, 을유문화사)

다 엠폴리는 현대 정치가 '합리적 토론'이 아니라 '감정과 조작'에 의해 움직인다는 사실을 폭로한다. 이 책은 데이터 전략가와 정치 컨설턴트들이 어떻게 대중을 동원하고 조작하는지를 내부자의 시선에서 보여준다.

『치나 아이언의 모험』 (가브리엘라 카베손 카마라 지음, 조혜진 옮김, 움직씨)

아르헨티나 고전 『마르틴 피에로』를 전복적으로 재해석한 이 작품은, 주변화된 여성의 시선에서 국가와 폭력의 역사를 다시 쓴다. '치나'라는 인물은 더 이상 침묵하지 않는다. 이 소설은 식민성과 가부장제, 국가 폭력이 어떻게 개인의 삶을 규정해왔는지를 드러내며, 기존의 영웅 서사를 해체한다. 문학은 여기서 정치적 개입의 형태를 띤다.

『99% 페미니즘 선언』 (낸시 프레이저 외 지음, 박지니 옮김, 움직씨)

이 선언은 자유주의 페미니즘의 한계를 넘어선다. 저자들은 성평등을 시장 경쟁의 문제로 축소하는 담론을 비판하며, 계급, 인종, 생태 문제와 결합된 새로운 페미니즘을 제안한다. 돌봄 노동과 재생산 영역을 중심에 놓으며, 자본주의 체제 자체를 질문한다.

『애쓰지 않아도』 (최은영 지음, 마음산책)

최은영의 소설은 개인적 경험을 통해 경쟁 사회의 감각을 드러낸다. 이 책은 '노력'이라는 가치가 어떻게 내면화되어 개인을 소진시키는지를 보여준다. 애쓰지 않음은 무기력이 아니라, 삶의 리듬을 되찾으려는 시도다. 조용한 문장이지만, 그 안에는 자기계발 담론에 대한 비판이 담겨 있다.

『세상을 바꾸는 팩토그램 이야기』 (배성훈 지음, 철수와영희)

이 책은 픽토그램이 단순한 시각적 도구가 아니라 사회적 소통의 핵심 언어임을 보여준다. 공공 디자인과 정보 전달에서 이미지가 갖는 정치성을 짚어내며, 누구를 위해, 무엇을 배제하며 만들어지는지를 묻는다. 시각 언어는 중립적이지 않다. 그것은 언제나 특정한 질서를 반영한다.

『구름 사람들』 (이유리 지음, 문학동네)

이유리의 소설은 불안정한 시대를 살아가는 인물들의 감각을 포착한다. 이들은 뿌리내리지 못한 채 떠도는 존재들이지만, 그 불안정성이 오히려 시대의 진실을 드러낸다. 현실과 환상이 교차하는 서사는 오늘날 개인이 겪는 소외와 단절을 섬세하게 그려낸다.

『춘향전』 (고전, 미상, 여덟문장)

고전 『춘향전』은 단순한 애정 서사가 아니다. 신분 질서와 권력에 대한 저항이 핵심이다. 춘향은 순응하는 인물이 아니라, 지배 질서에 맞서는 존재다. 이 이야기가 반복해서 재해석되는 이유는, 그 안에 담긴 저항의 서사가 여전히 현재적이기 때문이다. **LD**

회계상 '지출' 항목으로 언급되는 건강 보건

'사회보장 적자'라는 담론의 발명

제2차 세계대전 이후 많은 나라들이 구축한 사회보장 제도는 건강을 인간의 안녕을 위한 필수 조건으로 이해했다. 그러나 80년이 지난 오늘날, 건강은 공적 담론과 언론에서 더 이상 그러한 의미로 다뤄지지 않는다. 대신 그것은 단지 회계상의 '지출' 항목으로만 언급된다.

콘스탕탱 브리소 │ 프랑스 국립과학연구센터 연구원

건강을 한 개인에게 제공된 의료 서비스의 총액으로 정의해야 할까, 아니면 건강을, 좋은 환경 속에서 개인과 공동체가 함께 잘 살아가고 번영하는 상태로 이해해야 할까? 수천억 유로가 걸린 이 질문은 또 다른 문제를 제기한다. '보건 지출'은 어디까지를 의미하는가. 그리고 왜 오늘날 공공정책은 이 비용 문제에 그토록 집착하는가?

건강에 대한 두 가지 관점

제2차 세계대전 이후 건강을 어떻게 이해할 것인가를 둘러싸고 서로 다른 두 가지 관점이 제시되었다. 그 가운데 하나는 1980년대까지 지배적이었던 시각으로, 건강을 단순히 질병의 부재로 보지 않고 보다 포괄적인 상태로 정의한다. 이 관점은 의료 영역을 넘어 개인이 살아가는 사회적 조건까지 건강의 요소로 포함한다. 이러한 인식은 1978년 옛 소련 알마아타(현 카자흐스탄 알마티)에서 열린 세계보건기구(WHO) 회의의 선언문에서 분명하게 드러난다. 이 선언은 건강을 "단지 질병이나 장애가 없는 상태가 아니라, 신체적·정신적·사회적으로 완전한 안녕 상태"라고 규정

했다. 이에 반해 또 다른 접근은 숫자를 우선한다. 이 관점에서는 병원, 의사, 제약 제품 등 의료 서비스를 생산하는 여러 단위에서 발생하는 비용의 총합을 계산한다. 이러한 방식은 한 나라의 경제 활동을 수치로 집계하는 체계인 국민계정에서 착안한 '보건 계정'의 형태로 나타난다. 여기서 관심의 중심은 개인이나 공동체의 안녕이 아니라 의료 지출의 규모와 그 구성이다. 목표는 하나다. 지출 증가가 실제로 인구의 건강 수준 향상과 대응하는지를 확인하는 것이다. 이때 건강 수준은 일반적으로 기대수명과 같은 지표로 측정된다. 비용에 초점을 맞춘 이러한 접근은 소수의 성과 지표에 의존한다.

건강을 양적으로 파악하려는 이러한 시각은 1970년대 초 경제협력개발기구(OECD)에서 발전하기 시작했다. 이후 미국의 지미 카터 행정부와 로널드 레이건 행정부 시기를 거치며 더욱 강화되었다. 그리고 새천년을 앞둔 시점에 세계보건기구(WHO)와 유럽연합 통계기관 유로스타트(Eurostat)가 OECD와 함께 『보건 계정 체계』(2000)라는 매뉴얼을 발표하면서, 이러한 접근은 국제적 기준으로 자리잡았다. 그렇다면 본질적으로 사회적 가치에 속하는 건강이라는 개념이 어떻게 이처럼 경제적 분석의 틀에 포획되게 되었을까?

건강을 바라보는 회계적 관점이 우위를 점하게 된 이유는 무엇보다 숫자가 지닌 수사적 힘에 있다. 지출 중심의 정량화는 의료비 증가 문제를 더욱 부각시키며, 비용 상승이 통제하기 어려운 현상이라는 인식을 굳힌다. 이러한 관점의 확산 배경에는 보건 정책을 숫자와 비용 중심으로 다루어 온 국제 정책 담론이 작용했다. 이 과정에서 관련 수치들은 정책 논리에서 적극 활용되었다. 동시에 다른 해법을 제시하거나 이에 이의를 제기하는 목소리들은 점차 공론장에서 밀려났다.

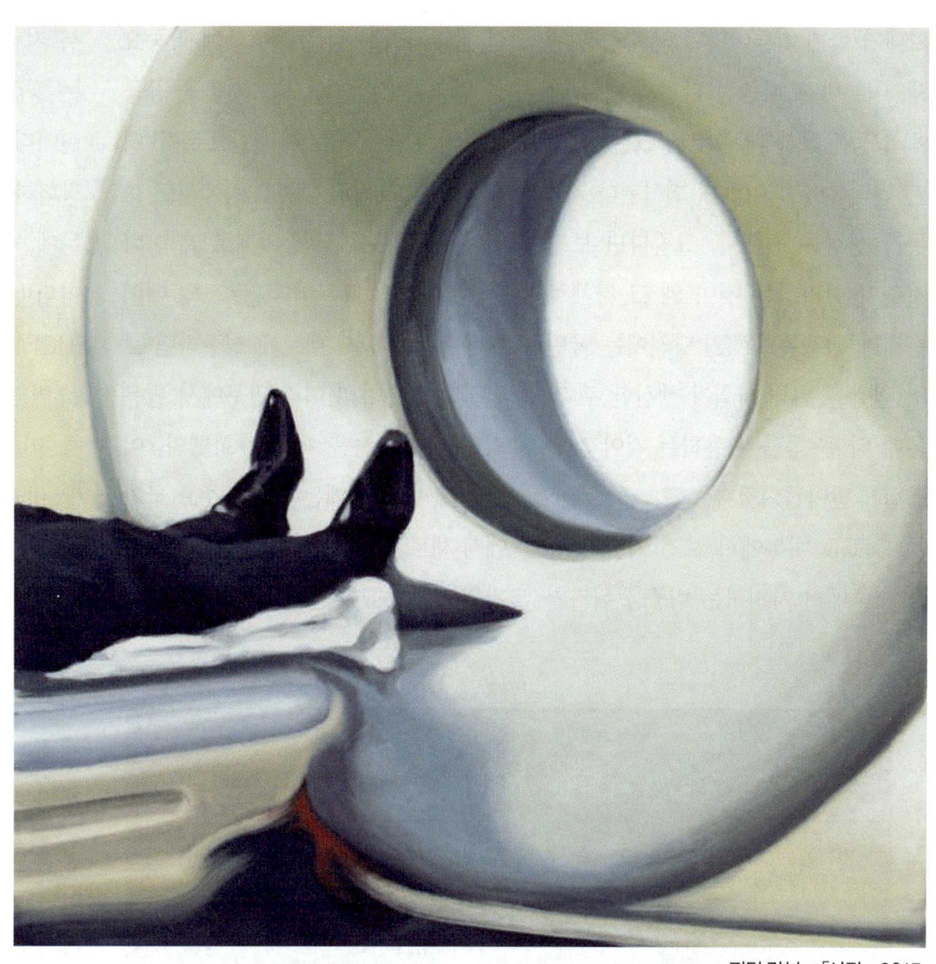

피터 라븐 – 「시작」, 2015.

보건 지출을
과도하게 문제화하다

1970년대까지 '보건 지출'이라는 수치는 여전히 정확하지 않았다. 계산 방식이 일정하지 않았기 때문이다. 예컨대 세계보건기구의 초기 보고서에는 장례 비용이나 마가린 같은 일부 상품의 구입 비용까지 포함되기도 했다. 당시에는 건강을 치료뿐 아니라 예방 정책과도 밀접하게 연결된 문제로 보았기 때문이다. 전문가들 사이의 논쟁도 이어졌고, 보건 지출의 정의 역시 보고서마다 달랐다. 그러나 1970년대 초, OECD의 경제학자 장피에르 풀리에는 건강 분석을 자신의 사회지표 연구 프로그램에 포함시키는 아이디어를 내놓았다. 그의 연구는 제2차 세계대전 이후 경제 성장의 혜택이 어떻게 분배되었는지를 평가하는 것이 목적이었으며, 그 과정에서 건강과 같은 비경제적 요소도 함께 고려했다. 상부의 압박 속에서 연구의 초점이 공공 보건 지출로 옮겨졌고, 보건 지출은 정부가 보건 분야에 직접 쓰거나 국민과 의료기관에 보조금 형태로 지급한 모든 돈의 합으로 정의되었다.(1)

그의 연구는 강한 통계적 상관관계를 보여주었다. 즉 OECD 국가들이 부유해질수록 보건 지출이 국내총생산(GDP)에서 차지하는 비중도 커진다는 것이다. 전후 산업화 국가들이 지속적인 경제성장을 이루면서 사회가 생산한 부 가운데 건강에 사용되는 몫도 점차 늘어났다. 이러한 선형 관계는 모든 부유한 나라에서 확인되었고, 곧 '풀리에의 직선(Poullier's line)', 또는 '풀리에의 법칙'이라 불리게 되었다. 그러나 이러한 상승 추세는 당시에는 특별한 위협으로 여겨지지 않았다. 풀리에의 연구가 경제 성장과 복지 확대가 함께 이루어지던 전후 경제 체제, 이른바 포디즘적 타협의 맥락 속에서 등장했기 때문이다. 그는 2018년 인터뷰에서 이렇게 회상했다. "모두가 성장을 원했다. 그렇다면 보건 지출이 증가하는 것이 왜 그 자체로 문제가 되겠는가?"(2) 당시에는 국민의 건강을 위해 사회가 생산한 부 가운데 더 큰 몫을 사용하는 것이 자연스럽게 받아들여졌다.

OECD 내부에서 보건 지출이 공공 지출에서 차지하는 비중을 위기처럼 부각시키는 일은 풀리에에게 중요한 의미를 지녔다. 보건 지출을 공공 재정의 부담 문제로 제시함으로써, 경제 중심의 조직인 OECD 안에서도 보건 문제를 주요 정책 의제로 계속 다룰 수 있었기 때문이다.(3) 그의 데이터베이스는 당시 빠르게 성장하던 보건경제학 분야의 여러 연구에서 활용되면서 신뢰성을 더욱 강화했다. 이어 1980년대 초에는 OECD 주요 국가에서 새로 집권한 보수 정부들의 재정 지원도 확보했다. 공공 정책의 영역에

서 지배적인 수치는 대개 영향력 있는 행위자들이 지지하는 수치이기 마련이다. 공공 보건 지출의 억제를 정당화하는 근거로 활용될 수 있었기 때문에, 풀리에와 그의 팀이 구축한 데이터베이스는 미국 보건의료재정청(HCFA)으로부터도 상당한 재정 지원을 받았다.

이렇게 해서 '풀리에의 직선(Poullier's line)'은 점차 '사회보장 적자' 증가를 비판하는 담론의 통계적 토대로 자리 잡게 되었다. 같은 수치들을 근거로, 산업화 국가들에서 추진된 여러 개혁은 공통된 목표를 공유하게 된다. 그것은 바로 보건 지출을 억제하는 것이었다. 이러한 목표는 건강 문제를 다룬 OECD 보고서의 서문마다 반복해서 강조되었다. 스웨덴의 다그마르 개혁(Dagmar)과 아델 개혁(Ädel)(1984년, 1992년), 프랑스의 쥐페 계획(plan Juppé)(1995년), 그리고 독일의 제호퍼 법(loi Seehofer)(1997년) 등이 그 사례다. 물론 이 개혁들이 서로 협력해 추진된 것은 아니지만, 그 방향은 OECD 보고서에서 제시된 정책 해법에서 상당한 영향을 받았다.

1990년대에 들어서면서 OECD의 '에코-상테(Eco-Santé)' 데이터베이스는 서로 다른 보건의료 시스템의 지출을 비교하는 대학 연구의 표준 자료로 자리 잡았다. 이후 이 데이터베이스는 OECD 회원국을 넘어 다른 국가들로까지 확대되었고, 의료 체계의 각 구성 요소의 '효율성'을 평가하기 위한 경제 지표들이 추가되면서 점차 정

『이웃의 얼굴』 - 박연규 지음

교해졌다.

의료를 시장처럼 운영하려는 정책

보건 담당 부서에서 작성된 보고서는 완성된 뒤 OECD 내부에서 가장 영향력이 크고 전통적인 경제 관점을 지닌 경제정책위원회의 전문가들에게 검토를 받는다. 그 결과 분석 도구와 정책 권고는 강한 경제적 논리에 묶이게 된다. 1995년 한 보고서의 표현대로 목표는 "시장형 메커니즘을 도입하는 것"이다. 그러나 의료 서비스를 공급과 수요, 그리고 정보에 의해 작동하는 하나의 시장으로 보는 것이 당연한 일은 아니다. 환자들은 자신이 어떤 질병을 앓고 있는지 정확히 알지 못한 채 병원을 찾는 경우가 많기 때문이다. 또한 장기간 지속되고 재발이 잦은 질환은 의료 서비스의 질을 평가하기에도 특히 부적절하다. 더 나아가 환자들 사이의 비교 자체가 과연 의미가 있는지에 대해서도 의문이 제기된다. 사회적 환경이나 유전적 요인이 건강 상태에 큰 영향을 미치기 때문이다. 식생활, 주거 인프라의 질, 교통 환경과 같은 비의료적 요소는 어떠한가. 대부분의 산업화 국가에서 이러한 요소들은 엄밀한 의미의 의료 시스템보다 건강 상태에 더 큰 영향을 미친다. 그럼에도 OECD가 제안한 개혁은 전형적인 경제주의적 논리에 기반한다. 핵심 가정은 단순하다. "돈이 환자를 따라 움직인다면", 환자들은 의료 서비스의 질과 의료진의 성과를 고려해 가장 좋은 의료기관을 선택하게 되고, 그 결과 경쟁을 통해 성과가 낮은 기관들은 도태되며 전체 의료 체계의 효율성이 높아진다는 것이다.

그러나 이미 1963년에 경제학자 케네스 애로(Kenneth Arrow)-훗날 노벨 경제학상(알프레드 노벨을 기리는 스웨덴 국립은행 경제학상) 수상자-는 의료 서비스를 시장에 맡겨 조정하는 방식의 한계를 지적한 바 있다.

또한 OECD의 에코-상태 데이터에 따르면, 상당 부분이 민영화된 미국의 보건의료 시스템은 효율성이 낮다는 점이 드러난다. 그럼에도 불구하고 1990년대의 개혁들은

공급 측면에서는 병원, 의사, 보험자 간의 경쟁을 도입하고, 수요 측면에서는 환자의 '책임성'을 강화하는 방향으로 추진되었다. 1970년대의 사회지표 연구와 달리 이러한 접근은 비경제적 요소들을 배제한다. 예를 들어 사회적 건강 불평등, 필수 의약품과 의료 장비에 대한 접근성, 의료 인력의 교육 수준, 의료 서비스의 지역적 분포 같은 문제들은 분석에서 빠져 있다. 그 결과 보건 지출 증가와 건강 개선 사이의 긍정적 효과는 통계적으로 거의 나타나지 않게 되었다. 그 결과 정책 논의에서 의미 있는 개혁으로 간주되는 방안은 대부분 비용을 줄이는 조치로 한정되었다.

그러나 문제는 그것만이 아니었다. OECD의 신자유주의적 정책 틀이 점차 영향력을 확대하던 바로 그 시기에, 보다 사회적이고 의학적인 성격을 지닌 기관인 세계보건기구(WHO) 역시 심각한 비판에 직면하고 있었다. 부패와 특혜 의혹이 잇따랐고, 1970년대 대규모 백신 프로그램 이후에는 비효율성에 대한 비난도 이어졌다. 그 결과 특히 미국을 중심으로 WHO에 대한 재정 지원은 점차 줄어들었다. 이러한 위기를 극복하기 위해 WHO는 1998년 그로 할렘 브룬틀란트(Gro Harlem Brundtland)를 사무총장으로 임명했다. 노르웨이에서 세 차례 총리를 지낸 그는 하버드 대학 출신으로, '지속가능한 발전'이라는 개념을 정립한 인물로 이미 국제기구들 사이에서 명성을 얻고 있었다. 그에게 주어진 임무는 공중보건 프로그램을 확대하는 것이 아니라, 전문적 분석 역량을 강화해 WHO의 이미지를 회복하는 데 있었다. 이를 위해 그는 과거 동료들을 대거 불러들였고, 일부 평론가들은 제네바의 WHO 본부가 "레만 호수의 하버드"로 변했다고 말하기도 했다. 브룬틀란트는 의사들의 역할을 뒤로 미루는 대신 미국의 저명한 경제학자들을 모아 WHO의 새로운 정책 방향을 제시할 보고서 준비에 착수했다.

2000년에 발표된 이 보고서는 전 세계 국가들을 보건의료 시스템의 성과에 따라 순위로 평가했다. 프랑스가 1위를 차지한 반면, 미국은 코스타리카와 슬로베니아 사이인 37위에 머물렀다. 격분한 미국은 이 보고서를 강하게 비판했다. 보고서가 정치적으로 편향되어 있으며 각국 정

부와 충분히 협의하지 않았고, 데이터의 가중치 적용에도 학문적 문제가 있다고 주장했다. 그러나 실제로 문제가 된 것은 방법론이라기보다 순위 자체였다. 사용된 분석 방식은 이미 OECD와 세계은행에서도 활용되던 것이었기 때문이다. 결국 순위가 낮게 나온 산업화 국가들은 WHO에 지원하던 자금을 OECD 보건 부서로 돌렸다. 이에 대해 OECD는 앞으로 "국가 간 순위는 매기지 않겠다"고 약속하면서도 "전반적인 방법론은 유지하겠다"고 밝혔다.

"어떤 희생을 치르더라도?"

이듬해 오타와에서는 OECD와 캐나다 연방정부가 공동으로 대규모 회의를 열어 여러 이해관계자들을 한자리에 모았다. 한 프랑스 대표는 이를 두고 이렇게 회상한다. "그 회의는 OECD에 속한 국가들, 즉 북반구의 부유한 나라들이 WHO의 다소 '남반구적' 접근 방식과 국가 간 순위 평가에 맞서기 위해 마련한 일종의 대응 조치였다." 이 회의 이후 유로스타트, WHO, OECD는 보건 분야에 대한 '공통 통계 틀'을 채택했다. 이 체계는 풀리에가 구축한 OECD 에코-상테 데이터베이스의 분류 체계를 계승했다. 비록 이 데이터베이스가 처음부터 신자유주의 정책을 위해 설계된 것은 아니었지만, 지출 중심의 구조는 결국 보건 정책을 재정 평가의 틀 속에 묶는 역할을 했고, 그 과정에서 보건 시스템의 본래 목적이었던 건강 증진의 목표는 점차 뒤로 밀려나게 되었다. 의료 체계의 효율성은 더 이상 건강 상태가 아니라 경제적 지표를 기준으로 평가되기 시작했다. 이처럼 복지보다 숫자가 우위를 점하는 흐름은 더욱 강화되었고, 이는 보건 분야에서 민간 자선 재단의 영향력이 확대되는 변화와도 맞물려 있었다. 2000년에 설립된 빌 앤 멜린다 게이츠 재단이 대표적인 사례다. 이러한 흐름은 보건 정책이 정치적·사회적 영역에서 경제·관리 중심의 접근으로 이동하고 있음을 보여준다. 또한 2003년 이후에는 세계은행의 일부 대출을 받기 위해 WHO·OECD·유로스타트가 마련한 공통 통계 틀에 따라 보건 계정을 작성해야 하는 의무가 도입되었다. 그 결과 건강 문제는 점차 정치적 논쟁의 영역에서 벗어나, 인구의 실제 건강 상태와는 무관한 재정적 합리성에 따라 관리되는 대상으로 바뀌었다. 이러한 흐름 속에서 경제 위기가 닥치자 한때 사라졌다고 여겨졌던 질병들이 유럽에서 다시 등장하기도 했다. 반대로 어떤 바이러스는 전 세계 지도자들에게 보건 위기에 대응하기 위해 "어떤 비용이 들더라도" 공공 지출을 확대하도록 압박하며 보건 정책의 사회적 의미를 강조하는 연설을 이끌어내기도 했다. 그러나 위기가 지나가면 그들은 다시 협소한 재정 논리로 돌아가곤 한다. ⓛⒹ

글 · 콘스탕탱 브리소 Constantin Brissaud
프랑스 국립과학연구센터 연구원. 이 글은 그의 저서 『건강의 가격. OECD와 '사회보장 적자'의 국제적 계량화(1972~2019)』(2026년 1월)에서 착안해 작성되었다.

(1) 「공공 보건 지출(Dépenses publiques de santé)」, 『자원 배분 연구(Études sur l'affectation des ressources)』 제4호, OECD, 파리, 1977.
(2) 콘스탕탱 브리소(Constantin Brissaud)와 장피에르 풀리에(Jean-Pierre Poullier) 인터뷰 발췌, 스카이프(Skype) 인터뷰, 2018년 5월 6일.
(3) 뱅상 가용(Vincent Gayon), 「라 뮈에트 성에서: 지적 순응주의의 요새를 추적하다」, 〈르몽드 디플로마티크〉, 2012년 7월.
(4) OECD는 1961년 유럽경제협력기구(OEEC)를 계승해 출범했다. 서유럽 대부분 국가에 더해 캐나다, 미국, 터키가 참여했다. 1964년 일본이 가입하면서 회원국은 21개국이 되었고, 이후 다른 산업화 국가들이 합류하여 오늘날 OECD는 38개 회원국을 두고 있다.
(5) OECD 보건위원회 제1차 회의 보고서 요약, SG/ADHOC/HEA/M (2001) 1.
(6) 프레데릭 피에뤼(Frédéric Pierru), 「드러나는 순위: 세계보건기구 교리의 경제화 경로」, 패트릭 아상트푀엘(Patrick Hassenteufel)·실비 에니옹-모로(Sylvie Hennion-Moreau) 편, 『유럽의 경쟁과 사회보호(Concurrence et protection sociale en Europe)』, 렌 대학 출판부(Presses universitaires de Rennes), 'Res publica' 총서, 2004.

Mondial
지구촌

EL SALVADOR
EL PRESIDENTE QUE ESTÁ
Nayib Bukele
El Salvador

강대국의 탐욕을 자극하는 키부의 광물

미 · 중, 콩고에서 벌이는 자원 패권 다툼

세계 최대 코발트 생산국이자 구리 생산량 세계 2위인 콩고민주공화국은 전략 광물을 둘러싼 미 · 중 경쟁의 핵심 무대로 떠오르고 있다. 중국이 오랫동안 장악해 온 광물 공급망을 견제하기 위해 미국도 영향력 확대에 나섰다. 백악관의 지원을 받는 미국 투자자들은 여전히 전쟁과 정치적 불안에 시달리는 이 나라의 광산 산업에 본격적으로 발을 들이려 하고 있다.

파니 피조 | 언론인

2026년 2월 3일, 스위스의 원자재 거래 대기업 글렌코어는 콩고민주공화국(RDC) 내 자사 광산 자산의 40%를 2025년 10월 설립된 미국 공공·민간 합작 컨소시엄 오리온 CMC에 매각 의향을 밝혔다. 같은 날, 캐나다 기업 아이반호 마인스도 콩고 키푸시 광산에서 채굴한 아연을, 백악관이 전날 출범시킨 전략 비축 프로그램 '프로젝트 볼트'에 공급할 준비가 돼 있다고 발표했다. 이어 2월 4일 워싱턴에서는 콩고 대통령 펠릭스 치세케디가 '핵심 광물 국제 정상회의'에 참석했다. 여기에서 '핵심 광물'은 공급 중단 위험이 높고 대체재가 부족한 전략 자원을 뜻한다. 다음 날 그는 미국 정치권 인사들이 참석하는 연례 '기도 조찬 행사'에 참석했으며, 도널드 트럼프 대통령은 그를 핵심 동맹으로 소개했다.

콩고의 지하는 '알리바바의 동굴'

미국은 두 가지 목표를 추구하고 있다. 하나는 공급망을 확보하는 것이고, 다른 하나는 중국의 영향력 확대를 차단하는 일이다. 중·아프리카 관계 전문가이자 '차이나-글로벌 사우스 프로젝트' 프랑스어판 편집자인 크리스티앙 제로 네마 비아몽구는 이렇게 설명한다. 코로나19 팬데믹은 핵심 광물 공급망에서 중국에 대한 미국 산업의 높은 의존도를 드러냈다. 바이든 행정부는 중국이 "채굴에서 가공에 이르는 가치 사슬 전반을 사실상 장악하고 있으며, 광산 생산의 약 60%, 정제 능력의 85% 이상, 영구 자석 제조의 90% 이상을 통제하고 있다"는 점을 우려하며 대응에 나섰다.(1) 에너지 전환이 전 세계 산업 수요 구조를 재편하는 가운데, 콩고의 지하는 그야말로 '알리바바의 동굴'에 비유된다. 콩고민주공화국은 전 세계 코발트 매장량의 약 70%를 보유하고 있을 뿐 아니라, 금·다이아몬드·아연·망간·니켈·주석·텅스텐·탄탈럼·리튬 등 다양한 전략 광물이 풍부하게 매장된 자원 부국이기 때문이다.

오랫동안 콩고민주공화국 광산 부문에 관여해온 미국은 2000년대 들어 생산 비용이 높고 현지의 개정된 광업법이 불리하다는 판단에 따라 점차 철수했다. 반면 중국은 10년간의 분쟁과 불안정 끝에 재건을 모색하던 콩고에 본격적으로 진출했다. 서방의 조건부·점진적 지원과 달리 중국은 광물 자원을 담보로 대규모·신속·직접적인 자금 지원에 나섰고, 정치적 조건을 거의 달지 않았다. 2007년 킨샤

사와 베이징은 '광물 대 인프라' 협정을 체결했다. 남동부 구리·코발트 광산 접근권을 대가로, 중국은 도로·병원·학교 건설을 약속했다. 이후 중국은 입지를 더욱 강화했다. 2016년 재정난에 처한 미국 기업 프리포트-맥모란은 세계 최대 코발트·구리 광산 가운데 하나인 텐케 푼구루메 지분을 중국 기업 차이나 몰리브덴에 매각했다. 이는 "미국이 아프리카에서 저지른 가장 중대한 상업적 실수 중 하나"로 평가된다.(2) 현재 중국 기업들은 콩고 핵심 광물 생산의 최대 80%를 소유하거나 운영하고 있으며, 상당 부분이 중국으로 반출돼 가공되고 있다고 미국 국제개발금융공사는 분석한다.(3)

2022년 미국은 유럽연합(EU)과 함께 잠비아·콩고·앙골라를 연결하는 로비토 회랑 철도 복구 사업에 투자했다. 이는 중국이 전략 지역의 핵심 광물과 주요 운송로를 독점하는 것을 막기 위한 조치였다.(4) 2025년 중반 중국이 희토류와 영구자석 수출을 제한하면서 미국 산업은 큰 타격을 입었다. 이에 트럼프 행정부는 대응을 강화했다. 역설적으로 콩고의 안보 상황 악화는 미국의 외교적 개입을 촉진하는 계기가 됐다.(5) 2025년 12월 4일에는 '안보 대 광물'이라는 논리에 따라 르완다의 폴 카가메 대통령, 콩고민주공화국의 펠릭스 치세케디 대통령, 그리고 도널드 트럼프 미국 대통령 사이에 이른바 '워싱턴 협정'이 체결됐다.

중국은 분명 한발 앞서 있다

이 협정 내용에는 콩고민주공화국과 미국 간의 '전략적 동반자 관계'가 포함돼 있다. 이는 미국 기업에 광물을 우선적으로 공급하고, 해당 부문에 대한 공동 관리 체계를 구축하는 내용을 담고 있다. 글렌코어와 오리온 CMC 간의 거래 계획은 이러한 합의의 첫 구체적 사례 가운데 하나로 평가된다. 이 밖에도 여러 구상이 진행 중이다. 아마존

장 다비드 은콧 - 「지하의 영혼들 #18」, 2021.

창업자 제프 베이조스와 마이크로소프트 공동 창업자 빌 게이츠가 투자한 스타트업 코볼드 메탈스는 콩고 남동부 마노노 리튬 광산 인근에서 탐사권을 확보했다. 또한 콩고 당국은 2026년 1월 미국 측에 망간, 구리-코발트, 금, 리튬 광산의 공공 지분 가운데 투자 대상이 될 수 있는 자산 목록을 전달했다.

이미 콩고민주공화국(RDC)에 깊이 자리 잡은 중국은 이러한 경쟁을 서방과 같은 지정학적 시각에서 바라보지 않는다고 중·아프리카 관계 전문가 네마 비아뭉구는 분석한다. 그는 콩고 정부 역시 중국의 이해관계를 근본적으로 흔들려는 의도를 보이지 않고 있다고 덧붙였다. "중국 기업들이 활동을 확대하려 한다는 징후는 없다. 현재 보유한 광산권만으로도 높은 수익을 올리고 있으며, 우선순위는 기존 사업의 관리와 프로젝트 수명 연장에 있다"고 그는 설명했다. 또 다른 관측자 역시 "현장에서 만나는 중국 관계자들은 전혀 불안해하지 않는다"며, 미국이 이 지역에 장기적으로 안착할 수 있을지에 대해서는 회의적인 시각이 적지 않다고 전했다. "중국은 분명 한발 앞서 있다.

현지 엘리트의 작동 방식에 대한 이해가 깊고, 재정 동원 능력과 기동성 면에서도 비교 우위에 있다"는 평가다. 반면 미국 기업들은 정부의 지원에도 불구하고 아프리카에서 대규모 사업을 수행한 경험이 부족하다. 확립된 공급망과 탄탄한 현지 파트너십이 부족한 상황에서 사업 추진은 더디고 비용도 높아질 가능성이 크다고 남아프리카 컨설팅업체 시그널 리스크의 반 달렌은 지적한다. 여기에 미국 국내 정치의 불확실성도 변수로 꼽힌다. "2026년 중간 선거에서 공화당이 의회 다수당 지위를 잃을 경우 관련 프로젝트 자금과 파트너십 협정은 추가 검토 대상이 될 수 있으며, 이는 사업 시행을 지연시킬 수 있다"는 분석이다.

1961년, 초대 총리,
벨기에와 미국의 공모 속에 암살

일부 측면에서 콩고에서 벌어지는 경쟁은 냉전 시기 두 진영의 대립을 떠올리게 한다. 풍부한 자원과 아프리카 대륙 중심부라는 전략적 위치 때문에 콩고는 오래전부터 강대국의 각축장이었다. 당시 서방은 소련의 영향력 확대를 차단하고 자원 접근권을 유지하기 위해 전력을 기울였다. 자국의 이익을 지키려 했던 콩고의 초대 총리 파트리스 루뭄바는 그 대가를 치렀다. 그는 1961년 1월 17일 벨기에와 미국의 공모 속에 암살됐다.

이번에도 상황은 크게 다르지 않을 수 있다. 파트너를 다변화하는 것이 일정한 장점이 될 수는 있지만, 광물 채굴 확대의 실질적 이익이 1억 1천만 명에 이르는 콩고 국민에게 돌아갈 가능성은 낮다는 우려가 제기된다. 시민사회단체인 오클랜드 인스티튜트와 북키부에 기반을 둔 그린 아피아, 그리고 일부 미국 의회 인사들은 광산 활동의 확대가 환경과 지역 주민의 생활 여건을 더욱 악화시킬 수 있다고 경고한다.(6) 또한 공동 관리 메커니즘을 포함한 미국과의 파트너십은 콩고의 경제·외교 정책에 보다 강한 제약을 가할 가능성이 있다는 지적도 나온다.

만약 워싱턴의 개입이 동부 지역의 안보 상황을 실질적으로 개선한다면 상황은 달라질 수 있다. 그러나 현재로서는 그렇지 않다. 수백만 명의 사망자와 피란민을 낳은 전쟁은 계속되고 있으며, '워싱턴 협정' 체결 이후에도 오히려 격화되는 양상을 보이고 있다. 콩고 정부군과 르완다의 지원을 받는 M23 반군 사이의 교전은 여전히 이어지고 있다. 북부 이투리 주에서는 이슬람국가(IS)와 연계된 민주동맹군(ADF)이 공포 통치를 지속하고 있지만, 협정은 이 문제를 다루지 않고 있다.

반 달렌은 현재의 분쟁 양상을 고려할 때 미국 협정과 그에 연계될 수 있는 평화 합의 역시, 미국과 다른 파트너들이 르완다에 대해 구체적인 조치를 취하지 않는 한 지역 안정에 기여하기 어려울 것이라고 분석한다. 또한 국제조직범죄대응이니셔티브의 조엘 베할랄은 강제력 있는 조치가 뒤따르지 않는다면 "워싱턴 협정은 무엇보다 미국의 이익에 봉사하고, 동부 콩

『가까스로-있음: 브뤼노 라투르와 파국의 존재론』

김홍중 지음 | 33,000원

고의 분쟁 경제에서 이미 이익을 얻고 있는 국가와 정치·경제 권력 네트워크를 강화할 수 있다"고 경고한다.(7)

오클랜드 인스티튜트의 정책 담당 프레데릭 무소는 해당 협정이 "동부 지역 광물의 가공과 수출에서 르완다에 핵심적 역할을 부여하고 있다"고 지적한다. 이는 르완다가 M23이 북키부와 남키부에서 채굴한 광물을 기반으로 비공식적으로 수행해오던 역할을 사실상 제도화하는 셈이라는 설명이다.

이미 미국의 투자가 진행된 상황에서, 중국과도 긴밀한 관계를 유지하고 있는 르완다의 폴 카가메 대통령은 키부 지역에 대한 영향력을 유지할 수 있는 강력한 지렛대를 쥐고 있는 것으로 보인다. 이는 그가 공식적으로 체결한 협정의 취지와는 부분적으로 상충할 수 있다는 분석도 제기된다.

사적·재정적 이해관계를 추구하는 대상

미국 정부 내부에서도 입장 차이가 존재한다. 외교 관료들은 분쟁의 지속 가능한 해결을 모색하고 있지만, 결정적 영향력을 행사하는 도널드 트럼프 대통령 측근 그룹은 보다 사적·재정적 이해관계를 추구하고 있다는 분석이 나온다. 사안을 잘 아는 한 소식통은 이를 " 재정적 목표가 우선되는 접근"이라고 전했다. 트럼프 대통령은 협정 서명 당시 "모두가 많은 돈을 벌게 될 것"이라고 밝히기도 했다. 이에 따라 M23 반군과 르완다를 둘러싼 분쟁 해결이 실제로 우선 과제가 되는지는, 전쟁 지역의 전략 광물이 해당 경제 행위자들의 이해에 얼마나 부합하는지에 달려 있다는 지적이 제기된다. 이미 그런 조짐은 나타나고 있다. 북키부 지역에서 반군이 통제하는 루바야(Rubaya) 광산의 콜탄이 미국 투자자 젠트리 비치의 관심을 끌고 있다는 보도가 있다.(8) 그는 트럼프 대통령의 지인이자 협력자로 알려져 있으며, 현재 채굴권 확보를 협상 중인 것으로 전해진다. ▣

글 · 파니 피조 Fanny Pigeaud
언론인

(1) 「바이든-해리스 행정부, 희토류 공급망 확보를 위한 추가 조치 발표」, 미국 상무부, Washington, DC, 2022년 9월.
(2) Gracelin Baskaran, 「미국과 콩고민주공화국 간 핵심 광물 협력 구축」, 〈전략국제문제연구소(CSIS)〉, Washington, DC, 2025년 3월.
(3) 「중국의 지배력에 대응해 핵심 광물 공급망 강화」, 〈미국 국제개발금융공사〉.
(4) Anne-Cécile Robert, 「동아프리카 철도의 귀환」, 〈르몽드 디플로마티크〉, 2019년 2월호.
(5) Eric Kennes, Nina Wilén, 「북키부, 끝없는 분쟁의 소용돌이」, 〈르몽드 디플로마티크〉, 2024년 5월호.
(6) 「속았다! 콩고민주공화국의 핵심 광물 쟁탈전」, 〈오클랜드 인스티튜트〉, 2025년 10월 21일 ; 「RDC-USA : 전략 광물 협상을 둘러싼 미국 의원들의 우려」, 2025년 8월 12일, https://mines.cd
(7) Zobel Behalal, 「고마, 1년 후: 불법 이익과 실패한 평화」, 〈국제조직범죄대응이니셔티브(GI-TOC)〉, Genève, 2026년 1월 26일.
(8) Giulia Paravicini, David Lewis, 「세계 기술 산업을 지탱하면서 콩고 반군에 자금을 대는 광산 내부」, 〈로이터〉, 2025년 8월 13일.

미국, 테헤란을 상대로 '강온 전략' 반복

이란에는 어떤 후계 세력이 있는가

"왜 이란은 아직도 항복하지 않았는가." 도널드 트럼프 미국 대통령은 2월 20일 이같이 말했다. 이란의 신정 체제는 물러설 기미를 보이지 않고 있다. 지난 1월 자국민을 상대로 벌인 탄압은 통치 기반의 취약성을 다시 한번 드러냈다. 워싱턴이 무력 사용 가능성을 완전히 배제하지 않은 가운데, 이란 내부의 일부 엘리트 집단은 권력 재편의 국면을 염두에 두고 조심스럽게 움직이고 있다.

베르나르 우르카드 | 프랑스 국립과학연구센터 명예 연구책임자

올해 초부터 미국은 이란을 상대로 강온 양면 전략을 구사해왔다. 한편으로 미국 행정부는 페르시아만 해역과 인근 기지에 대규모 항공·해군 전력을 배치했다. 두 척의 항공모함을 포함한 전투기와 군함의 집중 배치는, 설령 제한적이고 단기간일지라도 대규모 군사 작전의 전조로 해석하는 시각이 적지 않다. 다른 한편으로 워싱턴과 테헤란은 이란 핵 프로그램을 둘러싼 협상을 재개하기로 합의했다. 그러나 이 전략적 사안의 이면에는 1979년 미국 외교관 인질 사건 이후 지속돼온 양국 간 전반적 정치 갈등을 해소하려는 시도가 자리하고 있다. 군사 작전이 현실화될 경우, 특히 이란 체제가 어떤 결과를 맞을지는 예측하기 어렵다. 반면 장기적이고 복잡한 과정을 거칠 '이란-미국 관계 정상화'가 이루어진다면, 이는 이란 사회에 또 하나의 혁명적 변화를 의미할 수 있다. 미국과의 화해는 곧 이슬람공화국의 이념적 토대를 약화시킬 가능성이 있기 때문이다.

1979년 이란 혁명은 단지 종교적 열망의 분출이 아니라, 미국에 종속된 팔라비 왕조의 군주 체제를 전복하려는 독립과 자유, 인권과 사회적 정의에 대한 대중적 요구가 결집된 사건이었다. 그러나 이후 이슬람공화국은 주로 '혁명적 이슬람 체제'라는 단일한 틀로 규정돼왔고, 그 결과 체제가 곧 붕괴할 것이라는 전망이 반복적으로 제기돼왔다. 이 과정에서 혁명을 이끌었던 시민적 가치와 정치적 열망은 종종 간과됐다. 그 가치와 세력은 사라지지 않았지만, 체제는 점차 전제와 부패의 구조 속으로 경직돼 갔다. 반면 사회는 교육 확대와 도시화, 세계와의 접촉 속에서 변화했고, 그 간극은 때때로 저항과 시위로 표출됐다. 반면 체제는 점차 전제와 부패의 구조 속으로 스스로를 가두었고, 사회는 그와는 다른 방향으로 변화하며 때로는 공개적 저항을 이어갔다.

이 불안정한 균형은 이제 한계에 도달한 것으로 보인다. 2026년 1월의 유혈 진압은 분기점이 되었으며, 이슬람공화국에 중대한 타격이 될 가능성이 있다. 체제는 통치 능력의 근본적 한계를 드러내는 위기를 맞고 있다. 동시에 이는 체제가 내세워온 이념과 현실 정치 사이의 괴리를 적나라하게 드러내는 순간이기도 하다. 오랫동안 미국을 '위대한 사탄'으로 규정해온 체제가, 이제는 그 미국과 직접 협상에 나서야 하는 상황에 놓였기 때문이다.

이슬람공화국의 역설적 유산

문제는 체제를 부분적으로 손질하는 데 그치지 않고, 새로운 국가 모델을 어떻게 구축할 것인가에 있다. 1970년대와는 전혀 다른 국제 환경 속에서, 오늘의 사회적 요구에 부응하는 국가를 구축할 수 있을지가 관건이다. 어떤 정치 세력과 사회 집단이 그 과정을 주도할 것인가. 어떠한 국제적 연대가 재건의 토대를 마련할 수 있을 것인가. 일부 부유한 해외 디아스포라가 기대하듯 군주제를 복원하는 선택을 할 것인지, 아니면 1979년 혁명 과정에서 왜곡되거나 소멸된 가치와 이상을 새롭게 해석해 되살릴 것인지도 여전히 열려 있는 문제다. 또한 이슬람공화국이 지난 수십 년간 남긴 경험 가운데 무엇을 비판적으로 평가하고, 무엇을 계승할 것인지 결정하는 일 역시 피할 수 없는 과제로 남아 있다.

오늘날의 이란은 1979년의 이란과는 다른 사회다. 당시에는 교육 수준이 높고 현대적 가치에 개방적이었던 도시의 '계몽된 소수'가, 전통적 시아파 이슬람에 기대를 걸었던 다수의 주변화된 인구와는 다른 문제의식 속에서 샤 정권 전복에 참여했다. 그러나 40여 년이 흐른 지금, 그 소수는 더 이상 소수가 아니다. 1979년 2월 50%를 갓 넘겼던 도시화율과 문해율은 이후 꾸준히 상승했다. 정치 제도 또한 형식적으로나마 '공화적' 헌법 체계를 갖추며 변화를 겪었다. 시간이 지나면서 성직자 집단과 전통적 종교 권력은 사회의 구조적 변화 앞에서 점차 영향력을 잃어갔다. 세계에 대한 개방성은 이제 엘리트의 전유물이 아니라, 종교적 권위의 통제를 점차 벗어나고 있는 다수 시민의 일상적 현실이 되었다.

아르가반 코스로비 – 「흰 깃발」, 2022.

혁명의 기반이었던 종교적 힘 약화

이러한 역설적 전개를 보여주는 초기 사례가 있다. 1980년 4월 단행된 '문화혁명'은 학교와 대학을 이슬람화하는 데 목적이 있었다. 그러나 결과는 의도와 다르게 전개됐다. 농촌 마을에 여성 교사가 대거 파견되고, 압둘라 자스비와 알리 아크바르 라프산자니가 설립한 이슬람 자유대학(다네슈가 아자드 에슬라미) 분교가 소도시를 포함한 전국 각지에 설치되면서, 농촌 여성의 교육 기회가 크게 확대됐다. 동시에 청년층은 과학 지식과 국제 문화에 접근할 수 있는 통로를 확보했다. 1976년 17.3%에 불과하던 여성

문해율은 2016년 73%까지 상승했다. 반면 곰(Qom)과 마슈하드(Mashhad)의 신학교를 비롯한 종교 교육 기관들은 사회 전반의 변화, 특히 교육 확대와 과학 지식의 확산에 충분히 대응하지 못했다. 그 결과 1978년 혁명 당시 대중을 결집시키는 데 중요한 역할을 했던 종교적·사회적 기반은 시간이 흐르면서 점차 약화됐다.

이란은 2016년 기준 도시화율이 74%에 이르는 도시 사회로 전환됐지만, 농촌적 정체성이 사라진 것은 아니다. 많은 농촌 지역은 여전히 경제·정치·문화·미디어 네트워크 속에서 중요한 축을 형성하고 있다. 다만 사회적 균열의 양상은 변화했다. 갈등은 더 이상 단순한 도시 대 농촌 구도로 설명되지 않는다. 오늘날의 격차는 도심과 인구가 급증한 신흥 외곽 지역 사이에서 더욱 뚜렷하게 나타난다. 대(大)테헤란 인구의 40%가 외곽에 거주한다는 사실은 이러한 구조적 변화를 단적으로 보여준다. 이들 외곽 주민은 도심 상위 중산층과 동일한 이해관계나 정치적 지향을 공유하지 않는다. 2019년 11월 휘발유 가격 인상에 반대하는 시위에서 드러났듯, 이들은 자신의 사회경제적 위치와 불만을 집단적 정치 요구로 표출해왔다. 또한 지방 출신 인구가 대도시 외곽에 밀집하면서, 지역·민족적 연계망이 수도권 내부에 재구성되고 있다. 각 외곽 지역과 위성 도시는 출신 지역과 지속적으로 연결돼 있으며, 이러한 네트워크는 국가 차원의 정치 역학에도 점차 영향을 미치고 있다.

1979년 이후 42차례 실시된 전국·지방 선거

이슬람공화국의 제도적·정치적 유산은 단순히 부정하거나 그대로 계승하기 어려운 성격을 지닌다. 이란이 완전한 민주주의와는 거리가 멀기 때문이다. 그럼에도 이란은 형식상 공화국이며, 선거라는 제도는 사회에 깊이 자리 잡았다. 최고지도자와 시아파 성직자 집단이 광범위한 권한을 행사해왔지만, 1979년 이후 42차례 실시된 전국·지방 선거는 대중의 정치 문화 속에 선거 참여의 경험을 축적시켰다. 후보 자격 심사를 통해 '부적합한 인물'을 사전에 걸러내거나, 2009년과 같은 대규모 부정 논란이 있었음에도 불구하고, 이란 시민들은 선거를 자신의 입장과 요구를 드러내는 정치적 통로로 활용해 왔다. 특히 일부 대통령 선거는 제한적이나마 공개 토론의 장을 열어, 보다 자유로운 정치 질서의 가능성을 엿보게 했다. 다양한 영역에서 이란 사회는 스스로를 미래의 주체로 인식하며, 정치적 참여 의지를 지속적으로 표출해왔다.

서방, 특히 미국과의 관계는 어떻게 전개될 것인가. 러시아와 영국, 그리고 미국의 제국주의적 개입을 겪어온 이란은 오랜 기간 국가적 독립을 핵심 가치로 내세워왔다. 미국의 정치·군사적 영향력에 대한 거부는 광범위한 사회적 합의에 가까웠다. 1979년 11월 4일 미국 외교관 52명을 인질로 억류한 사건은 한때 '독립 전쟁'의 상징적 승리로 받아들여졌다. 그러나 그 선택은 장기적으로 이란에 불리하게 작용했다. 냉전 체제 속에서 반제 민족주의와 이슬람 혁명 이념이 결합하면서, 이란과 미국 사이에는 장기적이고 구조적인 적대 관계가 형성됐다. 이 갈등은 이후 중동 지역의 주요 분쟁과 전쟁의 배경으로 작용해왔다. 오늘날에도 이란과 미국 관계가 정치적으로 해결될 수 있을지는 중동 안보 질서를 좌우하는 핵심 변수로 남아 있다.

2015년 체결된 이란 핵 합의, 사실상 대내외 반대 직면

2015년 체결된 이란 핵 합의(JCPOA, 포괄적 공동행동계획)는 유엔의 승인을 받았지만, 출범 초기부터 미국 공화당과 이스라엘, 그리고 최고지도자 알리 하메네이와 가까운 이란 내 강경 이슬람주의 세력의 반대에 직면했다. 2018년 도널드 트럼프 대통령이 합의를 일방적으로 파기했고, 유럽 역시 실질적인 합의내용-제재 해제와 경제 정상화 보장-이행에서 한발 물러서면서 이란은 심각한 경제 위기에 빠졌다. 정상화에 대한 기대를 품고 있던 신흥 중산층은 경제·문화·정치적 개방의 가능성이 좌절되는 과정을 경험했다. 그 이후 사회적 불만은 누적됐고, 민중 봉기는 더욱 빈번하고 대규모로 확산됐다. 당국은 이를 강경한 방식으로 진압하며 통제에 나섰다.

두 가지 중대한 사건이 이란 체제의 기반을 약화시켰다. 첫째는 히잡 의무화 문제를 둘러싼 사회적 압박 속에서 시아파 성직자들이 사실상 후퇴한 점이다. 이는 도덕·종교 규범을 통해 사회를 통제해온 체제의 상징적 권위에 균열이 생겼음을 보여준다. 둘째는 혁명수비대가 구축해온 대외 동맹 네트워크, 이른바 '저항의 축'이 연이어 타격을 입은 것이다. 레바논의 헤즈볼라 약화와 시리아 바샤르 알 아사드 정권 붕괴는 그 대표적 사례로 거론된다. 2023년 10월 7일 하마스의 이스라엘 공격과 그에 따른 가자지구의 파괴, 이어진 이스라엘과의 직접 군사적 긴장은 권력 내부의 균열을 더욱 심화시켰다. 경제적 불만에서 출발한 시민들의 요구가 정치적 요구로 확대되는 과정에서, 당국은 강경 진압에 의존해왔다. 이에 대해 수천 명의 시위대가 희생됐다는 비판이 제기되고 있다.

교착 국면은 전면화됐다. 출구를 찾기 위해 이슬람공화국은 미국과의 갈등을 둘러싼 포괄적이고 지속 가능한 정치적 해법을 모색하지 않을 수 없는 상황에 놓였다. 핵 문제는 여전히 협상의 중심 의제이지만, 테헤란에 더 시급한 과제는 경제 제재의 해제다. 제재는 이란 사회 전반의 일상에 직접적인 타격을 가하는 압박 수단인 동시에, 권력과 연계된 특정 가문과 집단이 통제하는 비공식 경제와 부패 구조를 확대·고착화해왔다. 미국과의 갈등이 완화될 경우, 해외 동결 자산의 해제와 외국 기업의 시장 진입, 단기적 생활 여건 개선이 가능해질 수 있다. 그러나 신정 체제 입장에서는 이는 체제가 오랫동안 유지해온 이념적 정당성과 권력 구조를 흔드는 정치적 후퇴로 인식될 가능성이 크다.

미국과의 관계 정상화는 신정 체제에는 정치적 부담이 될 수 있지만, 경제적 어려움을 겪어온 다수 시민에게는 제재 완화와 생활 여건 개선으로 이어질 수 있다는 점에서 긍정적으로 받아들여질 가능성이 크다. 변화가 현실화된다면, 군사 개입보다는 자본과 시장의 재유입을 통한 점진적 전환의 형태를 띨 가능성이 높다. 물론 강한 민족주의 정서, 장기간 고립이 남긴 구조적 문제, 이스라엘의 전략적 계산, 왕정 복고를 지향하는 디아스포라의 이해관계, 그리고 정상화에 반대하는 급진 이슬람 세력의 저항 등 여러 장애 요인이 존재한다. 그럼에도 이 흐름은 되돌리기 쉽지 않아 보인다. 이는 이란 사회 내부의 변화 요구뿐 아니라, 이스라엘의 영향력 확대를 우려하는 주변 국가들의 전략적 판단과도 맞물려 있다.

그렇다면 누가 그 뒤를 이을 수 있을까.

겉으로 보이는 것과 달리, 이슬람공화국의 정치 체제는 단순한 전제와 탄압의 논리만으로 설명되기 어렵다. 헌법은 최고지도자 알리 하메네이에게 광범위한 권한을 부여하고 있지만, 그가 실제로 어떤 방식으로 권력을 행사하는지는 여전히 논쟁의 대상이다. 그는 전략적 설계자인가, 파벌 간 조정자인가, 최종 결정권자인가, 아니면 체제의 안정을 유지할 수 있는 세력을 후원하는 상징적 중심에 가까운가. 그럼에도 오랜 정치 경험을 지닌 그는 '지도자실(beyt-e rahbari)'로 불리는 방대한 권력 기구 안에서 경쟁하는 여러 파벌과 집단, 그리고 복잡하게 얽힌 재정적 이해관계를 조율할 수 있는 거의 유일한 인물로 평가된다. 이란의 권력 구조는 한 개인의 전횡이라기보다, 이념·재정·치안 장치가 결합된 시스템에 기반을 두고 있다. 이 체제는 부패와 후견 네트워크를 통해 다양한 개인과 사회 집단을 포섭해왔지만, 반복되는 강경 진압은 동시에 통치 능력의 한계를 노출시키고 있다.

보수 진영과 개혁 진영이 선거를 통해 번갈아 영향력을 행사하는 구조는, 체제에 대한 사회적 불만을 흡수하면서 외형적 안정성을 유지하는 장치로 기능해왔다. 동시에 이 순환 구조는 엄격한 제약 속에서도 일정 수준의 정치적 역동성을 유지하고, 다양한 의견이 제한적으로나마 표출될 수 있는 공간을 남겨두는 역할을 해왔다. 이러한 가능성은 특히 의회 내 토론 과정과 비교적 비판적 태도를 유지해온 일부 언론을 통해 구현되어왔다. 샤 정권을 전복한 혁명 세대가 내세웠던 제3세계주의, 독립, 자유, 민주주의, 사회적 정의의 이념은 완전히 소멸하지 않았다. 두 차례 수감 생활을 겪은 인사들, 자유주의 성향 정치인들, 이른바 '이슬람 좌파'로 불린 세력은 성직 권력의 남용과 부패, 자유의 제약, 폭력적 탄압을 지속적으로 비판해왔다. 그러나 이들 중 다수는 신중한 계산 때문이든, 체제 내부에서 점진적 변화를 기대했기 때문이든, 최고지도자 권력과의 근본적 단절까지는 나아가지 않았다. 이란력 1357년(1978년) 혁명 세대를 가리키는 '판자 오 하프티(Panja o hafti)'는 오늘날 급진적 체제 전환이나 왕정 복고를 주장하는 세력으로부터 비판을 받고 있다. 이들은 해당 세대가 전제 군주제를 무너뜨렸지만, 결과적으로 성직 권력의 부상을 저지하지 못했다고 평가한다.

통제된 이행인가, 급진적 전환인가

구조적으로 응집력이 강하지 않은 이들 인사와 집단은, 체제가 쇠퇴 국면에 접어든 상황에서도 여전히 일정한 영향력과 인적 네트워크를 유지하고 있다. 국가기구와 고위 행정, 기업 영역은 물론 일부 성직자와 혁명수비대 내부에도 이들의 연결망이 존재한다. 이들은 자신을 이란의 민족

적 유산과 시아파 대중문화, 그리고 세계와의 교류 사이에서 균형을 모색하는 세력으로 규정한다. 이들은 통제된 전환 과정을 거쳐 체제의 급변을 피하면서도, 제도와 정책의 구조적 개편을 준비할 수 있다고 본다. 물론 다른 급진적 행위자들에게 주도권을 빼앗길 가능성도 배제할 수 없다. 그럼에도 이들은 고위 행정에 종사하는 중산층과 대도시 외곽의 대중 계층을 포함한 폭넓은 사회적 합의를 기대하고 있다. 이들 가운데 상당수는 1978~1979년 혁명에서 중요한 역할을 했던 아제르계 공동체와도 연결돼 있다. 또한 1월 학살 이후 권력 내부의 균열이 심화되고 있으며, 전쟁 위협과 미국과의 협상이 동시에 전개되고 있다는 점을 인지하고 있다. 2026년은 향방을 가를 분수령이 될 가능성이 크다. 그러나 변화의 열쇠는 외부가 아니라 이란 내부에 있다. 미국과의 협상에서 실질적 지렛대를 쥐고 있는 주체 역시 궁극적으로는 이란 국민 자신들이다. ⓛⅅ

글 · 베르나르 우르카드 Bernard Hourcade
프랑스 국립과학연구센터 명예 연구책임자이며, 〈오리앙 XXI(Orient XXI)〉 편집위원.

지셀 루시아 나바로. –「거울 속의 녹턴」, 2024.

워싱턴 앞에서 아바나는 무엇을 할 수 있는가?

베네수엘라 다음은 쿠바다. 도널드 트럼프는 라틴아메리카에서의 공격적 노선을 지속하고 있다. 베네수엘라가 쿠바에 석유를 공급하지 못하도록 차단함으로써, 그는 이미 잇따른 파괴적 위기로 약화된 이 공산주의 국가를 감내하기 어려운 경제·사회적 위기로 밀어 넣고 있다. 쿠바를 무릎 꿇리기 위해서다.

크리스토프 방튀라 | 국제전략관계연구소(IRIS) 연구원

쿠바 혁명의 종말이 다가오고 있는 것일까. 미국 대통령 도널드 트럼프와 국무장관 마코 루비오는 쿠바 체제의 변화를 압박하겠다는 의지를 분명히 하고 있다. 이들은 2000년대 이후 아바나의 최

대 경제적 후원자이자 핵심 동맹이었던 베네수엘라에 적용해 온 제재 중심의 압박 방식을 쿠바에 대해서도 확대하고 있다. 베네수엘라 사례에서 볼 수 있듯, 경제 제재와 금융 봉쇄, 외교적 고립을 통해 상대국의 정책 변화를 유도하는

접근이다. 라틴아메리카에서 미국의 이해에 반하는 국가로 규정될 경우, 트럼프 행정부의 목표는 사실상 하나로 수렴된다. 강도 높은 압박을 통해 궁극적으로 굴복을 이끌어내는 것이다.

미국이 원하는 것은 '굴복'

미국이 목표 국가의 굴복을 유도하는 방식은 크게 두 갈래로 정리된다. 첫째는 협상이다. 그러나 이는 대등한 조건에서의 교섭이라기보다, 강한 압박을 배경으로 미국의 요구를 수용하도록 하는 형태에 가깝다. '합의'는 절차적 외형일 뿐, 실질은 조건의 수락 여부에 있다. 이 경로가 현실적으로 작동하지 않을 경우, 카라카스 사례에서 보였듯 보다 직접적인 수단이 선택지로 떠오른다. 군사적 옵션을 배제하지 않는 접근이다. 이 경우 규칙 설정과 속도 조절, 종료 시점의 판단은 워싱턴, 보다 정확히는 백악관의 결정에 의해 이루어진다. 미국 대통령 도널드 트럼프는 이러한 대치 국면에서 '예측 불가능성'을 하나의 전략적 자산으로 활용해 왔다. 그는 필요에 따라 언제든 입장을 조정하거나 행동에 나설 수 있다는 신호를 반복적으로 발신해 왔다. 이른바 '제국적 권위'를 부각하는 이러한 방식은 점차 하나의 정치적 관행으로 굳어지는 양상이다. 2026년 2월 16일, 쿠바에 대한 군사 작전 가능성을 묻는 질문에 그는 "여러분이 상상할 수 있듯이, 그것은 그리 어려운 게 아니다. 하지만 나는 그것이 꼭 필요할 것이라고는 생각하지 않는다"고 밝혔다. 이 발언은 군사적 선택지를 배제하지 않으면서도 즉각적 실행은 유보하는 이중적 메시지로 해석된다.

지난 1월 3일, 미국의 군사 개입 가운데서도 가장 강도 높은 사건이 발생했다. 니콜라스 마두로 베네수엘라 대통령이 체포·이송된 이후, 워싱턴은 카라카스에 쿠바로의 석유 공급을 즉각 중단하라고 요구했다. 이는 에너지 부문을 베네수엘라에 상당 부분 의존해 온 쿠바에 치명적인 조치였다. 특히 코로나19 팬데믹 이후 관광 수입 감소와 외화 부족, 물자난이 겹치며 사회·경제적 위기가 심화된 상황에

서 에너지 공급 차질은 결정적 변수로 작용할 가능성이 크다. 미국 행정부 역시 이러한 구조적 취약성을 인지하고 있었던 것으로 보인다.

쿠바는 현재 두 갈래의 압박에 직면해 있다. 첫째는 외부 요인이다. 60년 넘게 제재에 맞서 온 체제를 굴복시키고, 그 체제가 상징해 온 독립과 혁명, 공산주의의 유산을 약화시키려는 지속적인 외부 압박이 이어지고 있다. 둘째는 내부 요인이다. 냉전 종식 이후 변화한 국제 환경에 충분히 적응하지 못한 채, 자국의 정치·경제 모델이 안고 있는 구조적 한계를 해소하지 못한 문제가 누적돼 있다. 결국 쿠바의 위기는 외부의 압박과 내부의 제약이 동시에 얽혀 작용한 결과라는 점에서 복합적인 성격을 지닌다.

2000년대 초, 피델 카스트로(1959년~2006년까지 집권)는 소련 붕괴 당시를 이렇게 회고했다. "소련과 유럽 사회주의 진영이 사라졌을 때, 쿠바는 거대한 충격에 사로잡혔다. 하루아침에 강대국이 붕괴했고, 우리는 홀로 남겨졌다." 그는 이어 말했다. "우리는 설탕을 판매하던 모든 시장을 잃었고, 더 이상 식량도, 연료도 공급받지 못했다. (…) 아무것도 남지 않았다." 당시 쿠바의 생산 기반은 제한적이었다. 주력 수출품은 설탕이었고, 일부 담배와 감귤류가 이를 보완했다. 이들 상품은 화물선을 통해 소련과 동유럽 사회주의 국가들로 수출되었다. 사회주의 진영의 붕괴는 곧 주요 교역 시장의 소멸을 의미했고, 쿠바 경제는 급격한 위기에 직면했다.

2016년 3월, 두 갈래 압박 중 한 축의 긴장이 완화되는 듯한 장면이 연출됐다. 미국 대통령 버락 오바마가 쿠바를 찾았다. 1928년 미국 제30대 대통령 캘빈 쿨리지 이후 그의 전임자 가운데 누구도 아바나의 말레콘을 방문한 적이 없었다. 아바나와 워싱턴은 2014년 말부터 관계 정상화라는 전례 없는 절차에 착수했으며, 쿠바 측에서는 라울 카스트로가 이를 주도했다. 2015년 미국과 쿠바는 1961년 1월 외교 관계 단절 이후 54년 만에 워싱턴과 아바나에 각각 대사관을 재개설했다. 양국의 외교 단절은 1961년에 이루어졌으며, 그 이듬해인 1962년 2월 미국은 쿠바에 대한 전

면적 금수 조치를 공식화했다. 아바나가 '봉쇄(blocus)'라고 부르는 이 조치는 일부 완화와 강화의 변화를 거쳤지만, 근본적인 틀은 현재까지 유지되고 있다. 미국의 대쿠바 금수 조치는 쿠바 내 미국 자산의 국유화로 촉발된 경제적 갈등과, 냉전기 안보 위협에 대한 인식이 결합되면서 제도화된 것이다.

버락 오바마 대통령은 당시, 존 F. 케네디 이래 여덟 명의 대통령이 완화와 강화를 반복하며 유지해 온 대쿠바 정책이 실질적 성과를 거두지 못했다고 판단했다. 그는 쿠바에 대한 제재를 일부 완화했고, 그 결과 관광 산업이 확대되며 외화 유입이 늘었고, 미국의 대쿠바 수출도 증가했다. 당시 쿠바 측에서는 라울 카스트로가 설계한 '쿠바 사회주의 발전 모델의 업데이트'가 추진되고 있었다. 이는 크게 세 가지 축에 기반했다. 첫째, 쿠바 경제를 고급 및 대중 관광 산업에 특화하는 것. 둘째, 성장과 지역 개발을 촉진하기 위해 국제 자본의 통제된 유입을 허용하는 것. 셋째, 달러의 대규모 유입을 통해 점진적으로 국가 페소와의 환율 체계를 조정하며 체제의 재정 기반을 강화하는 것이었다. 이 전략은 외부 제재로 인한 경제적 압박을 완화하고, 체제의 지속 가능성을 확보하려는 시도로 평가됐다.

이러한 정책 전환은 경제의 점진적 개방과 맞물려 지역 수공업과 소규모 민간 상업 활동의 확대를 가능하게 했다. 자영업과 협동조합 형태의 경제 활동이 제한적으로 허용되면서 국가 중심의 경제 구조에도 부분적인 변화가 나타났다. 한편 쿠바는 의료 서비스를 전략적 자산으로 활용해 왔다. 2000년대 이후 베네수엘라를 비롯한 여러 국가에 의료 인력을 파견하며 외화를 확보했고, 이는 아바나가 에너지 수입 대금을 결제하는 주요 수단으로 기능했다. 당시 카라카스는 쿠바의 석유 수요 대부분을 충당하며 최대 교역 상대국으로 자리 잡았다. 2014년 기준 양국 교역은 쿠바 전체 대외무역의 약 45%를 차지했고, 이는 국내총생산(GDP)의 약 20%에 해당하는 규모였다.(3)

자본주의는 아니지만, 의존적이다

버락 오바마 대통령이 쿠바를 방문했을 때-그 결정은 야당뿐 아니라 그의 정치적 진영 내부에서도 비판을 받았다-쿠바 당국은 관계 정상화가 새로운 전환점을 마련할 것으로 기대했다. 그러나 이른바 '사회주의 모델의 업데이트'는 구조적 한계를 벗어나지 못했다. 에너지와 식량, 산업 설비 등 필수 부문에서 자급 능력을 높이기 위한 근본적 생산 구조 개편은 이루어지지 않았다. 결과적으로 경제 운영은 내부 생산 기반의 강화보다 외화 유입에 의존하는 방식으로 유지되었다.

그란마에 게재된 공개서한에서 피델 카스트로는 버락 오바마 대통령이 쿠바 방문 기간 중 자신과의 면담을 원하지 않았다는 점을 상기시켰다. 동시에 그는 동생 라울 카스트로가 이끄는 정부를 향해, 그리고 간접적으로는 미국을 향해 메시지를 보냈다. 「형제 오바마(El hermano Obama)」라는 제목의 이 글은 오바마의 아바나 방문 직후 발표된 공개 서한으로, 미·쿠바 화해의 흐름에 대한 경계를 표명하고 혁명 노선의 유지 필요성을 강조한 문서였다.

몇 딜 뒤인 2016년 11월 25일 세상을 떠난 전 시도사 피델 카스트로는 다음과 같이 단언했다. "나는 (…) 우리 인민의 노력과 지성을 통해 우리가 필요로 하는 식량과 물질적 부를 스스로 생산할 수 있다는 점을 강조하고 싶다. 쿠바는 어떤 제국의 시혜에도 의존할 필요가 없다." 그는 국가 경제 체제 전환의 동력으로 구상된 관광 산업에 대해서도 신중한 입장을 보였다. 섬의 "풍경의 아름다움"을 보여주고 "요리의 즐거움"을 외국인에게 제공하는 활동은, 국가에 충분한 달러를 가져다주지 않는 한 "아무런 의미도 없다"고 평가했다.

이러한 발언은 이른바 '평시 특별시기'-소련 붕괴 이후 쿠바가 주요 교역 상대와 원유 공급원을 상실하며 겪은 전시 수준의 경제 위기를 지칭하는 공식 용어-가 시작된 지 약 20년이 지난 시점에 나온 것이다. 당시에도 쿠바는 자국 내 제한적인 원유 생산이 있었으나, 전체 수요를 충당하기에는 크게 부족해 에너지의 대부분을 수입에 의존하고 있었다. 식량의 약 80%와 산업 설비 역시 해외 조달에 의존하는 구조였다. 수출은 설탕·담배·감귤류·광물 등 제한된 품목에 머물렀다. 다만 교역의 방향은 변했다. 베네수엘라와 일부 국가로의 의료 서비스 수출을 제외하면, 주요 수출 시장은 중국과 스페인으로 이동했다. 그러나 10년이 지난 뒤에도 이러한 경제적 의존 구조는 근본적으로 달라지지 않은 채 유지되고 있었다.

베네주엘라의 원유공급 '0'

실제로 관계 정상화 시도 이후의 전개는 기대와 달랐다. 버락 오바마 대통령은 쿠바와의 관계 개선을 추진하는 한편, 2015년에는 베네수엘라에 대해 제재를 가하며 강경 기조를 병행했다. 이는 쿠바 정책에 대한 국내 비판을 완화하기 위한 계산과도 맞물려 있었다. 즉, 아바나와의 관계 정상화는 추진하되, 볼리바르 혁명으로 상징되는 베네수엘라 정권에 대해서는 압박을 유지한다는 이중 전략이 채택된 것이다. 제재는 도널드 트럼프 집권 이후인 2019년부터 치명적 수준으로 강화되었다. 이미 위기에 처해 있던 베네수엘라 경제는 워싱턴이 카라카스의 국제 에너지 시장 접근을 차단함에 따라 붕괴하기 시작했다. 그 여파는 아바나까지 미쳤다. 한때 하루 평균 10만 배럴에 달하던 베네수엘라산 원유 공급은 점차 감소해 2024년에는 3만2천~3만5천 배럴, 2025년에는 2만6천~2만7천 배럴 수준으로 줄어들었고(4), 2026년 1월, 카라카스가 워싱턴의 영향권 아래 놓이면서 원유 공급은 사실상 0에 가까운 수준으로 떨어졌다. 한편 라울 카스트로가 추진한 개혁은 전면적으로 이행되지 못하고 부분적으로만 시행되었다. 그 과정에서 인플레이션이 심화되었고, 과거에는 상대적으로 두드러지지 않았던 사회적 불평등이 나타나는 등 여러 부작용과 왜곡이 발생했다.(5)

경제적 측면에서 지난 10년은 쿠바에 뼈아픈 교훈을 남겼다. 비자본주의적 체제를 유지하면서도 외부에 의존해 온 국가가, 세계화된 자본주의 질서와 그 산업·통화·금융 흐름에 대한 편입을 확대하는 전략에 기대어 재도약을 모색할 경우 어떤 한계에 직면하는지를 다시 한 번 확인한 셈이다. 특히 쿠바는 옛 사회주의권 국가들 가운데에서도 국가 통제가 가장 강한 나라 중 하나로 평가된다. 쿠바에서는 60년 동안 엄격한 중앙집권적 계획경제가 농업에서 미용실, 구두 수선, 대학 교육, 토목 공학에 이르기까지 경제·사회 활동의 거의 전 영역을 관리해 왔다. 현재도 전체 노동력의 약 3분의 2가 국가에 의해 고용되고 있다.

정치적 측면에서는 2016년 도널드 트럼프의 첫 당선이 관계 정상화에 대한 기대를 꺾고 그 구상을 사실상 중단시켰다. 첫 임기 동안 그는 쿠바를 상대로 243건의 강경 조치를 부과했다. 그 목적은 관광과 외국인 투자, 그리고 쿠바 디아스포라의 송금 흐름을 차단하는 데 있었다.

이 디아스포라는 주로 플로리다에 거주하며, 미국에 정착한 약 250만 명의 쿠바계 인구 가운데 180만 명이 그곳에 집중돼 있다.(6) 트럼프는 2021년 쿠바를 다시 테러 지원국 명단에 포함시켰다. 이후 조 바이든 행정부 역시 제재 체계의 상당 부분을 유지했다. 같은 시기 쿠바는 코로나19 팬데믹에 직면했고, 이미 약화된 경제는 더욱 큰 압박을 받았다. 국가 체제는 중대한 손상을 입은 상태에서 위태롭게 유지되었다.

이후의 전개는 오늘날의 위기로 이어졌다. 이 위기는 쿠바가 여전히 자립적 경제 구조, 즉 경제적 주권을 충분히 구축하지 못했음을 드러낸다. 수십 년 동안 전문가와 활동가들 사이에서는 현 상황의 원인을 두고 논쟁이 이어져 왔다. 그것이 미국의 금수 조치(embargo) 때문인지, 아니면 쿠바 정부의 정책 선택과 이데올로기적 경직성 때문인지에 대한 공방이었다. 그러나 오늘날 이러한 논쟁은 점차 부차적인 문제로 보인다. 쿠바가 붕괴 직전의 위기 국면에 놓이면서 새로운 단계로 접어들고 있기 때문이다.

쿠바는 '혼자'다-피델 카스트로의 표현을 빌리면 그렇다. 중국과 러시아는 개입할 여력도, 강한 의지도 보이지 않는다. 이는 도널드 트럼프 대통령과 마코 루비오 국무장관의 강경한 적대적 태도 앞에서 더욱 분명해졌다. 마코 루비오는 부모가 혁명 이전 쿠바를 떠난 쿠바계 가정 출신으

로, 쿠바의 현 체제 교체를 오랜 기간 정치적 목표로 주장
해 온 인물이다. 베네수엘라는 더 이상 결정적 역할을 하지
못한다. 워싱턴의 요구에 부응해 과테말라는 2026년 2월
쿠바 의사 초청 프로그램을 중단했다. 오랜 우방이었던 니
카라과도 미국의 압박 속에서 쿠바 시민들에게 부여해 온
비자 면제 조치를 중단했다. 그 결과, 쿠바인들이 미국으로
이동하는 주요 경로 가운데 하나가 사실상 차단됐다. 백악
관의 최근 결정들―특히 쿠바에 석유를 공급하는 모든 국
가에 대해 관세 제재를 부과하겠다는 위협―은 강력한 압
박으로 받아들여진다. 1990년대에는 알제리, 앙골라, 그리
고 여러 라틴아메리카 국가들의 지원을 기대할 수 있었지
만, 이번 위기에서는 그러한 외부 지원을 기대하기 어렵다.
다만 향후 미겔 디아스카넬 정부와 워싱턴 간에 '협상'이
이루어질 경우, 상황이 달라질 가능성은 남아 있다.

**르몽드코리아 신간
『영화와 괴물』**

권당 정가 16,000원

쿠바를 '새로운 플로리다'로 전환?

쿠바의 미래를 단정하기는 어렵다. 다만 협상이 성사될
경우, 그 윤곽은 어느 정도 가늠할 수 있다. 아바나는 경제
분야에서 일정 부분 상대의 요구를 수용하는 대신, 정치 체
제의 핵심은 유지하려는 선택을 할 가능성이 있다. 예컨대
플로리다에 기반을 둔 쿠바계 미국인 사회의 자금 유입을
허용하는 방식이 거론된다. 그곳에는 쿠바 정권에 비판적
인 영향력 있는 인사들도 적지 않다. 그러나 그 선택지는
매우 제한적이다. 만약 국가기구 내부 일부가 정치적 사안
에서 워싱턴에 더 큰 양보를 시도할 경우, 내부 분열이 촉
발될 가능성이 있다. 정치범 석방, '시민사회' 단체 활동의
확대, 더 나아가 야당의 제도적 인정으로 이어질 수 있는
조치들이 논의 대상이 될 수 있다. 이러한 변화에 대해, 특
히 군부를 중심으로 한 다른 세력은 강하게 반발할 가능성
이 크다. 그렇다면 미국, 즉 워싱턴의 계산은 무엇인가. 미겔
디아스카넬 대통령을 축출하고 쿠바를 사실상 보호령에 가
까운 형태로 재편하려는 구상까지 염두에 두고 있는 것인가.
이는 델시 로드리게스 정부 하의 베네수엘라에 적용된 압박

방식과 유사한 시나리오로 제시되기도 한다. 그 다음 단계
로는 쿠바를 '새로운 플로리다'로 전환하는 구상이 거론된
다. 리비에라 해변과 고급 호텔, 골프장이 늘어선 관광 중심
의 섬으로 재편하는 시나리오다. 불과 몇 달 전만 해도 이러
한 가설은 과장되거나 비현실적으로 들렸을 것이다. LD

글 · **크리스토프 방튀라** Christophe Ventura
프랑스 정치 분석가, 국제전략관계연구소(IRIS) 연구원

(1) Ignacio Ramonet, 『Fidel Castro. 두 개의 목소리로 쓴 전기』, Fayard-Galilée, 파
리, 2007.
(2) Renaud Lambert, 「쿠바인들은 이렇게 산다」, 〈르몽드 디플로마티크〉, 2011년 4월호.
(3) 「쿠바와 베네수엘라 지원 상실 가능성: 거시경제적 취약성과 정치적 위험」, 엘카노 왕
립연구소(Real Instituto Elcano), 마드리드, 2026년 2월 5일.
(4) 같은 글.
(5) Maïlys Khider, 「안녕하세요, '페리토스'를 어디에서 찾을 수 있나요?」, 〈르몽드 디플
로마티크〉, 2023년 11월호.
(6) Karen Esquivel, 「그 어느 때보다 더 미국인이면서도, 여전히 라틴계인 사람들: 미국
내 거대한 히스패닉 공동체의 다양성」, 〈CNN 에스파뇰〉, 2025년 11월 18일.

• 알렉산드라
14세. 12세 때부터 한부모인 어머니를 돕기 위해 밭에서 일해 왔다. 출근 시간 때문에 새벽 4시에 일어나야 한다. 무더위가 심한 날에도 추가로 수분을 섭취할 휴식 시간을 항상 보장받지는 못한다.

• 라켈
18세에 촬영된 딸기 수확 노동자. 살리나스 밸리에서 일한다. 11세 때부터 이주 노동자인 부모를 돕기 시작했다. 고등학교를 우수한 성적으로 졸업한 뒤 현재는 대학에 재학 중이다.

• 아라셀리
16세. 산타마리아 밸리에서 상추, 콜리플라워, 브로콜리를 심는다. 13세 때부터 이주 노동자인 부모의 생계를 돕기 위해 일해 왔다.

강제추방 위협 속에 저임금 노동 착취

캘리포니아 과수원의 미성년 이주 노동자들

수십 년 동안 미국에서 태어난 아이들은 이주 노동자인 부모와 함께 캘리포니아에서 과일을 수확해 왔다. 1960~1970년대의 노동조합 투쟁은 그들에게 일정한 권리를 보장했지만, 그것만으로 충분하지는 않았다. 이들은 여전히 산업재해와 농약 노출로부터 충분히 보호받지 못한 채, 인간다운 삶을 영위하기 어려운 조건에서 일하고 있다. 여기에 더해, 이민 단속 당국의 활동은 가족 구성원 가운데 누군가가 추방될 수 있다는 불안을 더하고 있다.

로베르 로페스 | 독립 언론인

'미국의 샐러드 그릇'이라 불리는 곳이 있다. 전국에서 소비되는 대부분의 잎채소와 베리류가 재배되는 살리나스 밸리다. 구름이 끼어 있어도 작열하는 햇빛 아래, 수확 노동자들은 끝이 보이지 않는 딸기밭 줄 사이를 쪼그리거나 허리를 굽힌 채 빠르게 이동한다. 그들 가운데 상당수는 미성년자다. 아이들은 딸기를 재빠르게 따서 플라스틱 용기에 담는다. 상자 하나에는 용기 여덟 개가 들어가며, 그 대가는 2.40달러(약

• 브라이언
16세에 촬영. 네 살 어린 나이부터 가족 여러 명과 함께 일하기 시작했다. 성과급으로 임금을 받으며, 종종 최저임금에도 미치지 못한다. 기온이 40도에 가까운 날에도 고용주는 휴식 시간을 유급으로 인정하지 않는다.

• 데릭
14세에 촬영. 살리나스 밸리에서 1년째 딸기를 수확하고 있다. 멕시코 오악사카 주 출신 믹스텍 (Mixteco) 원주민인 부모를 돕기 위해서다. 허리와 어깨, 다리 통증을 호소한다. 삼촌과 사촌 다수도 밭에서 일한다.

• 로레나
16세에 촬영. 11세 때부터 일해 왔다. 갈증을 해소할 물이 없었던 적도 있으며, 농약에 노출되었고 한 차례는 직접 살포를 맞은 적도 있다고 증언했다.

3,511원)다.

14세의 호세는 11살 때부터 여름마다, 그리고 학기 중에는 주말마다 밭에서 일해 왔다. 어머니의 수입을 보태기 위해서다. 그의 어머니 역시 인근 딸기 농장에서 일한다. 형제자매와 삼촌, 사촌들 가운데 네 명도 미성년자다. 얼마 전 그는 상자를 들고 고랑 사이를 뛰다 발목을 접질렀다. 통증은 며칠간 계속됐지만 해고될까 두려워 고용주에게 알리지도 않았다. "이를 악물고 계속 일해야 해요." 그가 그 주의 유일한 휴일인 일요일에 만났을 때 들려준 말이다.

호세는 수천 명의 다른 아동·청소년과 함께 얼굴 없는 군대의 일원이다. 이들은 미국인들의 식탁에 오르는 신선한 과일과 채소를 책임지는 미성년 노동자들이다. 이들은 연간 600억 달러(약 87조 7,800억 원)의 매출을 올리는 캘리포니아 농업 기계의 한 축을 떠받치고 있다. 이 농업은 세계에서 가장 강력하고 미국 내에서도 가장 생산성이 높은 산업 가운데 하나로 꼽힌다.

주 당국은 노동 안전 법규의 엄격함을 자랑한다. 대체로 연방 규정보다 강한 기준을 적용하며, 미성년자를 위한 별도의 보호 조항을 두고 있다. 또한 고온 환경에서의 야외 노동을 규제하고-이 분야에서 캘리포니아는 선도적 역할을 해 왔다-농약 사용 역시 법적으로 통제하고 있다.

이곳에서는 농업 부문의 최저 취업 연령이 12세로, 대부분의 다른 산업 분야(14세)보다 낮다. 16세 미만 아동의 경우 학기 외 기간에는 하루 8시간, 주 40시간을 초과해 일할 수 없으며(학기 중에는 더 엄격한 제한이 적용된다). 청소년은 학교에서 발급한 취업 허가증을 제출해야만 고용될 수 있고, 학교는 이들에게 노동 관련 권리를 안내할 의무가 있다. 농장주는 근로자의 연령을 확인해야 하며, 성과급으로 임금을 지급하더라도 최소한 시간당 최저임금에 상응하는 수준을 보장해야 한다. 현재 캘리포니아의 대부분 직종 최저임금은 시간당 16.50달러(약 2만 4,140원)이며, 연방 최저임금은 7.25달러(약 1만 600원)다. 또한 법에 따라 근로자들은 고온 위험에 대비 건강 교육을 받아야 한다. 기온이 26도를 초과할 경우에는 그늘진 휴식 공간과 "깨끗하고 적절히 차가운" 물에 쉽게 접근할 수 있어야 한다.

2.40달러(약 2유로):
딸기 8팩이 담긴 상자 1개에 대한 대가.

3.00달러(약 2.50유로): 토마티요 5갤런
(약 20리터) 한 통에 대한 대가.

20~25달러(약 17~21유로): 오렌지 50
파운드(약 22.5킬로그램) 한 상자에 대한 대가.
이와 같은 성과급 체계에서 농업 노동자들은
수입을 극대화하기 위해 지속적으로 빠른 작업
속도를 유지해야 한다.

들판에는 화학약품 냄새가 진동한다

그러나 우리가 '캐피털 앤 메인'을 위해 수행한 조사에 따르면, 현장의 현실은 전혀 달랐다. 12세부터 막 18세가 된 청소년 61명을 인터뷰한 결과, 상당수가 힘들고 위험한 환경에서 일하고 있었으며, 이들을 보호하기 위

한 캘리포니아 당국의 조치는 충분하지 않은 것으로 나타났다. 많은 청소년은 화학약품 냄새가 짙게 밴 밭에서 일한 뒤 두통과 피부 발진, 안구 자극을 겪었다고 증언했다. 일부는 성과급 방식으로 받은 임금이 시간당 최저임금에도 미치지 못했다고 말했지만, 이에 대해 문제를 제기하는 경우는 드물었다. 또한 여러 청소년이 폭염 속에서 그늘진 휴식 공간이나 추가적인 수분 섭취 시간 없이 일한 경험을 전했다. 이동식 화장실의 위생 상태가 열악했고, 비누조차 비치되지 않았다는 증언도 나왔다.

이들 가운데 일부는 멕시코에서 혼자 미국으로 건너왔지만, 대다수는 호세처럼 미국에서 태어나 이주 노동자인 부모와 함께 일하고 있다. 부모 세대의 상당수는 멕시코 오악사카, 미초아칸, 게레로 주 출신의 믹스텍(Mixteco) 원주민으로, 서류 미비 상태에서 농업 노동에 종사하는 경우가 많다.

미국 내 다른 이주 공동체와 마찬가지로, 이들 가족은 오늘날 도널드 트럼프 행정부의 단속 대상이 되어 있으며, 가족이 분리될 수 있다는 두려움 속에서 살아가고 있다. 특히 이민세관단속국(ICE)의 직장 급습은 청소년들이 근로 조건을 문제 삼는 것을 더욱 어렵게 만든다. 고용주의 보복과 가족의 추방을 우려하기 때문이다. 부모의 생계를 돕고 식탁에 음식을 올리기 위해서는 다시 밭으로 돌아가는 것 외에 선택지가 많지 않다.

Capital & Main은 주(州) 및 카운티 당국이 작성한 수만 건의 문서를 분석해 현장 점검, 위반 사례, 행정 벌금 부과 내역을 검토했다. 그 결과 아동 노동 관련 법 집행은 일관성이 부족한 것으로 나타났다. 현장 점검 횟수와 고용주에 대한 제재는 지속적으

13세 때부터 밭에서 일해 온 17세 농업 노동자가 살리나스 밸리에서 방금 수확한 딸기를 들어 보이고 있다.

로 감소했고, 농약 규정은 제대로 지켜지지 않았다. 수백 건의 위반을 반복한 사업주조차 처벌받지 않은 사례도 확인됐다.

캘리포니아 산업관계부는 아동 노동과 산업안전 규정의 집행을 담당하는 핵심 기관이다. 그러나 기록에 따르면, 주 내 농업 중심 지역의 상당수는 수년 동안 미성년 노동 실태를 점검하는 현장 감독관의 방문을 받지 않은 것으로 나타났다. 산하 현장 단속국(Bureau of Field Enforcement) 자료에 따르면, 2017년부터 2024년까지 약 1만7천 개의 농업 고용주가 있는 지역에서 아동 노동 규정 위반으로 발부된 위반 통지서는 27건에 그쳤다. 또한 총 3만6천 달러(약 5,267만 원)의 벌금이 부과되었으나, 그 가운데 90% 이상은 실제로 징수되지 않았다.

노동 안전·보건 부문(Cal/OSHA)의 실적 역시 크게 다르지 않다. 같은 부처 산하 기관인 이곳은 폭염 시 적용되는 규정의 집행을 포함해 산업 안전 전반을 감독한다. 2015년부터 2025년 1분기까지의 활동 보고서를 분석한 결과, 해당 사유로 접수된 2,600건의 민원 가운데 61%는 현장 조사로 이어지지 않은 것으로 나타났다. 또한 안전 규정 위반에 대한 전체 위반 통지 건수는 74% 감소했다. 이

기간 동안 캘리포니아 농가에 부과된 총 3,200만 달러(약 461억 원)의 벌금 가운데 실제로 징수된 금액은 절반에 미치지 못했다. 600건이 넘는 사례에서는 안전 문제에 대한 제보를 접수한 감독관들이 현장 방문 대신 '서면 조사'로 대응한 것으로 확인됐다.

카운티 차원의 규제 기관들도 크게 다르지 않았다. 2018년부터 2024년 초까지 240개 농장이 최소 1,268건의 농약 규정 위반으로 적발됐지만, 그 가운데 절반 가까이는 금전적 제재로 이어지지 않았다. 노동자를 위험에 노출한 경우에도 경고나 시정 권고에 그친 사례가 적지 않았다. 2023년에는 발암 가능성이 있는 농약이 살포된 밭과 과수원에 대한 신고 가운데 1% 미만만이 실제 점검으로 이어졌다.

캘리포니아 산업관계부는 코로나19 팬데믹으로 인한 인력 부족을 현장 점검 감소의 주요 원인으로 설명하고 있다. 서면 조사는 더 많은 농장을 대상으로 보다 신속하게 대응할 수 있는 방식이라는 입장이다. 그러나 내부 감사 보고서는 현장 방문을 생략한 결정이 항상 충분히 정당화되지는 않았다고 지적했다. 벌금 징수율이 낮은 이유로는 고용주가 처분에 대해 이의를 제기할 수 있다는 점이 거론된다. 또한 고용주가 위반 사항을 시정했음을 입증할 경우, 부과된 벌금을 최대 절반까지 감면받을 수 있다.

수천 개 농장을 대표하는 한 연맹의 수석 로비스트 브라이언 리틀은 자신이 여러 농장을 방문했지만 "18세 미만으로 보이는 노동자를 본 기억이 없다"고 주장한다. 그의 설명에 따르면, 미성년자는 학교에 재학 중이며 취업을 위해서는 학교의 허가증이 필요하므로 들판에서 일할 수 없다는 것이다. 이에 따라 그는 캘리포니

캘리포니아의 농가들은 다량의 농약을 사용한다. 규정에 따르면 최근 농약을 살포한 밭에는 살리나스 밸리에서 보이는 것과 같은 표지판을 설치해 이를 알리도록 되어 있다.

아 농업 노동자가 착취되고 있다는 주장은 구체적인 증거 없이 문제를 제기하는 일부 활동가 단체의 주장에 불과하다는 입장을 보이고 있다.

여름에는 주 6일 노동

그러나 샌와킨 밸리에서는 12세 소년이 사다리를 타고 올라가 레몬을 따는 모습을 볼 수 있다. 홀리스터에서는 미성년 형제자매가 날카로운 칼로 살구를 자르고 손질한 뒤 햇볕에 말린다. 산타마리아 밸리에서는 체구가 작은 15세 소녀가 20파운드(약 10킬로그램)에 이르는 토마티요 양동이를 들고 비틀거리며 걷는다. 그 대가는 3달러(약 4,300원)에 불과하다.

인터뷰에 응한 대다수 청소년 노동자들은 여름철에는 주 6일, 학기 중

에는 주말마다 일한다고 밝혔다. 누구도 취업 허가증이 필요하다는 사실을 알지 못했다고 했다. 한 15세 소년은 6살 때부터 일해 왔다고 말했고, 또 다른 소녀는 9살 때부터 밭에 나갔다고 했다. 대다수는 11세에서 13세 사이에 농사일을 시작한 것으로 나타났다.

연구자들은 캘리포니아의 미성년 농업 노동자 수를 정확히 산정하기는 어렵다고 설명한다. 노동의 이동성이 크고, 공공기관의 관리가 충분하지 않기 때문이다. 그러나 전문가와 노동권 옹호자들과의 인터뷰, 그리고 2015~2019년 국가 농업 노동자 조사 결과를 종합하면, 5천 명에서 1만 명 사이가 비교적 합리적인 추정치로 제시된다.

인터뷰에 응한 대다수 청소년 노동자들은 여름에는 주 6일, 학기 중에는 주말마다 일한다고 밝혔다. 누구도 취업 허가증이 필요하다는 사실을 알지 못했다. 15세 소년 한 명은 6살 때부터 일해 왔다고 했고, 또 다른 소녀는 9살 때부터 밭에 나갔다고 말했다. 대다수는 11세에서 13세 사이에 농사일을 시작했다.

캘리포니아 산타바버라 카운티에서 익명을 요청한 16세 소녀의 증언도 유사하다. 간호사가 되기를 꿈꾸는 그는 지난 4년간 소규모 농장에서 어머니를 포함한 가족들과 함께 잡초를 뽑고, 베리류 묘목을 심거나 오래된 비닐 덮개를 걷어내는 일을 해왔다. 2023년에는 한 달이 넘도록 다른 노동자들과 함께 일했지만 임금을 받지

못했다고 말했다. 어떤 날에는 이동식 화장실도, 물도, 그늘도 없었다고 덧붙였다. 어른들이 임금을 요구하러 가면 고용주는 "그래, 다음 주에"라고 반복했고, 결국 작업이 끝난 뒤에야 현금으로 지급했다고 한다.

전국 최대 딸기 산지 가운데 하나로 꼽히는 이 지역에서 학대와 착취는 드문 일이 아니라는 증언도 이어졌다. 소녀의 어머니는 스페인어로, 고용주들이 적발되지 않을 것임을 잘 알고 있다고 말했다. "우리가 항의하면, 그들은 말해요. '마음에 들지 않으면 당신들 대신할 사람은 얼마든지 있어.'"

프레즈노에 위치한 현장단속국 지부는 주 내에서 가장 비옥한 농지 일부가 집중된 약 8천 제곱킬로미터 구역의 점검을 담당하고 있다. 그러나 기록에 따르면 2017년부터 2024년까지 이 지역에서 실시된 현장 점검은 연평균 4건에도 미치지 못했다. 해당 구역에는 3천 개가 넘는 농장이 있다.

17세의 브라이언은 이 지역에서 일하는 수백 명의 청소년 노동자 가운데 한 명이다. 이곳은 '시트러스 벨트(Citrus Belt)'로 불린다. 미국에서 소비되는 오렌지·만다린·레몬의 상당수가 이 지역에서 생산되며, 특히 프레즈노, 툴레어, 컨 카운티는 2024년 기준 총 250억 달러의 수익을 올린 전국 최대 생산지로 꼽힌다.

브라이언은 16세 사촌과 13세 동생과 함께 일한다. 이들은 샌와킨 밸리의 과수원 인근에 위치한 낡은 이동식 주택 단지에서 가족 네 명과 함께 살고 있다. 그가 거주하는 집은 흙바닥 위에 놓여 있고, 주변에는 잡초 사이로 닭들이 돌아다닌다. 월세는 방 세 개와 부엌·거실·식당을 겸한 좁은 공간을 포함해 1,200달러(약 170만 원)다. 창문에 설치된 작은 에어컨은 실내의 더위를 겨우 누그러뜨릴 뿐이다.

여름과 주말에는 세 소년이 브라이언의 아버지를 도와 오렌지, 레몬, 자몽을 수확한다. 일의 양은 계절에 따라 달라지며, 과일의 숙성 상태와 경쟁 상황에 좌우된다. 운이 좋으면 며칠간 연속으로 일거리가 이어진다. 그렇지 않은 경우에는 새벽 전에 일어나 아침을 먹고 점심으로 먹을 부리토를 챙긴 뒤, 일거리를 구하기 위해 과수원으로 향한다.

"가족 중 한 명이라도 ICE에 체포되면 우리는 모든 것을 잃게 된다"

오렌지 500파운드(약 225킬로그램) 한 상자를 수확하면 20~25달러(약 3만~3만6천 원)를 받는다. 하루 평균 6시간 일할 경우 브라이언과 사촌은 각각 세 상자를 채운다. 시간당 수입은 10~12.5달러(약 1만5천~1만8천 원)로, 법정 최저임금에 미치지 못한다. 자몽은 더 낮아 500파운드당 8~10달러(약 1만2천~1만5천 원)에 불과하다. 휴식 시간은 무급이다. 브라이언의 아버지는 "쉬고 싶으면 그건 네 문제"라고 말한다.

이민 단속이 강화된 이후 가족은 외출을 줄였고, 거리에서는 늘 주변을 경계한다. "가족 중 한 명이라도 ICE나 국경순찰대에 체포되면 우리는 모든 것을 잃게 됩니다." 브라이언은 13세에 학교를 그만두고 멕시코에서 부모와 함께 농사일을 시작했다.

수확이 한창인 주에는 소년들이 300~500달러(약 44만~73만 원)를 집에 보낼 수 있다. 그럼에도 쌀과 콩 같은 기본 식료품을 구하기 위해 매달 푸드뱅크를 찾는다. 아버지는 자녀들이 더 나은 삶을 살기를 바라지만, 당장은 생계를 위해 아이들의 노동이 필요하다고 말한다.

당국은 고용주 대상 교육을 강화하고 현장 점검을 확대하겠다고 밝히고 있다. 그러나 가시적인 변화가 나타나기 전까지 호세, 브라이언, 알렉산드라와 같은 아이들은 수확철마다 허리와 다리, 어깨에 무리를 주며 일해야 한다. 강한 햇볕 아래에서, 혹은 비 오는 날 진흙 속에서. Ⓓ

글 · 로베르트 로페스 Robert Lopez

독립 언론인. 이 기사는 Capital & Main이 Fund for Investigative Journalism의 지원을 받아 제작했으며, 미성년 및 성인 농업 노동자 100명 이상과의 인터뷰를 바탕으로 작성되었다. 이들 가운데 일부는 익명을 요청했다. 사진에 등장하는 청소년들과 그 부모는 초상과 사진 설명문을 직접 확인했으며, 게재에 동의했다.

모로코 농촌에서 확산되는 분노

"유럽이 모로코의 토지와 노동을 착취하고 있다"

유럽연합의 '특별 파트너'로 대우받아 온 모로코 왕국에서는 최근 몇 년 사이 항의 시위가 잇따라 발생했다. 그중에는 불평등과 부패에 맞서 거리로 나선 청년층이 내건 구호, 'Gen Z 212' 운동도 포함된다. 이들이 요구한 사회적 정의와 제도 개혁은, 과일 · 채소 수출로 창출되는 이익의 과실을 거의 공유하지 못하는 농업 노동자들의 절박한 요구와 맞닿아 있다.

에바 타피에로 | 언론인(특파원)

체리토마토, 칵테일토마토, 단고추, 고추…. 47세의 투리아 자우아르 씨는 매일 1킬로그램씩 포장하는 과일과 채소의 이름을 차례로 읊는다. 그의 이야기는 모로코 수스마사 지역, 아가디르 남쪽 외곽의 중소도시 아이트 멜룰에 위치한 한 소박한 협회 사무실에서 이어졌다. 이곳은 농업 노동자들을 위한 문화 활동을 지원하는 단체다. 11월의 어느 월요일, 그는 주간 휴무일을 맞아 잠시 시간을 낼 수 있었다. 그러나 평소에는 하루 14시간씩 기계 앞에 서서 일한다. 고된 노동이다. 그는 "기계 앞에 서 있을 때는 특히 조심해야 한다. 가끔 졸음이 쏟아져 손가락을 다칠 위험이 있다"고 말했다. 이 같은 노동 강도는 생활 방식에도 영향을 미친다. 회사에서 제공하는 통근 차량이 외곽에 있는 집까지 운행하지 않기 때문에, 그는 직장 근처에 방을 따로 빌려야 한다. 월세 500디르함(약 6만9천 원)을 내고 비좁은 방에서 지내며, 어머니와 아이들이 사는 작은 집에는 휴일에만 돌아간다. 그는 "아이들과 함께 살지 못해 마음이 아프다. 하지만 아이들은 이제 많이 컸고, 나는 늘 이렇게 살아왔다. 익숙해졌다. 아이들은 어머니가 키워주셨다"고 담담하게 말했다.

시간당 17디르함(약 2,250원)을 받는 이 노동자는 열악한 노동 조건을 장황하게 토로하기보다, 그간의 집단적 투쟁을 먼저 언급한다. 10여 년 전 그는 동료들과 함께 비공식 고용 상태에서 벗어나기 위한 행동에 나섰다. 그 결과 정식 고용 등록이 이뤄졌고, 근속연수도 인정받게 됐다. 이들은 파업과 작업 중단 등 다양한 방식의 집단행동을 이어갔고, 마침내 노동의 법적 지위를 확보했다. 현재 이들은 모로코 사회보장기구(CNSS)의 적용을 받으며 사회보장 체계 안에 편입돼 있다.

수출을 전제로 한 생산 구조

수스마사는 모로코의 대표적 농업 지대로, 중심 도시는 아가디르(Agadir)다.(1) 이 지역은 과일·채소 생산량에서 전국 1위를 차지하며, 신선 농산물 수출의 85%, 감귤류 수출의 65%를 담당한다. 주요 수출 시장은 유럽이다.(2) 이처럼 지역 농업은 구조적으로 해외 수요에 의존하고 있다. 수출 물량은 2015년 이후 연평균 6.2% 증가했다.(3) 이러한 성장 흐름은 2008년 당시 농업부 장관이었던 아지즈 아크하누시가 주도한 '모로코 녹색 계획(Plan Maroc Vert,

PMV)'과 궤를 같이한다. 그는 이후 총리에 올랐다. PMV는 두 개의 축을 제시했다. 하나는 '고부가가치의 현대적 농업' 육성, 다른 하나는 '소규모·중간 규모 농가에 대한 연대적 지원'이다. 그러나 비판자들은 이 정책이 수출 중심의 농업 구조를 더욱 공고히 했을 뿐, 국가 차원의 식량 주권을 실질적으로 강화하지는 못했다고 지적한다.(4)

수스마사 지역의 감귤 과수원 성장은 모로코 녹색 계획(PMV) 이전부터 진행돼 왔다. 재배 면적은 1976년 이후 꾸준히 확대돼 1985~1986년 2만1,600헥타르, 2000년대 중반에는 3만3,080헥타르, 2012년에는 거의 4만헥타르에 이르렀다.(5) PMV 시행 이후 전국 농산물 수출액은 117% 증가해 150억 디르함(약 13억8천만 유로, 약 2조700억 원)에서 330억 디르함(약 30억4천만 유로, 약 4조5,600억 원)으로 늘어났다. 모로코 농업개발청에 따르면 같은 기간 농업 부문 국내총생산(GDP)은 연평균 5.25% 성장해 다른 부문 평균 성장률 3.8%를 웃돌았으며, 470억 디르함(약 43억 유로, 약 6조4,500억 원)의 추가 부가가치를 창출했다.(6) 그러나 이러한 부의 증가는 노동자들에게 충분히 돌아가지 않았다. 농업 부문 일일 최저임금은 93디르함(약 8.5유로, 약 1만2,800원)에 불과히며, 월 26일 근무 기준 순소득은 2,255디르함(약 207유로, 약 31만 원) 수준이다. 반면 산업·상업·자영업 분야의 기본급은 월 191시간 근무 기준 3,045디르함(약 280유로, 약 42만 원)으로, 농업 노동자 임금보다 훨씬 높다.

열악하고 때로는 불법에 가까운 노동 조건, 생계를 위협하는 저임금 구조로 인해 이 지역에서는 시위와 집단행동이 반복적으로 이어지고 있다. 그러나 이러한 움직임은 주류 언론이나 소셜미디어에서 크게 조명받지 못한 채 주변부에 머문다. 라바트에서 활동하는 사회학자 사미라 미즈바르는 고등교육·직업훈련·과학연구 최고위원회 소속 연구자로, 최근 농촌 지역에서 나타나는 변화에 주목하고 있다. 그는 "지난 3년 사이, 그동안 잘 드러나지 않았고 오랫동안 침묵해 있던 깊은 농촌 지역에서 다수의 집단행동이 발생했다"며 "이 과정에서 여성들의 참여와 역할이 점점 확대되고 있다"고 분석한다. 런던 퀸메리대학교에서 정치

히샴 베노후드 – 「구멍」 연작 중에서, 2015.

힉 박사 학위를 받은 지리학자 파이루즈 유수피 역시 이러한 저항의 흐름을 지속적으로 연구해왔다. 그는 수스마사 지역, 특히 슈투카 아이트바하 주에서 전개된 대규모 동원을 언급하며 "농업 여성 노동자들의 사회운동 참여는 그들이 농공 산업 체계에 종속적으로 편입돼 있다는 기존의 인식을 뒤흔들었다"고 평가한다. 실제로 2000년대 중반 이후 노동조합은 대규모 민간 농장으로 활동 범위를 넓히며 조직화를 강화해왔다. 농업 노동자들을 대상으로 현장에서 노조의 필요성과 집단적 조직의 중요성을 알리는 교육 프로그램도 운영하고 있다.(7)

아가디르에서 동쪽으로 약 40킬로미터 떨어진 울라드 테이마(Oulad Teima). 전국농업부문연맹(FNSA, 모로코노동연맹 UMT 산하) 지역 지부장 하산 르후이제브는 이날 오후 인근 농장 앞에서 예정된 집회에 참석할 준비를 하고 있었다. 그때 전화 한 통이 걸려왔다. 열악한 노동자 수송 환경 때문에 또다시 사고가 발생했다는 소식이었다. 픽업

한밤중에 일어나 아이들을 두고

인근 아이트 아미라(Aït Amira) 지역 FNSA 지부장 사이드 우루스는 이러한 현실을 누구보다 잘 알고 있다. 그는 그동안 집단행동을 통해 얻어낸 성과를 열거하며 "노조가 없으면 아무것도 달라지지 않는다"고 강조한다. "우리 조직이 있는 사업장에서는 노동자 수송이 미니버스로 개선됐다. 노동자들은 사회보장제도의 적용을 받고, 하루 8시간 근무도 보장받으며, 처우 역시 이전보다 나아졌다." 비닐하우스 노동 환경 역시 일정 부분 개선됐다는 설명이다. 그러나 그는 이제 포장 공장 내 조직화를 확대하는 것이 새로운 과제라고 말한다. 사용자 측의 강한 반발과 5~6개월에 그치는 짧은 조업 기간이 큰 장애물이다. "시즌이 끝나면 모든 것이 정리된다." 이런 구조에서는 지속적인 노조 활동이 어렵다. 그는 이 분야에서 여전히 하루 노동 시간이 16시간에 이르는 경우도 있다고 인정한다. 보다 근본적인 요구로는 농업 최저임금을 일반 산업 최저임금과 동일한 수준으로 맞추자는 방안이 제기된다. 그러나 그는 이에 대해 비관적이다. "원칙적으로는 2028년에 조정하기로 돼 있다. 하지만 2022년에도 같은 약속이 있었다. 그때는 아무 일도 일어나지 않았다. 2028년이 와도 상황이 달라질 것 같지 않다."

아이트 아미라 중심가. 이곳에서는 매일 이른바 '노동 시장'이라 불리는 비공식 구직 집결지가 형성된다. 새벽 6시, 아직 어둠이 채 가시지 않았고 공기는 차갑다. 몇몇 상점들이 셔터를 올리는 사이, 수십 명의 여성들이 이미 길가에 서 있다. 그러나 이들 모두에게 일이 돌아오는 것은 아니다. 이곳에 나오기 위해 아이들을 두고, 보모를 구해 비용을 지불하고, 한밤중에 잠자리에서 일어나야 했다. 이들은 하루 단위로 고용되는 농업 여성 노동자들이다. 모로코·프랑스·스페인·네덜란드계 기업에서 하루 70~90디르함(약

트럭이 전복되면서 여성 노동자 두 명이 숨졌다. 농업 노동자들의 이동은 주로 이러한 픽업트럭이나 '샤리오'라 불리는 삼륜 오토바이형 차량에 의존한다. 본래 화물이나 가축을 운반하기 위한 차량이지만, 현장에서는 노동자들의 통근 수단으로 관행처럼 사용되고 있다.

노조 간부의 차량은 농경지를 가로지르는 길고 곧은 도로를 따라 이동한다. 높은 담장이 경작지를 가려 비닐하우스의 지붕만이 간헐적으로 드러난다. 회사 입구 앞에는 자홍색 부겐빌레아가 담장을 타고 늘어져 있다. 길가에는 노동자들이 하나둘 모여 현수막과 확성기를 꺼내 든다. 이날 집회에는 약 100명이 참석했다. 57세의 카디자 T. 씨는 손가락을 내보이며 말했다. "나는 내 권리를 행사하고 싶다. 류머티즘 때문에 더 이상 비닐하우스 안에서 일할 수 없다. 다른 업무로 옮겨 달라는 것뿐이다." 몇 미터 떨어진 곳에서 45세의 하산 E. 씨가 말을 이었다. "하루 종일 높은 받침대를 신고 일한 지 21년이 됐다. 2005년부터는 양쪽 다리에 각각 4킬로그램씩 매달고 있다." 이는 2~3미터까지 자라는 토마토 모종을 관리하기 위해 회사가 지급한 장비다. 그는 누적된 육체적 피로와 노동에 대한 정당한 평가가 이루어지지 않는 현실을 호소했다.

9,800~12,800원)을 받는다. 현장에는 분노가 쉽게 가라앉지 않는다. "우리는 단지 화가 난 것이 아니다. 우리는 분노로 끓어오르고 있다." 한 여성이 외친다. 낮은 소득과 불안정한 고용, 치솟는 과일·채소 가격이 잇따라 문제로 제기된다. 노동자들 사이에서 한 남성이 앞으로 나선다. 수척하고 피로가 밴 얼굴이다. 그는 아가디르 병원에서 임산부 8명이 숨진 사건 이후 9월에 촉발된 청년 시위를 언급한다. "거리로 나온 그 청년들의 어머니가 바로 여기 있다"고 그는 말한다. "그들은 자신들에게 강요된 삶의 조건을 잘 알고 있다. 그러나 신발 한 켤레 살 돈조차 없다." 사미라 미즈바르는 농업 노동자들의 연좌농성과 2025년 10월까지 전국을 뒤흔든 'Gen Z 212' 운동(212는 모로코의 국제전화 국가번호) 사이에 흐르는 연속성을 강조한다. 당시 시위의 핵심 요구는 의료 접근권 보장, 사회적 정의 실현, 정치적 부패 종식이었다. 상징적인 아이러니는, 거리의 청년들이 사퇴를 요구했던 인물이 바로 아크하누시 총리였다는 점이다. 그는 농업의 자유주의적 개혁을 주도했던 인물이기도 하다.

자유주의와 이른바 '야만적 자본주의'를 비판하는 인물로는 아가디르 외곽 이네즈간과 아이드 멜룰에서 활동하는 모로코인권협회 회장 카브다 엘하치미다가 있다. 그는 차를 마시면서도 농약에 오염됐다고 주장하는 민트 잎은 컵에 넣지 않은 채 말을 이어간다. 그의 발언은 농업 노동 현장에서 벌어지는 구조적 폭력을 겨냥한다. "항의와 파업은 늘 존재해왔다. 그러나 유럽 발주업체들의 요구를 조금도 어기지 않기 위해 당국과 사용자 사이에는 일종의 공모가 형성돼 있다."

이네즈간에서 몇 킬로미터 떨어진 르클리아에서는 노동자들이 파손된 우체국 외벽을 보수하고 있었다. 외벽에는 '모로코에 죽음을'이라는 낙서가 남아 있었는데, 이는 'Gen Z' 시위의 흔적으로 보인다. 이 지역은 이번 운동 과정에서 가장 격렬한 장면을 겪은 곳 가운데 하나다. 10월 1일, 세 명의 젊은 남성이 경찰의 총격으로 사망했다. 당국은 헌병대가 공격을 받자 정당방위로 발포했다고 설명했다. 실제로 폭력적인 시위가 있었던 것은 사실이지만, 이러한 공식 발표는 여전히 논란의 대상이 되고 있다.

파이루즈 유수피는 이번 사건이 "의도적으로 주변화된 지역의 현실"과 분리될 수 없다고 지적한다. "이 지역이 생산해내는 가치와 이윤을 생각해보라. 그에 비해 도시와 마을은 무질서하게 팽창했고, 기반시설은 거의 갖춰지지 않았다. 물과 전기가 없는 비위생적 주거지가 여전히 존재하고, 하수 처리 시스템조차 마련되지 않은 곳도 있다. 지난 30년 동안 인구는 다섯 배로 증가했지만, 이에 상응하는 공공 투자나 준비는 없었다. 토지와 노동, 물은 유럽 시장을 위해 동원되고 사기업은 이윤을 가져가지만, 지역 주민들에게 돌아오는 몫은 거의 없다."

모로코 청년 운동은 수주 만에 진압됐다. 수백 건에 이르는 체포와 구금이 시위의 동력을 빠르게 약화시켰다. 그러나 구조적 불평등과 반복되는 사회적 불의는 사라지지 않았다. 오히려 더 많은 시민에게 권리 의식을 일깨우고 있다. 왕국 전역에서 새로운 대규모 저항이 다시 분출할 가능성도 배제할 수 없다. 남은 질문은 단 하나다. 그것이 언제 시작되느냐는 것이다. **ID**

글 · 에바 타피에로 Eva Tapiero
언론인

(1) 「2017년 부문 통계」, 수스마사 지역 공식 홈페이지, 2017, www.soussmassa.ma/fr
(2) 「수스마사 지역 주요 수치(2017-2018)」, 수스마사 지역 데이터, www.souss-massa.ma/fr
(3) 「모로코 과일·채소 시장 경쟁 현황에 대한 경쟁위원회 의견」, 2024년 3월 28일, 모로코 경쟁위원회, https://conseil-concurrence.ma
(4) 「식량 정책 없이는 농업 정책만으로 모로코를 먹여 살릴 수 없다!」, 2023년 10월 29일, https://nechfate.ma
(5) 「식물 생산」, 수스마사 농업개발지역청(ORMVASM), 농업·해양수산부, 2013년 11월 30일, www.ormvasm.ma
(6) 「모로코 녹색 계획(2008-2018) 주요 성과」, 농업개발청(ADA), 2018, www.ada.gov.ma
(7) Fayrouz Yousfi, 「농업 여성 노동자의 노조 조직과 저항: 정치적 집합행위 만들기?」, Soraya El Kahlaoui·Hammad Squali(편), 『집합행위 다시 생각하기(Repenser l'agir collectif)』, HEM Research Center-Konrad-Adenauer 재단, 라바트, 2024.

악명높은 갱단폭력에서 벗어나는 걸까?

경제침체에도 인기높은
엘살바도로 대통령의 갱단소탕

라틴아메리카 우파 정치세력은 엘살바도르 대통령 나이브 부켈레의 강경 범죄 정책을 하나의 본보기로 평가한다. 그가 추진하는 이른바 '철권 정책'은 갱단 척결을 내세우지만, 그 과정에서 인권 침해가 반복적으로 발생하고 있다. 이 정책은 에콰도르 등 다른 국가에도 영향을 미치고 있다. 미국 정부 역시 이를 긍정적으로 평가하며, 문제 인물로 간주되는 일부 이주민을 엘살바도르 교도소로 추방하고 있다.

라후아리 아디 | 철학자

엘살바도르는 오랜 내전 시기 '죽음의 분대'로 상징되는 국가폭력을 자행했고, 이후에는 갱단 폭력으로 다시 악명을 떨쳐왔다. 그러나 이러한 이미지는 이제 점차 과거의 것이 되어가고 있다. 2019년 집권해 2024년 약 85%의 득표율로 5년 임기의 재선에 성공한 나이브 부켈레 대통령 아래에서, 오랫동안 국가를 분열시켜 온 두 주요 갱단, 마라 살바트루차(MS-13)와 바리오-18(내부 분파인 레볼루시오나리오스와 수레뇨스 포함)은 사실상 궤멸 상태에 이르렀다. 구성원 대부분은 감옥에 수감되었고, 일부는 자취를 감추었다. 2010년대에는 폭력 수준이 때로 이라크나 시리아에 견줄 정도에 이르기도 했다. 그러나 2024년의 살인율은 10여 년 전 중반에 비해 98% 감소했다. 이러한 변화의 배경에는 충격적인 방식이 있다. 성인 남성 100명 가운데 3명을 수감하는 대규모 구금 정책이다. 부켈레 대통령은 이를 근거로 "세계의 살인 수도였던 나라를 서반구에서 가장 안전한 나라로 만들었다"고 자랑한다.

갱단 진압 과정에서 국가 폭력 독점

엘살바도르의 무정부적 이미지를 벗겨내는 과정에서 세계 최고 수준의 수감률이 나타났고, 그 대가로 법치의 규칙은 사실상 무너졌다.(1) 대통령의 요청으로 2022년 3월 입법의회가 국가비상사태를 선포한 이후, 헌법이 보장하던 여러 권리는 정지되었다. 이제는 별다른 사유 없이도, 판사의 심사를 거치지 않은 채 누구든 체포될 수 있다. 부켈레는 여기서 멈추지 않았다. 그의 정치적 반대자들 가운데 일부는 투옥되거나 망명했다. 젊은 지도자는 '국가의 폭력 독점'을 회복한 뒤 스스로를 "세계에서 가장 쿨한 독재자"라고 부르며, 권력을 사실상 자신에게 집중시켰다. 더 나아가 그는 미국에서 추방된 이주민들을 수용하는 '해외형 수용소'처럼 엘살바도르 교도소 체계를 활용하도록 허용했고, 그 결과 미국 보수 진영의 지지를 받게 되었다.

그러나 이 중미 국가의 대통령은 흔히 말하듯 '아웃사이더'가 아니다. 오히려 특권층 출신 정치인이 기회주의적으로 반체제 후보를 자처하는 전형적인 경로를 보여준다.

토마스 드보르자크 – 「산살바도르 도심의 시장」, 2022년.

1981년에 태어난 그는 기업가이자 백만장자인 아르만도 부켈레 카탄(1944~2015)의 다섯째 아들이다. 그의 부친은 광고, 섬유, 제약, 자동차 등 여러 분야에서 사업을 벌이며 막대한 부를 축적했다. 부켈레는 지역 엘리트 자녀들이 다니는 이중언어 사립학교 에스쿠엘라 파나메리카나에서 수학했다. 이후 가족이 운영하는 여러 광고회사에서 이사직을 맡으며 정치에 첫발을 들였다. 이 회사들은 2000년대부터 좌파 정당 파라분도 마르티 민족해방전선(FMLN)의 이미지 관리와 선거 캠페인을 담당해왔으며, 이 정당은 훗날 그의 정치 경력의 발판이 된다.

2015년 그는 수도 산살바도르 시장에 당선되며 전국적인 정치 인물로 부상했다. 그러나 2년 뒤, 자신이 소속돼 있던 FMLN은 여러 이유—특히 당 지도부와 정부(2009~2019년 집권), 그리고 살바도르 산체스 세렌 대통령(2014~2019)을 향한 반복적인 공개 비판—를 들어 그를 당에서 제명했다. 부켈레에게 이는 오히려 기회가 되었다. 그는 집권당과의 결별을 정치적으로 연출했다. FMLN은 이미 2016년에 그가 2019년 대선 후보가 되지 못할 것이라고 발표한 상태였다. 결국 그는 자신의 정당 누에바스 이데아스(Nuevas Ideas, '새로운 아이디어')를 이끌고 2019년 대선에서 승리했다.(2)

갱단의 지역 지배

집권 10년 가까이 지난 지금 정치적 정점에 오른 부켈레는 판디야 갱단을 상대로 거둔 승리를 "기적"이라고 자평한다. 유럽이나 미국으로 향하는 코카인 밀매로 성장한 라틴아메리카의 마약 카르텔과 달리, 엘살바도르의 갱단은 국제 밀수보다는 자신들의 지역을 장악하는 데 집중한 거리 조직이었다. 이들은 소상인, 미니버스 운전사, 각종 불법 업종 종사자들에게서 돈을 갈취하며 사실상의 지배력을 행사했고, 서로 영토를 둘러싸고 폭력적인 충돌을 벌였다. 마라 살바트루차(MS-13)와 바리오-18(Barrio-18)은 원래 로스앤젤레스에서 탄생했다. 엘살바도르 내전(1979~1992)을 피해 많은 엘살바도르인이 이 도시로 이주했기 때문이다. 멕시코 마피아가 지배하던 범죄 세계 속에서 살아남기 위해 이 난민들은 자신들만의 범죄 조직을 형성했다. 1990년대 이후 미국 정부는 엘살바도르 출신 이민자들을 대규모로 추방하기 시작했다. 버락 오바마 대통령 재임기(2009~2017) 동안에만 15만 명이 엘살바도르로 송환되었다. 그 결과 갱단들은 캘리포니아에서 발전시킨 '지역 통제 방식'을 본국으로 가져왔다. 그리고 내전으로 약화되고 분열된 국가 위에 그 체계를 그대로 강제로 이식했다.

갈취는 산살바도르의 비교적 부유한 지역에도 미쳤지만, 갱단은 무엇보다 코무니다데스(빈민가)와 인구 밀도가 높은 노동자 외곽 지역에 깊이 뿌리내리고 있었다. 그곳에서 그들은 사실상의 지배력을 행사했다. 구두닦이들은 플라사 리베르타드에서 손님을 찾으려면 Barrio-18에 일정한 돈을 바쳐야 했다. 불레바르 베네수엘라에는 청록색과 시에나색으로 칠했지만 이미 색이 바랜 판잣집들이 길가를 따라 늘어서 있었다. 이곳에서는 갱단 간 세력권이 워낙 자주 바뀌었기 때문에, 해가 지면 그 도로 자체가 출입 금지 구역이 되곤 했다. 더 동쪽의 인구 밀집 지역에서는 아우토피스타 데 오로 근처 배수로에서 시신이 발견되거나, 인근 언덕에 급히 묻힌 채 발견되는 일이 드물지 않았다. 이처럼 갱단은 사실상의 지역 정부처럼 기능했다. 국가가 개입할 수 없거나 개입하려 하지 않는 곳에서 그들은 잔혹한 방식으로 지역을 통제했다.

수도 북동쪽에 자리 잡은 사회주택 단지 라 캄파네라(La Campanera)는 Barrio-18의 거점으로 변해 있었다. 중앙 도로에서 물고기 뼈 모양으로 갈라져 나간 골목들 양옆에는 콘크리트 블록과 물결형 철판으로 지은 방갈로들이 늘어서 있었다. 이름 없는 골목과 번호 없는 집들이 뒤엉킨 미로 같은 공간이어서, 그 안에서는 사람이 순식간에 자

취를 감출 수 있었다. 당국에 따르면 이곳에서는 거의 모든 주민이 범죄 조직과 직간접적으로 연결되어 있었고, 직접적으로든 가족을 통해서든 갱단과 어떤 형태로든 관계를 맺고 있었다.

비상사태가 발효된 지 몇 달 뒤, 이 지역은 대규모 검거 작전의 대상이 되었다. 경찰과 군은 수백 명을 한꺼번에 체포해 행선지를 알 수 없는 곳으로 끌고 갔다. 갱단의 거점으로 의심되는 집들은 압수되었고, 사람들이 다시 돌아와 살지 못하도록 지붕까지 뜯어냈다.

이제 정부는 라 캄파네라를 재활 정책의 성공 사례로 보여주려 한다. 원래 동네 밖에 있던 경찰서는 단지 안으로 옮겨졌다. 큰길 한쪽에서는 집과 골목이 수리되거나 새로 칠해지기 시작했다. 벽에는 갱단의 낙서를 덮는 벽화가 그려졌고, 작은 공원도 정비되었다. 그럼에도 이곳은 여전히 가난한 이들의 게토로 남아 있다. 마지막 주택 너머로 펼쳐진 노천 쓰레기장은 그대로지만, 학교만큼은 말끔히 단장되었다. 새 지붕이 올라가고, 경사로와 에어컨도 설치되었다.

엘살바도르 전반에서 치안 상황이 개선된 것은 분명한 사실이다. 그러나 그 성과를 오로지 마노두리스모('강경책') 덕분이라고 설명하는 공식 서사는 설득력이 떨어진다. 부켈레가 집권한 2019년, 살인율은 이미 2015년 갱단 간 전쟁이 절정에 달했을 때보다 절반 수준으로 감소한 상태였다. 폭력은 이후에도 계속 줄어들어 비상사태가 선포될 때까지 감소세를 이어갔다. 하지만 이러한 전국적 변화는 대통령의 첫 번째 반갱단 정책이었던 '영토 통제 계획'만으로 설명하기 어렵다. 이 정책은 적용 범위가 제한된 지역적 조치에 불과했기 때문이다.

갱단과의 은밀한 거래

집권 초기 3년 동안 부켈레 대통령의 정책은 전임자들과 크게 다르지 않았다. 공식 연설에서는 갱단에 대한 강경한 태도를 강조했지만, 실제 현장에서는 현실적인 타협이

이루어졌다. 그는 몇 차례 선별적인 체포를 단행하는 한편, 폭력이 빈민가 밖으로 확산되지 않도록 하기 위해 갱단과 물밑 협상을 벌였다. 오늘날 부켈레 대통령은 그러한 협상을 부인하지만, 그의 해명은 쉽게 납득하기 어렵다. 산살바도르 시장 시절, 갱단이 장악한 지역에서 어떤 사업이든 진행하려면 그들과 일정한 합의가 필요했기 때문이다. 2025년 5월, 엘살바도르 탐사보도 매체 〈엘 파로(El Faro)〉가 공개한 조사에 따르면, 부켈레와 바리오-18 수레뇨스 사이의 관계는 최소 2014년까지 거슬러 올라간다. 한 팔라브레로(갱단 내부 지도자)의 증언에 따르면, 당시 그의 선거팀은 지방선거에서 지지를 얻기 위해 갱단에 25만 달러를 지급했다.

정책의 전환점은 2022년 3월에 찾아왔다. 정부와 갱단 사이의 비공식 협정이 깨진 데 대한 보복으로 추정되는 연쇄 학살 사건이 발생한 직후였다. 부켈레 대통령은 국가비상사태를 선포했다. 첫해에만 6만 명 이상이 수감되었고, 이후 수천 명이 석방되었다. 재판이 이루어지는 경우에도 피고인은 변호사 없이 법정에 서는 형식적인 절차에 그치는 경우가 많았다. 기본적으로 선고되는 형벌은 종신형이었으며, 항소의 가능성도 거의 없었다. 수천 명의 갱단원들이 여전히 농촌 지역에 숨어 있지만, 그들이 구축해 온 영토 지배 체계는 사실상 붕괴되었다.

이 새로운 시대를 상징하는 곳이 바로 테러범 수용센터다. 수도에서 약 75킬로미터 떨어진 곳에 세워진 이 초대형 교도소는 높이 9미터의 벽과 19개의 감시탑으로 둘러싸여 있다. 위에서 내려다보면 그 모습은 미국 남부 곳곳에 흩어져 있는 이주민 수용 시설이나 아마존 물류센터를 떠올리게 한다. 교도소 내부에는 8개의 수감 건물이 있으며, 각각 32개의 감방으로 구성되어 있다. 한 감방에는 최대 80명의 수감자가 들어간다. 이들은 금속 침상 위에서 잠을 자고, 하루에 단 30분만 운동 시간이 주어지며 그마저도 항상 쇠사슬에 묶인 상태다. 또한 5일마다 머리를 강제로 삭발당한다. 교도관들은 수감자들의 머리 위에 설치된 철망 통로를 따라 이동하며 감시한다. 수감자가 이 시설에 들어오는 순간 외부 세계와의 모든 연락은 끊긴다. 시설 전체

에서 전화 신호가 차단되기 때문이다. 만약 수감자가 교도소 안에서 사망하면 가족은 아무런 설명도 듣지 못한 채 시신만 인도받는다.

미국을 위한 새로운 알카트라즈

엘살바도르 정부는 2023년에 건설한 초대형 교도소 '세콧(Cecot)'을 소셜미디어 구경꾼들에게 거리낌 없이 공개하고 있다. 미국 국토안보부 장관 크리스티 노엠(Kristi Noem) 역시 철창에 갇힌 수감자들 앞에서 촬영한 영상을 공개했다. 유튜브에는 스페인어·아랍어·영어로 된 영상들이 넘쳐난다. 모두 같은 장면을 보여준다. 과밀하지만 깔끔하게 유지된 교도소의 모습이다. 어떤 감방에서는 온몸에 문신을 새긴 수십 명의 남성이 철창 너머로 카메라를 응시한다. 또 다른 감방에서는 배가 나온 수감자들이 안경을 쓴 채 앉아 있다. 여기에 무기고와 독방을 보여주는 장면도 빠지지 않는다. 종종 한 명의 수감자 인터뷰가 등장한다. 이름은 "사이코"로, 자신의 폭력적인 과거를 이야기하는 인물이다.

그러나 이렇게 치밀하게 연출된 방문 장면은 교도소 내부, 특히 외부의 시선에서 가려진 건물들에서 벌어지는 수감자들의 가혹한 처우와 폭력을 가려버린다. 이름이 보여주듯 세콧 교도소는 갱단원을 테러리스트처럼 취급하고 장기 구금하는 시설로, 미국의 관타나모 수용소 모델을 참고해 만들어졌다. 하지만 대규모 수감 정책이 오히려 범죄 네트워크를 강화할 수 있다는 사실도 널리 알려져 있다. 교도소는 범죄 조직이 새로운 구성원을 모집하는 장소가 되기도 한다. 실제로 수십 년 동안 엘살바도르의 범죄자들은 보안이 철저한 사카테콜루카(Zacatecoluca) 교도소 같은 기존 시설의 감방 안에서도 범죄 활동을 계속 이어왔다. 세콧의 설립이 이러한 가능성을 차단하려는 의도라고 하더라도, 갱단이 약화되었든 그렇지 않든 완전히 사라진 것은 아니다.

부켈레 집권 이후 극심한 빈곤율은 두 배로 증가했고,

경제 성장률 역시 니카라과보다 낮은 수준에 머물러 있다. 그럼에도 그는 여전히 압도적인 대중적 지지를 유지하고 있다. 엘살바도르 최대의 야당 성향 신문 〈라 프렌사 그라피카(La Prensa Gráfica)〉에서 여론조사를 담당하는 전문가 에드윈 세구라는 그 이유를 이렇게 설명한다. "엘살바도르 사람들에게 치안 회복은 무엇보다 중요한 문제입니다. 그래서 그 성과를 거의 전적으로 정부의 공으로 돌립니다. 반면 경제 성과는 여러 요인이 함께 작용한 결과라고 생각하는 경향이 있습니다."

부켈레 대통령을 단순히 '트럼프 시대의 부산물'로만 보는 것은 지나친 해석일 수 있다. 하지만 그는 분명 중남미 어느 지도자보다도 워싱턴과 가까운 인물이다. 2025년 초 라틴아메리카 순방의 일환으로 엘살바도르를 방문한 미국 국무장관 마코 루비오는 그를 "우리 지역의 치안 챔피언"이라고 치켜세웠다. 부켈레의 정치적 유산이 어떠하든 그는 갱단을 제압한 지도자로 기억될 가능성이 크다. 그러나 그 갱단들 역시 범미 조직범죄 네트워크의 일부에 불과하다. 이러한 범죄 조직은 여전히 과테말라, 온두라스, 멕시코, 미국 등지에서 활개를 치고 있다.

오늘날 엘살바도르는 한 가지 근본적인 질문에 직면해 있다. 젊은 남성 대다수가 감옥에 갇혀 있는 나라에서 어떤 사회를 건설할 수 있는가? 부켈레 대통령이 바라는 것처럼 미국을 위한 새로운 '알카트라즈(Alcatraz, 미국 캘리포니아 샌프란시스코 만의 작은 섬에 있었던 악명 높은 교도소)'가 되는 것이 이 나라가 상상할 수 있는 유일한 미래일까? 엘살바도르 국민에게는 그보다 훨씬 더 희망적인 미래를 꿈꿀 권리가 있다. **LD**

글 · 톰 스티븐슨 Tom Stevenson
영국 언론인. 이 글의 더 긴 버전은 2025년 9월 11일 자 〈런던 리뷰 오브 북스〉(London Review of Books)에 게재되었다.

(1) Benjamin Fernandez, 「"시신이 없으면 범죄도 없다"」, 르몽드 디플로마티크, 2023년 6월호.
(2) Anne-Dominique Correa, 「엘살바도르: 비트코인, 갱단, 그리고 대통령의 미디어 정치」, 르몽드 디플로마티크, 2023년 6월호.

Manière de voir

〈마니에르 드 부아르〉 19호
『여성들, 영원한 혁명』

권 당 정가 18,000원
1년 정기구독 시 72,000원
⇨ 65,000원

Economy Insight

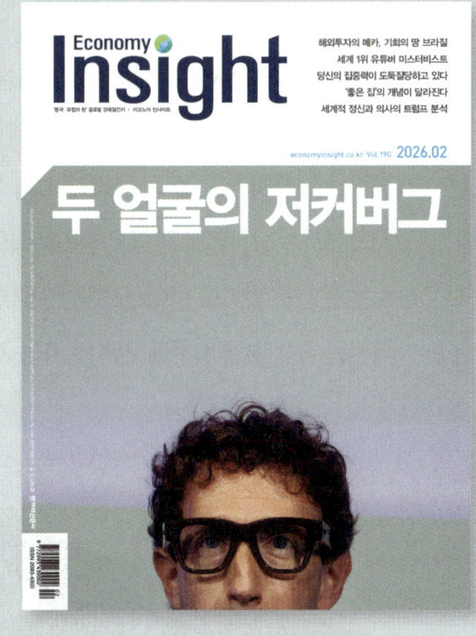

'중국·유럽의 창' 글로벌 경제월간지 〈이코노미 인사이트〉

글로벌 경제월간지 〈이코노미 인사이트〉는 '진보적 경제'를 향해 열린 창입니다

혼돈스러워 보이는 세계경제를 깊이 있게 이해하고자 하십니까? 한겨레가 발행하는 글로벌 경제월간지 〈이코노미 인사이트〉를 펼쳐보세요. 급변하는 세계경제 소식을 미국 중심의 시각이 아닌 유럽과 브릭스(BRICs)의 시각으로 전해드립니다. 〈이코노미 인사이트〉는 독일 〈슈피겔〉 〈차이트〉, 프랑스 〈알테르나티브 에코노미크〉, 중국 〈차이신주간〉, 영국 경제정책연구센터의 정책 포털(VoxEU.org) 등 세계적인 매체와 제휴를 맺고, 새로운 시각과 입체적인 분석으로 세계경제 소식을 전달해드립니다.

2010 ▶

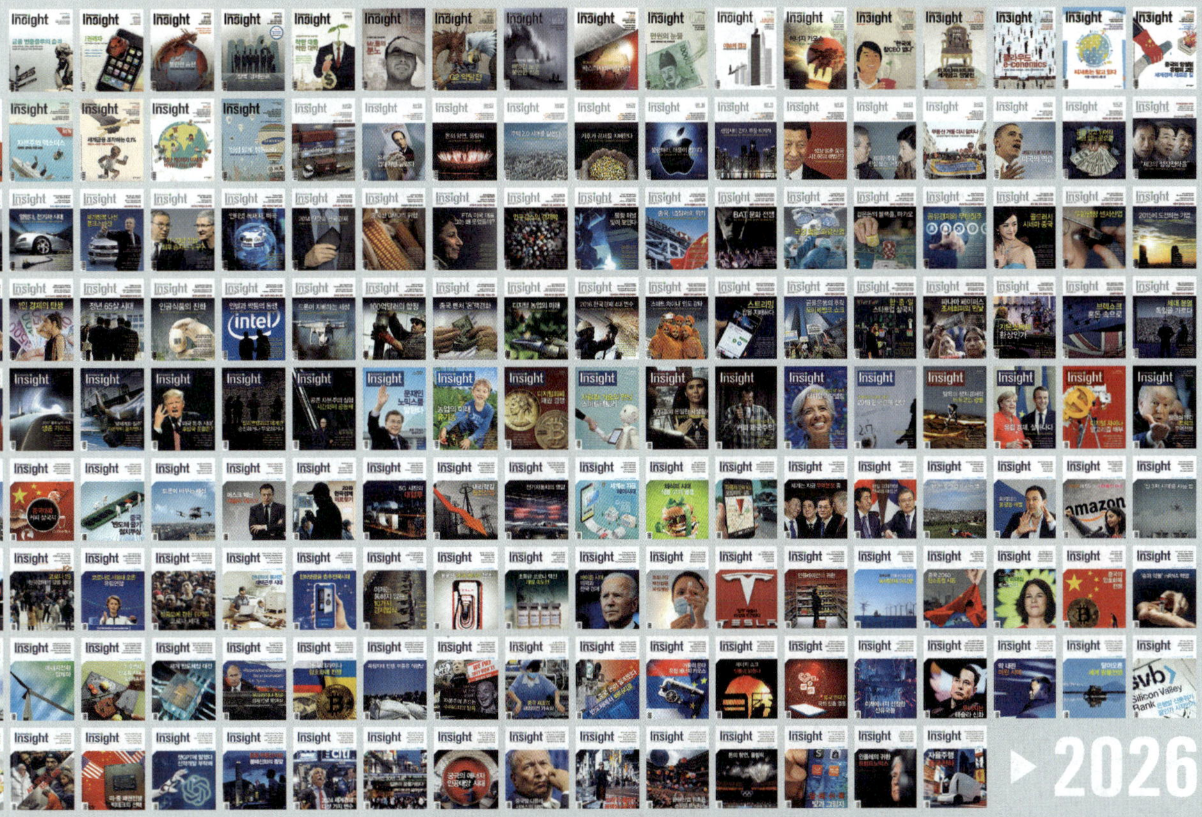

▶ 2026

구독신청 및 판매 문의 1566-9585 | p-dokja@hani.co.kr 구독료 1년 150,000원 | 2년 240,000원(20% 할인) *약정한 구독 기간에 구독을 중단하면 할인 혜택이 없어지며 구독한 부수는 정가 기준으로 적용합니다.

2008년 이후 전 세계 인구의 절반 이상이 도시 지역에 살고 있다. 프랑스에서는 이 기준이 이미 1931년에 넘어섰으며, 현재는 인구 열 명 가운데 여덟 명이 도시에서 생활한다. 빈곤과 부가 공존하는 이러한 도시 공간은 한때 새로운 사회주의적 도시 모델에 대한 상상력을 자극하기도 했다. 그러나 시장 논리와 관료적 행정 논리에 얽매이면서 도시 행정은 좀처럼 활력을 되찾지 못하고 있다. 어떤 지역에서는 탈산업화가 극우 정치세력의 성장으로 이어지고 있으며, 다른 지역에서는 대중교통 무료 정책이 기대했던 효과와 함께 새로운 문제를 낳기도 한다. 오랫동안 대표성이 높다는 평가를 받아온 지방 권력은 오히려 불평등을 강화하는 경향을 보이고 있다. 또한 제한된 정책 여력 때문에 인류의 가장 기본적인 필요 가운데 하나인 주거 문제를 해결하는 데에도 어려움을 겪고 있다.

〈편집자〉

Dossier

민주주의는 지방에서 나온다

다윈 에스타시오 마르티네스. –「공감」, 2022.

'대물림' 농촌 시장들, 지방정치 망친다

지방자치 선거가 치러질 때마다 소도시는 주민과 가까운 정치, 수평적 구조, 민주적 의사결정의 공간으로 묘사된다. 그러나 이러한 안심을 주는 이미지의 이면에서는 권력이 종종 소수에게 집중된다. 이 글은 공동체 권력이 실제로 어떻게 형성되고 행사되는지, 그 은밀한 작동 방식을 탐구한다.

쥘리앙 미시 | 국립 농업 · 식품 · 환경 연구소(Inrae) 사회학 연구원

2014년 지방선거 직후, 기자들과 연구자들은 베르코르 산기슭에 자리한 인구 1,300명의 작은 마을 사일랑에서 진행된 지방 민주주의 실험을 가까이서 관찰하기 위해 몰려들었다.(1) 대형 슈퍼마켓 설치를 둘러싸고 기존 선출직 인사들과 갈등을 빚던 주민들은 시의회 전체를 구성하는 시민 연합 후보 명단을 꾸려 선거에서 승리했고, 집단적이고 참여적인 운영 방식을 약속했다.

이 정치적 실험은 우연히 등장한 것이 아니다. 사일랑은 드롬 지역의 디우아에 속한 마을로, 수십 년 전부터 학력 높은 이주자들이 유입되어 지역 사회 활동에 적극적으로 참여해 온 곳이다.

대도시보다 높은 기초 지자체 투표율

파리와 멀리 떨어져 있고 직업 정치인들에 대한 불신이 집중되는 중앙 정치 무대와도 거리를 둔 지방의 선거 공간은, 흔히 구체적이고 실질적인 참여가 이루어지는 장으로 평가된다. 특히 작은 코뮌(프랑스의 기초자치단체)에서는 주민과의 근접성이 민주주의의 보증처럼 간주된다. 농촌의 선출직 인사들은 일상적으로 주민들과 접촉하며, 도시 지역의 선출직 인사들이나 국회의원들보다 더 높은 투표 참

다윈 에스타시오 마르티네스. -「비 오는 날들」, 2014.

여 속에서 선출된다.

지방자치 선거는 주민 참여의 장이지만, 동시에 누가 대표가 될 수 있는 사람으로 인정받는지가 가려지는 자리이기도 하다. 출마하고 선출될 가능성은 개인의 능력만으로 결정되지 않는다. 학력, 직업적 지위, 지역 네트워크, 경제적 여유 같은 사회적 조건이 영향을 미친다. 따라서 정치 참여의 기회는 모든 주민에게 동일하게 열려 있지 않다. 이런 사회적 불균등은 대도시뿐 아니라 작은 코뮌에도 존재한다.

그 지역 엘리트에 집중된 권력

지역 민주주의에 대한 이상화된 이미지와 달리, 지방자치 선거는 실제로는 매우 선택적인 선별 장치로 기능한다. '현장에 뿌리내린 대표'라는 공화주의적 신화와는 달리, 선출 과정에서는 특정 사회집단이 구조적으로 유리한 위치를 점한다. 그 결과 노동계층은 눈에 띄지 않게 배제되고, 권력은 지역 차원이라 할지라도 사회적 엘리트에게 집중되는 경향을 보인다. 통계가 이를 보여준다. 전국 선출직 인명록에 따르면 노동자 출신 시장은 전체의 3%에 불과하다. 그러나 노동자는 프랑스 인구의 약 20%를 차지하며, 농촌 지역에서는 그 비율이 29%에 이른다. 반면 자영농(경영 농업인)은 전체 경제활동인구의 1.5%에 지나지 않지만, 시장

가운데서는 17%를 차지한다. 많은 마을에서 자영농(경영 농업인)은 이미 소수임에도, 여전히 그들 중 한 사람이 지방 권력을 맡고 있는 셈이다.

오늘날 프랑스 농촌의 다수는 더 이상 농업 경영자가 아니라 노동계층 임금 노동자들로 이루어져 있다.(2) 디우아처럼 포도 재배와 축산업이 발달한 지역에서도 노동자와 사무직 종사자는 농업 경영자보다 거의 네 배 많다. 대도시에서 중산층 이하 가구를 외곽으로 밀어내는 사회·공간적 분리는 이러한 경향을 더욱 강화했다. 그러나 이러한 구조는 최근에 형성된 것이 아니다. 19세기 이후 농촌에는 분산적인 형태의 산업화가 진행되었고, 그 과정에서 공장과 제조업이 자리 잡았다. 예컨대 사일랑에는 1968년까지 대규모 제사(製絲) 공장이 존재했다. 다만 이러한 산업 시설이 항상 지역 경제의 지속적 성장이나 도시적 발전으로 이어진 것은 아니었다. 반면 일부 소도시들은 보다 활발한 제조업 발전을 경험하며 학교, 병원, 우체국, 기차역 등 상업·공공 서비스 기반을 갖추게 되었다.

수천 명 규모의 주민이 거주하는 이들 지역에서는 소규모 마을보다 지방선거가 더 갈등적으로 전개된다. 선거는 보다 분명한 정치적 구도 속에서 치러지며, 이들 선거는 사회적 엘리트가 노동계층을 시의회에서 배제해 온 방식을 드러낸다. 동시에 예외적이기는 하지만 노동운동가들이 시장직을 차지하는 경우도 존재했다. 즉, 과거에는 갈등 속에

서도 대중계급이 지방 권력을 획득할 여지가 남아 있었다. 그러나 오늘날에는 농촌 지역의 지배 엘리트가 재편되는 과정에서 이러한 가능성은 축소되고, 대중계급의 정치적 주변화는 오히려 심화되고 있다.

노동자가 적지 않았던 이들 소도시는 일찍부터 공화주의 이념을 받아들였지만, 20세기 초 지방 행정은 대체로 공화주의적 중도 세력에 가까운 급진당 계열 인사들이 맡았다. 그러나 이러한 정치 운영은 노동계급이 주도한 것이 아니라, 농업 지주와 농산물 상인, 그리고 산업가들이 결합한 지역 엘리트 연합에 의해 이루어졌다. 예컨대 코트도르의 브나레레로므(Venarey-les-Laumes)는 원래 포도 재배 마을이었으나, 19세기 중반 부르고뉴 운하 개통 과정에서 지하 자원이 확인되면서 노동자 인구가 증가했다. 운하를 따라 기와 공장과 시멘트 공장이 들어섰다. 1908년에는 시멘트 공장 경영자 루이 랑드리가 시장으로 선출되었다. 그는 1875년 사르트 출신의 부친이 설립한 기업을 물려받았으며, 부친 역시 시의회 의원을 지낸 바 있었다. 이와 같은 소도시에서는 공장과 마찬가지로 정치적 직위 역시 세대를 거쳐 이어지는 경향을 보였다. 직업적 권위를 갖춘 산업가들은 오랜 지역적 기반이 없더라도 시장직에 오를 정당성을 인정받았다. 이들의 지방 행정 참여는 기업 운영에 필요한 기반 시설을 확충하는 데 기여했을 뿐 아니라, 가부장적 시각에서 대중계급 가정을 관리하고 규율하려는 성격도 함께 지니고 있었다.

유력자 지배와 노동계급의 대항 권력

이들 소도시의 공화주의적 시장들은 곧 프롤레타리아 후보를 내세우는 노동운동의 도전에 직면하게 된다. 20세기 초, 부르고뉴의 이 코뮌은 기차역과 기관차 기지 건설로 큰 변화를 겪었다. 20세기 초 기차역과 기관차 기지 건설로 지역 사회가 재편되면서, 조직화되고 노조 활동이 활발한 철도 노동자층이 형성되었다. 이들을 중심으로 사회주의 후보 명단이 꾸려졌고, 그 결과 사회주의 세력이 1925년 지방선거에서 승리를 거두었다. 1920년 대규모 파업에

참여했다가 기관사 직위에서 강등된 뒤 이 지역으로 전보된 가스통 아르디는 브나레레로므 시의회에 진출했으며, 1933년부터 1935년까지 시장을 지냈다.

따라서 노동자 계급의 대항 권력은 지역의 핵심 기업 내부, 특히 그 기업을 중심으로 형성된 노동조합 네트워크의 심장부에서 구축되었다. 이러한 조직적 기반은 1, 2차 세계 대전의 사이와 해방 직후에 이르러, 지역 유력자들의 지배를 실질적으로 흔들 수 있는 힘으로 성장했다. 광업·섬유·식품·금속 산업으로 구조가 재편된 여러 소도시들은 점차 사회당과 공산당의 손에 넘어갔다. 이러한 변화는 북부와 로렌 지방뿐 아니라 랑드의 타르노(Tarnos), 피니스테르의 두아르느네(Douarnenez)와 같은 지역에서도 확인된다. 이러한 정치적 '정복'은 단순한 선거 결과가 아니라, 지방 행정의 쟁점을 둘러싼 치밀한 정치화 작업의 산물이었다. 좌파 후보들은 "공동체 이익 수호"라는 표면적으로는 비정치적인 명분 뒤에 숨은 보수 성향의 현직 단체장들과 정면으로 맞섰다. 이른바 '비정치적'이라는 수사는 실제로는 기득권 질서를 유지하기 위한 방패였던 셈이다.

이와 같은 '비정치적' 명단은 욘(Yonne) 북부 생플로랑탱(Saint-Florentin)에서도 지배적인 양상을 보였다. 20세기 초 이 지역에는 목재 전주, 제과, 양철 제품, 시계줄 제조 등 여러 소규모 공장이 네트워크를 이루며 형성되었다. 주민 약 3천 명 규모의 이 소도시에서는 지역 산업이 가족 경영 중심이고 자본 집중도가 낮았던 덕분에, 농업·상업 부르주아 계층이 지방 행정을 계속 장악할 수 있었다. 이들은 자유직 종사자들과 연대하면서 새롭게 등장한 산업 활동에도 참여했다. 1939년부터 1952년까지는 한 공증인이 시정을 이끌었다. 이후 농업 가문 출신의 산업 기업가 루이 뒤보스트가 그 자리를 이어받아 1971년까지 재임했으며, 시의회 활동만 36년에 이르렀다. 뒤보스트는 지방자치단체와 기업을 대상으로 조명·난방·배관 등 전기 설비와 관련 서비스를 제공하는 회사를 성장시켰다. 그의 직원은 약 200명에 달했지만, 이들 가운데 시장직에 오른 이는 없었다. 반면 기업의 한 분파를 상속한 그의 아들은 1977년 시의회에 진출해 1995년까지 부시장으로 재임했다.

기업인이 지역 대표자로 둔갑

기업을 경영한다는 사실은 곧 지역 공동체를 대표할 자격이 있다는 인식을 강화하며, 이는 결과적으로 대중 계층을 정치 참여의 장에서 배제하는 효과를 낳는다. 1965년, 뒤보스트는 자신과 마찬가지로 기업주였던 제1부시장의 지원을 받아 차기 시장 후보로 나섰고, 사실상 단독 후보로 선거에 임했다. 물론 이 과정이 아무런 이견 없이 진행된 것은 아니었다. 일부 공산주의자를 포함한 노동자들이 서명한 전단이 마을에 배포됐다. 이 전단은 '노동하는 인민'에게 "자신과 같은 사람에게" 투표할 것을 촉구하면서, 23명의 후보로 구성된 완전한 명단을 꾸리는 것조차 어려운 현실을 고발했다. 전단은 이렇게 적고 있었다. "공동의 재산을 창출하는 사람은 누구인가? 바로 우리 노동자들이다. 그런데 우리는 명단조차 꾸릴 수 없다는 기정사실 앞에 놓여 있다. 이는 곧 우리의 재산을 스스로 관리할 수 없다는 뜻이다. (…) 우리 가운데 누군가 나서면, 그는 곧 배척당한다."

고용주의 탄압에 대한 두려움은 공장과 농장의 노동자들뿐 아니라 장인과 상인의 고용인들까지 상급자나 그 주변 인물에 공개적으로 맞서는 일을 어렵게 만들었다. 고용주는 설령 자신이 직접 후보로 나서지 않더라도, 자신의 승인 없이 직원이 시장직에 오르는 상황을 쉽게 용납하지 않았다. 이러한 선출은 지역 사회의 질서와 개인적 권위에 대한 도전으로 받아들여졌다.

베나레-레-로움(Venarey-les-Laumes)에서는 1971년 한 배관공 노동자가 해고되는 일이 있었다. 그의 아들은 당시를 이렇게 회상했다. "문제가 된 건 아버지가 로움 시의회 선거에 출마해 당선된 이후였습니다. 고용주는 한 번도 상의받지 못한 채 자신의 노동자가 선출직에 오른 일을 쉽게 받아들이지 못했습니다."

1935년 좌파의 약진과 해방 직후의 정치적 재편 이후, 농촌 지역에서는 보수 성향의 지방자치 세력이 다시 영향력을 회복했다. 1950~1960년대에 접어들면서 뒤보스트와 같은 다수의 농촌 소도시 시장들은 농촌 유력자들을 기반으로 한 정치 조직인 '독립파(indépendants)' 계열에 합류했다. 이러한 지방 권력의 우경화 과정에서는 점령기 동안 논란의 행적을 남겼던 인물들이 공직에 복귀하는 사례도 나타났다. 이 흐름은 사회당의 전략 변화와도 맞물려 있었다. 사회당은 중도 성향의 연합 구도에 참여하며 공산당과

거리를 두었고, 공산당은 이 시기 이념적 경직성이 강화되는 국면에 들어서고 있었다. 사회당 출신 지방 선출직 인사들은 지방 정치 영역에서는 프랑스 노동자 인터내셔널 지부(SFIO) 소속임을 전면에 내세우지 않는 방식을 택했다. 그 결과 지방 행정은 점차 탈정치화되었고, 해당 수준에서 제시될 수 있는 정치적 대안의 공간은 점점 축소되었다.

노동계급 좌파와 학력·문화자본의 신중간계층 연합

사회당이 분명한 좌파 노선을 공식적으로 내세운 것은 1971년, 특히 1977년 지방선거를 전후한 시기였다. 이때 사회당은 공산당과의 '공동 강령(programme commun)'을 바탕으로 연대를 강화했고, 그 과정에서 공산당 계열 노동조합 활동가들과 교사·공무원 등 학력과 문화자본을 갖춘 신흥 중간계층 출신 사회당 활동가들이 결합했다. 1975년 아비(Haby) 법 시행 이후 중학교가 전국적으로 확대 설치되고 문화 정책이 본격화되면서, 지역마다 각종 협회와 새로운 지방 공공기관이 잇따라 설립되었다. 사회문화 활동 센터와 청소년·문화의 집과 같은 공간은 소도시의 공적 생활을 활성화했고, 지역 정치의 참여 기반을 넓혔다. 특히 교사와 기타 중간계층이 지역 사회 활동과 지방 정치에 보다 적극적으로 개입하는 계기가 마련되었다. 이러한 변화 속에서 브르타뉴 지역 피니스테르의 소도시 로스포르덴(Rosporden)과 크로종(Crozon)은 1977년 사회당으로 정치적 지형을 전환했다.

같은 해 생플로랑탱에서도 좌파는 의사를 후보로 내세워 기존 권력에 도전했고, 1차 투표에서 1위를 기록했다. 이에 대해 보험업자 출신의 현직 시장은 동구권 '인민민주주의'의 전례를 거론하며, 좌파가 집권할 경우 사유재산이 침해될 수 있다고 경고했다. 그는 이를 사실상 전체주의의 위협으로 부각하며 "생플로랑탱 시민 여러분, 경계하십시오. 방심한다면 내일 여러분은 본질적인 자유를 잃게 될 것입니다"라고 호소했다. 그러나 결선 투표까지 이어진 격렬한 선거운동 끝에 현직 시장은 재선에 성공했다. 그는 반대 명단에 포함된 소수의 공산주의자들을 '지역 공동체의 외

부 인사들'로 낙인찍으며 배제의 전략을 구사했다.

1980~1990년대에 들어서면서, 기업 폐쇄와 공공서비스의 점진적 축소에 직면한 많은 농촌 소도시의 사회적 상황은 급격히 악화되었다. 특히 산업 기반을 중심으로 형성되었던 소도시들이 큰 타격을 입었다. 주민들의 생활 수준은 낮아졌고, 안정적인 일자리는 점차 줄어들었다. 노동자 후보를 배출하던 노조 기반이 약화되면서, 좌파는 점차 고학력 중간계층에 의해 대표되기 시작했다. 이들의 지방 정치 참여는 이전 세대의 전투적 노동운동과는 달리, 관리직과 교육 분야에서 축적한 전문적 역량과 사회적 지위를 기반으로 이루어졌다.

1990년대 이후 '상호지자체 협력체(intercommunalité)' 제도의 확대와 함께 지방 행정은 전문 인력과 행정 기술에 대한 의존도를 높여 왔으며, 그 결과 기술관료화 경향이 한층 강화되었다. (3) 농촌 소도시의 시장들은 이제 인근 여러 코뮌을 포괄하는 광역적이고 구조적으로 복잡한 조직, 그것도 민주적 통제가 상대적으로 약한 기구를 이끄는 위치에 놓이게 되었다. 동시에 국가 재정 지원 축소를 보완하기 위해 각종 행정 창구를 상대로 정교한 보조금 신청서를 작성하는 능력까지 요구받는다. 그 결과 이들의 경력 경로는 점차 전문 정치인의 그것과 유사한 형태로 재편되고 있다. 베나레-레-로움(Venarey-les-Laumes)의 사례가 이를 단적으로 보여준다. 2001년 이후 이 지역 시정은 급진좌파당(PRG) 소속 파트릭 몰리노즈가 이끌고 있다. 정치학 학위를 취득한 그는 국회의원 보좌관과 유럽의회 의원 비서실장을 거치며 공직에 입문했다. 상인 가정 출신인 그는 상공회의소에서 중소기업의 국제 개발 업무를 담당한 뒤 선출직에 진출했다. 이후 2001년부터 2015년 지방 행정 개편 전까지 도의원으로 활동했으며, 공동체연합체의 의장과 2015년 이후 지역의회 의원을 겸직했고, 2021년부터는 부의장직도 맡고 있다. 이처럼 농촌 소도시의 정치 지형은 노동조합 기반의 계급 대표성에서 점차 전문성과 경력을 갖춘 정치 엘리트 중심 구조로 이동했다. 이처럼 지방 선출직의 전문화는 지방 공공행정을 점차 표준화되고 관리 중심적이며 탈정치적인 영역으로 이해하는 관념이 확산되

고 있음을 보여준다. 1970년대 지방 행정 쟁점이 첨예하게 정치화되었던 시기를 지나며, 정당들은 지방 행정 운영에 대한 독자적 정책 구상을 점차 내려놓았다. 그 결과 각 정당 소속 선출직 인사들은 '지역의 위상 제고(rayonnement territorial)'라는 가치에 대한 공통된 신념 위에 서게 되었고, 지역의 매력도와 경쟁력을 높여야 한다는 동일한 요구를 공유하게 되었다. 이러한 흐름 속에서 이들은 유사한 대학 교육 과정을 거쳐 양성되었으며, 컨설팅 회사에서 활동하는 지방 공공행정 전문가들의 지원을 받았다.

기업 경영 경력은 오늘날 지방 정치에서 하나의 정치적 자본으로 기능한다. 생플로랑탱에서는 지역 경제를 이끄는 금속 가공 기업 대표가 2008년 시장으로 선출됐다. 농가 출신이자 공화당 소속인 이브 들로는 자신의 기업 운영 경험이 "보조금 확보 경쟁"과 공공사업 수주 과정에서 결정적 강점이라고 강조한다. "자금 관리와 운영은 제 천성입니다. 따로 배울 필요가 없습니다." 전국적으로 400명을 고용한 기업을 이끌고 있다는 사실은 그의 정치적 신뢰성을 뒷받침하는 근거로 제시된다. 이처럼 기업 경영 능력은 지역의 경쟁력과 효율성을 보장하는 자질로 번역되며, 지방 권력의 새로운 정당화 언어를 형성하고 있다.

농촌 소도시의 쇠퇴로 엘리트 기반 축소

들로 씨와 몰리노즈 씨 모두 자신들이 행정을 맡고 있는 주민 구성과 크게 닮아 있지는 않다. 그러나 이는 새로운 현상은 아니다. 지방 권력은 구조적으로 지역 엘리트에 의해 점유되어 왔다. 다만 농촌 소도시의 쇠퇴와 함께 이들 엘리트의 충원 기반은 점차 축소되고 있다. 장인과 상인의 수는 감소하고 있으며, 생산 현장에 일시적으로 파견되는 산업 관리직 인사들 또한 지역에 정착하기보다 본사와 자녀 교육 시설이 밀집한 대도시에 거주하는 것을 선호한다. 그 결과 지방 엘리트는 점차 사회적 토대가 약화된 채 고립된 상태로 시정을 이끌게 된다.

이러한 사회적 격차에 더해, 선출직과 주민 사이의 정치적 거리 또한 확대되고 있다. 지방선거 기권율은 1995년 30.6%에서 2014년 36.5%로 꾸준히 상승했다.(4) 생플로랑탱에서는 기권율이 43%에 이르렀다. 동시에 소도시 유권자들은 대통령 선거에서 극우 정당에 압도적 지지를 보였고, 그보다 낮은 수준이지만 '라 프랑스 앵수미즈(La France insoumise)'에도 지지를 보냈다. 이는 대체로 중도좌파 또는 중도우파 성향의 지방 단체장들이 공유하는 정치적 입장과는 뚜렷한 간극을 드러내는 선택이었다. 2022년 대통령 선거에서 마린 르펜은 대부분의 농촌 지역에서 1위를 기록했다. 베나레-레-로움에서는 결선 투표에서 59%를 득표해 전국 평균보다 18%포인트 높은 수치를 보였다. 이는 이 지역의 급진좌파당(PRG) 소속 시장이 에마뉘엘 마크롱 후보 지지를 공개적으로 호소했음에도 불구하고 나타난 결과였다.

지방의 탈정치화와 전국의 재정치화

이처럼 지방 단체장들의 중도적 노선과 주민들의 실제 투표 선택 사이에 형성된 간극은 선출직 인사들의 상징적 권위가 약화되고 있음을 보여준다. 동시에 이는 지방 권력의 탈정치화 경향과도 맞물려 있다. 지방선거에서는 행정 경험이 풍부하고 이미 익숙한 인물이 재선되는 경향이 강하게 작동한다. 이른바 '현직 프리미엄'이 유지되는 셈이다. 반면 대통령 선거나 총선과 같은 다른 선거에서는 보다 이념적이고 정치적인 선택이 전면에 부상한다. 다만 이러한 진단은 일정 부분 보완될 필요가 있다. 대부분의 도시에서 유권자들은 지방선거에서 국민연합(Rassemblement national, RN)에 투표할 기회를 충분히 갖지 못한다. 이 정당이 완전한 후보 명단을 구성하지 못하는 경우가 많기 때문이다. 2020년 지방선거에서 국민연합은 인구 9천 명 이상 도시의 3분의 1에도 못 미치는 곳에만 후보를 냈다. 이는 1989년과 유사한 수준이다. 2026년 3월 선거를 앞둔 시점에서도 국민연합이 이끄는 지방자치단체는 전국적으로 15곳 안팎에 불과해, 전국 단위 선거에서 보이는 영향력과는 상당한 격차를 드러내고 있다.

18표 차로 승자는 12석, 패자는 3석

20세기 내내 비교적 좌파 성향이 강했던 드롬에서도 현재는 네 명의 하원의원 가운데 두 명이 국민연합(RN) 소속이다. 디우아 지역은 여전히 저항의 색채를 유지하고 있지만, 세이앙에서 시도된 참여민주주의 실험은 오래 지속되지 못했다. 6년 전 지방선거에서 기존 집행부는 재선에 실패했다. 불과 18표 차이로 세 석을 확보하는 데 그쳤고, 승리한 진영은 12석을 차지했다. 이러한 결과는 적은 표 차이에도 권력이 크게 뒤바뀌는 구조는 지방 민주주의가 생각보다 취약하다는 점을 드러낸다.

그 원인 가운데 하나는 '다수대표 보너스' 제도다. 1위를 차지한 명단이 전체 의석의 절반을 우선 확보한 뒤, 나머지 절반을 비례로 배분받는 방식이다. 이로 인해 근소한 득표 차이도 의석의 압도적 격차로 이어지며 권력이 강하게 집중된다. 그 결과 야당 의원들은 실질적 견제 기능을 수행하기 어려워 형식적 역할에 머무는 경우가 많고, 다수파 의원들 역시 시장의 강한 권한 아래에서 자율성이 제한된다.

프랑스에서 시장은 사실상 지방의회 위에 군림하는 위치에 놓여 있다. 집행권과 의결권이 혼재된 구조 속에서 그는 별도의 실질적 견제 장치 없이 시정을 운영한다. 지방 행정부는 의회에 대해 정치적 책임을 지지 않으며, 이러한 체제는 흔히 '지방적 대통령제(presidentialisme municipal)'로 설명된다.(5) 일반적으로 지방정부에 부여되는 민주적 미덕과는 달리, 지방의회는 집단적 토론과 숙의가 이루어지는 학습 공간으로 기능하기 어렵다. 권한 배분은 시장에게 유리하게 강하게 위계화되어 있고, 그는 행정 조직의 지원을 바탕으로 정보 접근과 회의 진행을 통제한다.

선출된 의회는 점차 시장의 존재에 가려지고, 시장은 신년 인사회나 준공식과 같은 각종 지역 의례를 통해 단독으로 지방 권력을 상징하고 행사한다. 이 직위는 전통적으로 남성적 자질과 연결되어 인식되며, 개인적 권위 행사에 익숙한 중간·상류계층 출신 인물들을 끌어들이는 경향

이 있다. 지방의회 내 성별 균형이 점차 개선되고 있음에도, 전체 시장의 약 80%가 여전히 남성이라는 사실은 이를 방증한다. 베나레-레-로움에서는 지금까지 단 한 명의 여성도 시장직을 맡은 적이 없으며, 생플로랑탱에서 여성 시장이 등장한 사례 역시 예외적 상황에서였다. 2005년 현직 시장이 사망하자 제1부시장이 2008년 선거까지 직무를 대행한 경우가 유일하다.

이처럼 유력자 중심의 전통은 지방자치 제도의 운영 방식 자체에 의해 강하게 뒷받침된다. 지방 권력은 지역 사회의 사회적 관계를 단순히 반영하는 수동적 장치가 아니라, 오히려 기존의 불평등을 강화하고 선출직의 개인적·배타적 점유를 정당화하는 구조로 작동한다. 이 체제에서 지배는 투표 이전 단계에서 이미 형성된다. 후보 명단을 구성할 수 있는 능력, 지지 세력을 동원할 자원, 사회적 정당성을 정치적 권위로 전환하는 역량이 핵심 변수로 작용한다. 그 결과 정권 교체는 드물고, 시장의 재임 기간은 점차 길어지는 경향을 보인다. 생플로랑탱과 베나레-레-로움의 시장은 각각 18년과 25년째 재임 중이며, 두 사람 모두 2026년 3월 선거에 다시 출마할 준비를 하고 있다. **LD**

글 · 쥘리앙 미시 Julian Mischi
국립 농업·식품·환경 연구소(Inrae) 사회학 연구원. 『농촌의 선출직 인사들. 산업 소도시의 지방 선거 투쟁(20세기-21세기)』(Presses de Sciences Po, 파리, 2025) 저자.

(1) Maud Dugrand, 『세이앙의 작은 공화국 — 참여민주주의의 한 실험』, Éditions du Rouergue, 로데즈, 2020.
(2) Marie-Hélène Lechien·Benoît Leroux(편), 『농촌 세계에 대한 통념 — 농촌은 소와 들판뿐인가?』, Le Cavalier Bleu, 파리, 2025.
(3) Fabien Desage·David Guéranger, 『몰수된 정치 — 상호지자체 개혁과 제도의 사회학』, Éditions du Croquant, 벨콩브-앙-보주, 2011.
(4) 1차 투표 기준. 코로나19로 인해 2020년 선거는 예외적으로 매우 낮은 투표율 속에서 치러졌다.
(5) Claude Sorbets, 「'지방적 대통령제'라는 표현은 정당한가?」, 'Pouvoirs', 제24호, 파리, 1983.

친시장 공공정책이 키운 '주거위기'

브누아 브레빌 | 〈르몽드 디플로마티크〉 프랑스어판 발행인

다윈 에스타시오 마르티네스 – 「회의」, 2023.

도시마다 주거위기의 양상은 다르다. 그리고 지방선거 시기가 되면, 그에 대한 처방도 제각기 제시된다. 보클뤼즈의 릴쉬르라소르그(L'Isle-sur-la-Sorgue)에서는 후보들이 관광객 대상 단기 임대 규제를 강화하겠다고 약속한다. 이러한 단기 관광 임대가 도심의 기존 거주 주민을 밀어내고 주택 가격을 끌어올리고 있기 때문이다. 모르비앙의 카르나크(Carnac)에서는 문제의 초점이 세컨드하우스에 맞춰져 있다. 일 년 열두 달 가운데 열 달 동안 창문을 닫아둔 채 비어 있는 이 주택들이 전체 주택의 40%를 차지하며, 일부 지역에서는 그 비율이 70%에 이른다. 대도시에서는 임대주택 부족으로 임대료 규제를 둘러싼 논쟁이 다시 불붙고 있다. 반면 느베르나 샤텔로 같은 도시에서는 빈집이 늘어나면서 도심이 활력을 잃고 있다. 원인은 서로 다르지만 결과는 비슷하다. 인간의 가장 기본적인 필요 가운데 하나인 주거가 세계에서 가장 발전한 나라 중 하나인 프랑스에서도 점점 더 해결하기 어려운 문제가 되고 있다.

수치는 이 문제의 규모를 보여준다. 현재 프랑스에는 약 35만 명의 노숙인이 있으며, 이는 2012년의 두 배에 달한다. 또한 약 400만 명이 불량 주택, 위생 시설 부족, 심각한 과밀 거주 등 이른바 '열악한 주거 상태'에 놓여 있다. 여기에 더해 약 1,200만 명이 에너지 빈곤, 임대료 체납, 비교적 완화된 형태의 과밀 거주 등을 겪는 '주거 취약 상태'에 있다.(1)

사회주택을 기다리는 사람도 약 300만 명에 이른다. 이는 10년 전의 180만 명보다 크게 늘어난 수치다. 입주까지 걸리는 기간은 지역에 따라 2개월에서 47개월까지 차이가 난다. 이러한 극단적인 사례를 넘어, 문제는 사실상 거

의 모든 사람에게 영향을 미친다. 주거 비용은 가계 지출에서 단연 가장 큰 비중을 차지한다. 평균적으로 가구 소득의 27%가 주거비로 쓰이며, 일부 민간 임대주택 세입자의 경우 그 비율이 50%에 이르기도 한다.

주택구입 시장에서 밀려난 서민들

그러나 주거비 부담이 항상 이처럼 컸던 것은 아니다. 1950년대부터 2000년대까지 주거비는 가구 소득의 10~15% 수준에 머물렀다. 당시에는 국가가 주택 건설과 국토 개발에 적극적으로 개입했고, 부동산 가격도 대체로 임금 상승과 보조를 맞췄다. 그러나 2000년대 초 이후 상황은 달라졌다. 부동산 가격 상승 속도는 임금 상승 속도의 약 다섯 배에 달했다. 여기에 2022년 금리 상승이 겹치면서 수십만 가구가 주택 구입 시장에서 밀려났다. 이들은 임대시장에 머물 수밖에 없었고, 그 결과 이미 부족한 임대주택 시장에 더 큰 압력이 가해지고 있다.

그럼에도 불구하고 프랑스 국가는 매년 수십억 유로의 예산을 주거 정책에 투입하고 있다. 그러나 정권이 바뀌어도 정책의 기본 방향은 크게 달라지지 않는다. 주택 공급을 공공적으로 확대하기보다는, 가계의 지불 능력을 높여 시장에 접근하도록 만드는 방식, 다시 말해 민간 부문을 지원하는 데 초점이 맞춰져 있기 때문이다. 많은 가정에게 필수적인 개인 대상 주거 보조금은 연간 150억~200억 유로에 이르지만, 현실에서는 이 지원금의 상당 부분이 임대료 인상으로 흡수되는 경우가 많다.

한편 주택 건설 지원 정책 역시 민간 건설과 임대 투자를 확대하기 위한 각종 세제 감면 제도의 복잡한 체계로 이루어져 있다. 결국 이러한 장치는 투자 수익률을 높여 민간 자본을 부동산 시장으로 끌어들이는 역할을 한다. 지난 30년 동안 거의 모든 주택 담당 장관은 자신의 이름을 딴 제도를 하나씩 남겼다. 페리솔(Périssol), 베송(Besson), 보를루(Borloo), 로비앙(Robien), 셀리에(Scellier), 뒤플로(Duflot), 피넬(Pinel) 등이 그 대표적인 사례다. 정권이 바

뀔 때마다 새로운 장관이 등장하고, 그와 함께 또 하나의 세제 혜택 제도가 추가되는 방식이 반복되어 왔다. 현재 주택 정책을 담당하고 있는 뱅상 장브룅 역시 이러한 전통에서 벗어나지 않았다. 그는 최근 '민간 임대인 지위'라는 새로운 제도를 도입했다. 이 제도는 일정한 조건을 충족하는 신규 주택 소유자가 임대 소득의 일부를 세금 신고에서 공제할 수 있도록 하는 내용이다. 다시 말해 민간 임대 투자를 장려하기 위한 세제 혜택 장치다. 사실 이러한 정책 방향은 새로운 것이 아니다. 민간 임대 시장을 활성화하고 투자 수익률을 높이려는 이러한 조치는 오래전부터 부동산 개발업자들이 요구해 온 정책이기도 하다.

이러한 조치들은 주택 가격 상승을 억제하는 데 별다른 효과를 거두지 못했다. 오히려 토지가 비교적 저렴한 중소도시로 자본을 유도하면서 지역 간 격차를 확대하는 결과를 낳았다. 그 과정에서 주거 수요가 집중된 지역은 정책의 혜택에서 오히려 소외되는 상황이 나타났다.(2) 한편 사회주택의 건설과 개보수에 대한 국가의 직접적인 참여는 계속 축소돼 왔다. 뱅상 장브룅 장관이 최근 발표한 예산안도 '충격 요법'으로 소개됐지만, 에마뉘엘 마크롱 대통령 취임 이후 이어진 예산 삭감의 일부를 보완하는 수준에 그쳤다. 이 같은 상황에서 지방자치단체장이 행사할 수 있는 권한은 제한적이다. 시장은 건축 허가를 내주고 도시계획을 수립할 수 있으며, 임대료를 부분적으로 규제하거나 관광용 단기 숙박 임대를 제한할 수도 있다. 그러나 주택 문제를 낳는 구조적 요인은 이들의 통제 범위를 넘어서는 경우가 많고, 지방 재정 역시 넉넉하지 않은 상황이다.

주거 위기가 초래하는 '숨겨진 비용'

그럼에도 이러한 정책은 문제의 중요성에 비추어 볼 때 충분히 논의되지 않고 있다. 주택은 단순한 상품이 아니다. 인간의 일상 대부분이 이루어지는 공간이자 휴식과 사회적 관계, 가족 형성이 이루어지는 장소다. 또한 건강, 학업 성취, 고용, 출산율, 이동성, 사회적 결속 등 다양한 영역에

영향을 미친다. 따라서 이 분야의 실패는 막대한 사회적 비용으로 이어진다. 영미권에서는 주거 위기가 다른 공공정책 분야에 미치는 연쇄적 영향을 분석한 연구가 다수 존재한다. 그러나 프랑스에서는 몇몇 선구적인 연구에도 불구하고 이 문제가 여전히 충분히 다루어지지 않았으며, 주거 위기가 초래하는 '숨겨진 비용' 또한 널리 인식되지 못하고 있다.

먼저 직접적이고 눈에 보이는 즉각적인 비용부터 살펴볼 필요가 있다. 공공 부문에서는 개인 대상 주거 보조금, 강제 퇴거 예방 정책, 노숙인을 위한 긴급 주거 시설, 에너지 효율 개선 프로그램 등이 이에 해당한다. 이러한 지출은 근본적인 문제 해결보다는 위기를 반복적으로 관리하는 정책과 결합되면서, 매년 국가 재정에 상당한 부담을 준다. 그러나 부담은 가계에도 전가된다. 임대료나 주택 대출 상환, 에너지 비용이 가구 소득에서 차지하는 비중이 점점 커지면 사람들은 다른 지출을 줄일 수밖에 없다. 때로는 식료품, 의료, 교육, 여가와 같은 필수적인 소비까지 줄여야 하는 상황에 놓인다. 이런 점에서 높은 주거비는 사실상 토지 소유자에게 지급되는 일종의 '민간 세금'처럼 작용하며, 소비를 위축시키고 경제 활동을 둔화시키는 요인이 된다. 둔화시킨다.

이러한 눈에 보이는 비용 외에도, 측정하기는 어렵지만 사회 전반에 영향을 미치는 간접적인 파급 효과가 있다. 무엇보다 주거 환경은 개인의 신체적·정신적 건강에 큰 영향을 미친다.(3) 습기가 많고 환기가 잘되지 않으며 곰팡이가 번식하는 주택에 거주할 경우 천식, 기관지염, 비염, 알레르기, 습진 등 호흡기와 피부 질환의 위험이 높아진다. 과밀 거주와 소음은 수면을 방해해 피로와 불안을 유발하고, 임대료를 제때 납부하지 못할지 모른다는 불안은 우울 증상을 악화시키기도 한다. 영국 브리스톨에서 진행된 연구는 이러한 문제를 잘 보여준다. 연구에 따르면 주거 환경 개선에 200만 파운드를 투자할 경우 의료 시스템에서 약 300만 파운드의 비용 절감 효과를 얻을 수 있는 것으로 나타났다.(4)

주거 환경은 교육에도 조용하지만 중요한 영향을 미친다. 열악한 주거 환경에 놓인 아이들은 질병에 더 자주 걸려 학교를 결석하는 일이 많고, 이는 학업 성취도에도 부정적인 영향을 준다. 소음과 과밀 거주는 어린이의 학습 능력과 기억력을 떨어뜨리며, 공부할 공간이 부족한 환경은 유급 위험을 높인다. 프랑스 경제학자 피에르 마데크는 "과밀 주택에 사는 학생은 적절한 주거 환경에 사는 학생보다 학업 실패를 겪을 가능성이 1.5배 높다"고 분석한다.(5) 높은 임대료 역시 많은 대학생이 학업보다 장시간 아르바이트에 매달리게 만드는 요인이다. 그러나 학업 중단이나 유급은 단기적으로 공공 재정에 부담을 주고, 장기적으로는 실업과 불안정 노동의 증가로 이어지면서 사회 전체에 비용을 남긴다.

중간 수준의 임금 근로자, 평균 주거 면적 3㎡ 축소

주거 위기는 인구 구조에도 영향을 미친다. 주거 공간이 부족해지면서 많은 부부가 출산 계획을 미루거나 포기한다. 경제학자 막심 스바이흐는 "프랑스 대도시에서 중간 수준의 임금을 받는 젊은이는 지난 20년 동안 평균 주거 면적이 3㎡ 줄었다"고 지적한다.(6) 미국에서도 비슷한 현상이 나타난다. 경제학자 벤자민 쿠야르에 따르면, 주거비 상승으로 1990년부터 2020년 사이 출생률이 11% 감소했다. 임대료 상승이 없었다면 추가로 200만 명의 아이가 태어났을 것이라는 분석도 있다.(7) 부동산 가격 급등은 이처럼 저출산을 심화시키고, 그 결과 이미 공공 재정에 부담을 주고 있는 인구 고령화를 더욱 가속화한다.

주거 위기의 영향은 환경 문제에서도 나타난다. 프랑스에는 500만 채가 넘는 이른바 '열 에너지 누수 주택'이 존재하며, 이는 상당한 에너지 낭비를 초래한다. 또한 높은 주거 비용은 도시의 외연 확산을 촉진한다. 일부 가구가 도심에서 멀리 밀려나면서 자동차 의존도가 높아지기 때문이다. 난방 효율이 더 낮은 단독주택이 늘어나면서 국토 이용의 비효율도 커지고 있다.

마지막으로, 열악한 주거 환경은 수치로 계산하기 어려

운 정치적 효과를 낳는다. 지속적인 긴장 속에서 부동산 시장은 이제 경쟁의 장처럼 작동한다. 서민 계층은 점점 희귀해진 자원-사회주택, 각종 지원, 가용 토지-을 놓고 서로 경쟁해야 한다. 이 과정에서 제로섬 게임이 형성된다. 한쪽이 얻는 것은 다른 쪽이 빼앗긴 것으로 여겨지며, 이는 배분 절차뿐 아니라 제도 전반에 대한 불신을 키운다. 논쟁의 초점은 더 이상 단순한 주택 부족 문제가 아니라, 누가 혜택을 받아야 하는가로 옮겨가고 있다. 그 과정에서 '국민 우선'과 같은 담론도 확산되고 있다.

결국 주거 정책에서 가장 비용이 큰 정책은 아무것도 하지 않는 것이다. ⒧ⅅ

글 · 브누아 브레빌 Benoît Bréville
〈르몽드 디플로마티크〉 프랑스어판 발행인

(1) 「2026년 프랑스 열악한 주거 실태에 관한 제31차 보고서」, Fondation pour le logement des défavorisés, 파리, 2026년 1월 29일.
(2) Julie Pollard, 「국가, 부동산 개발업자, 그리고 시장 — 주택 정책의 형성」, Presses de Sciences Po, 파리, 2018년.
(3) David Ormandy(편), 「유럽의 주거와 건강 — WHO LARES 프로젝트」, Routledge, 런던, 2009년.
(4) Juliette Baronnet, 「열악한 주거의 경제적·사회적·보건적 비용」, 〈Recherche sociale〉, 제204호, 파리, 2012년.
(5) Pierre Madec, 「열악한 주거의 경제적·사회적 비용은 어떻게 측정할 것인가」, 〈Revue de l'OFCE〉, 제146권 제2호, 파리, 2016년.
(6) 「회의 보고서 제11호」, 프랑스 출산율 감소의 원인과 결과에 관한 정보조사단, 프랑스 국회, 2025년 12월 10일.
(7) Benjamin Couillard, 「Build baby, build: 주거가 출산율을 어떻게 형성하는가」, 토론토대학교 경제학부, 2025년 11월 14일.

르몽드 디플로마티크 구독 안내

홈페이지 바로가기

정가 1만 8,000원	1년 10% 할인	2년 15% 할인	3년 20% 할인
종이	21만 6,000원 19만 4,400원	43만 2,000원 36만 7,200원	64만 8,000만원 51만 8,400원
온라인	1년 13만원	2년 25만원	3년 34만원
	1년 13만 원, 1개월 2만원, 1주일 1만 5,000원 * 온라인 구독 시 구독기간 중에 창간호부터 모든 기사를 보실 수 있습니다. * 1주일 및 1개월 온라인 구독은 결제 후 환불이 불가합니다(기간 변경 및 연장은 가능)		
계좌 안내	신한은행 140-008-223669 ㈜르몽드코리아 계좌 입금 시 계좌 입금 내역 사진과 함께 〈르몽드 코리아〉 본사에 문의를 남겨주시거나, 전화/메일을 통해 구독 신청을 해주셔야 구독 신청이 완료됩니다.		
마니에르 드 부아르	낱권 1만 8,000원		7만 2,000원 6만 5,000원
크리티크 M	낱권(1~10호) 1만 6,500원		

르몽드 디플로마티크를 구독하시면 이북(E-book) 열람과 8만 8,000원 상당의 아트앤스터디 온라인 인문학 강의 수강권을 드립니다.

몽펠리에, 대중교통 무료 정책에 승부를 걸다

버스와 트램을 무료로 만든 최초의 대규모 도시권인 몽펠리에에서는 대중교통 이용이 크게 늘고 있다. 이러한 정책은 단기적으로 정치적 성공을 거두고 있지만, 장기적으로는 지방 재정에 부담을 줄 가능성도 있다. 시민들의 이동 방식을 지속적으로 친환경 교통수단으로 전환하려면 질 높은 교통 서비스가 뒷받침돼야 하기 때문이다. 그럼에도 이러한 사회적 정책은 도시에서 자동차가 오랫동안 누려온 특권에 도전하고 있다.

필리프 데캉 | 언론인

"2018년과 2019년 프랑스 사회에서는 두 가지 중요한 사건이 있었다. 바로 '노란 조끼' 시위와 청년들의 기후 행진이다. 이에 대한 정치적 해답을 찾는 과정에서 나는 대중교통 무료화에 관심을 갖기 시작했다." 2020년 몽펠리에 시장이자 대도시권 의장으로 선출된 사회당 소속 미카엘 들라포스는 이 정책을 자신의 핵심 공약으로 내세웠다. 그는 선거 공보물에서도 이 정책을 강조하며, 자신의 선택을 뒷받침하기 위해 앙리 르페브르의 '도시에 대한 권리'를 언급한다. 들라포스는 이 정책이 "사회적 정의, 생태 전환, 지역 간 결속을 연결하는 구조적 선택"이라고 설명한다. 몽펠리에의 빈곤율은 28%로, 프랑스 전체 평균인 15.4%보다 훨씬 높은 수준이다.(1)

뉴욕에서 클레르몽페랑까지, 탈린에서 퍼스에 이르기까지 공공서비스 무료화는 도시 정책에서 점점 중요한 주제로 떠오르고 있다. 학교 급식, 보육시설, 박물관 등이 대표적인 사례다. 다만 도시 교통 분야에서의 '무료 정책'은 대부분 특정 집단만을 대상으로 한다. 주말 이용객이나 관광객, 청소년, 노인, 실업자 등이 여기에 해당한다. 모든 시민에게 적용되는 전면 무료 정책은 비교적 드문 편이다. 예를 들어 프랑스 아르투아 지역의 150개 지방자치단체에서는 올해 1월 1일부터 이러한 제도가 시행되고 있다(지도

다르윈 에스타시오 마르티네스 – 「믿는 자」, 2016

참조). 몽펠리에에서는 처음에는 부분적으로 도입된 무료화 정책이 2023년 12월부터 대도시권 주민 52만9천 명 전체를 대상으로 확대됐다.

"2019년 이후 이용객 39% 증가"

몽펠리에 대도시권이 설립한 '이동성 관측소'는 최근 첫 조사 결과를 발표했다. 평일 기준으로 개인 승용차를 이용하는 주민 비율은 2019년 70%에서 2025년 51%로 감소한 것으로 나타났다.(2) 중심 도시인 몽펠리에 시에서도 같

은 기간 58%에서 45%로 줄었다. 이 감소분은 주로 도보, 자전거, 대중교통 이용 증가로 이어졌다. 도보 이동 비율은 대도시권 전체에서 17%에서 28%로, 중심 도시에서는 21%에서 29%로 늘었다. 자전거 이용 비율도 각각 4%에서 6%, 5%에서 8%로 증가했다. 대중교통 이용 비중 역시 확대됐다. 2025년에는 대도시권 전체 이동의 15%를 차지해 6년 전의 10%보다 높은 수치를 기록했다. 중심 도시에서도 같은 기간 17%에서 19%로 증가했다. 몽펠리에 대도시권에서 교통 및 친환경 이동 정책을 담당하는 부의장 쥘리 프레슈는 "2019년 이후 대중교통 이용객이 39% 증가했다"며 "이 정책이 기적 같은 해결책이라고 말할 수는 없지만 시민들의 이동 습관 변화를 지원하는 긍정적인 조치라고 생각한다"고 말했다. 그는 이어 "프랑스 전체적으로 보면 교통수단별 이용 비율은 거의 변하지 않고 있다"고 덧붙였다.

대규모 산업이 거의 없는 이 대도시권에서는 대기오염의 대부분이 도로 교통에서 발생한다. 질소산화물의 82%, 온실가스의 66%가 도로 교통에서 배출된다.(3) 물론 차량 성능 개선으로 이러한 배출량은 점차 감소하고 있지만, 그 이유가 그것만은 아니다. 오크시타니 지역 대기질 관측기관인 아트모 오크시타니의 사무총장 도미니크 틸라크는 "2019년 이후 인구가 5% 증가했음에도 불구하고 차량 이동 거리는 오히려 감소하는 추세가 나타난다"고 설명한다. 그는 또 2020년 이후 자동차 이용 행태와 이를 뒷받침하는 공공정책에서 전반적인 변화가 나타났다고 분석한다.

무료 대중교통, '절반의 성공'인가

몽펠리에의 실험 이전에는 대도시에서의 '완전 무료' 대중교통 정책에 대해 거의 모든 관련 기관이 회의적인 입장을 보였다. 프랑스 교통 이용자 연합을 비롯해 도보·자전거 등 '능동적 이동수단' 전문가들, 그리고 회계감사원까지 대부분이 비판적이었다. 회계감사원은 지금도 요금 인하나 무료 정책이 "도시 대중교통 재정에 부담을 가중시킨다"며

강하게 비판한다. 이 기관의 입장은 단순하다. 이용자 요구나 환경적 효과, 사회적 형평성 등 요금 인하를 정당화할 수 있는 여러 주장들이 "대체로 근거가 부족하다"는 것이다.(4) 회계감사원은 심지어 국가가 보조금을 지급할 때 이용자 부담 비율에 따라 지원 규모를 조정해, 이러한 정책을 추진하는 지방정부를 사실상 제재해야 한다고까지 권고한다. 몽펠리에 사례에 대한 '최종 의견'에서도 회계감사원은 재정 손실 가능성을 우려했다. 2019년 기준으로 대중교통 운영비의 37%가 이용자 요금으로 충당됐기 때문이다. 2024년 6월에 실시한 조사(공사 기간 중에 진행된 조사였다)를 바탕으로 회계감사원은 이번 정책의 성과를 "절반의 성공"으로 평가했다. 대중교통 이용은 20% 증가했지만, 증가분이 "대도시 중심부와 출퇴근 시간대에 집중되면서 교통망 혼잡이 심화됐다"는 것이다. 또한 새로 늘어난 이동의 39%는 도보·자전거·전동 킥보드 이용에서 전환된 것이었으며, 자동차나 오토바이 이용 감소에 따른 이동은 33%에 그쳤다고 분석했다.(5)

무료 대중교통을 떠받치는 '이동성 부담금'

"우리는 수입을 포기하는 것이 아닙니다. 오히려 안정적으로 늘어나는 재원이 있습니다." 몽펠리에 메디테라네 메트로폴 재정 담당 부의장이자 자쿠 시장인 르노 칼바는 이렇게 말했다. 그는 칠판 앞에 서서 분필로 연도별 재정 변화를 설명하며, 대중교통 무료화로 줄어든 수입이 이동성 부담금 증가로 보전되고 있다고 강조했다. 이 부담금 수입은 2020년 8,500만 유로(약 1,230억 원)에서 2025년 약 1억2,500만 유로(약 1,810억 원)로 증가했다. 그는 "VM은 직원 10명 이상을 고용한 기업의 임금 총액에 일정 비율을 부과하는 제도"라며 "몽펠리에의 경제적 매력도가 높아지면서 새로운 기업이 유입되고, 기존 소규모 기업들도 직원 수가 늘어 기준을 넘게 되면서 재원이 증가했다"고 설명했다. 세율 자체는 변하지 않았기 때문에 기업의 부담이 늘어난 것은 아니다. 오히려 대중교통이 무료가 되면서 기업이

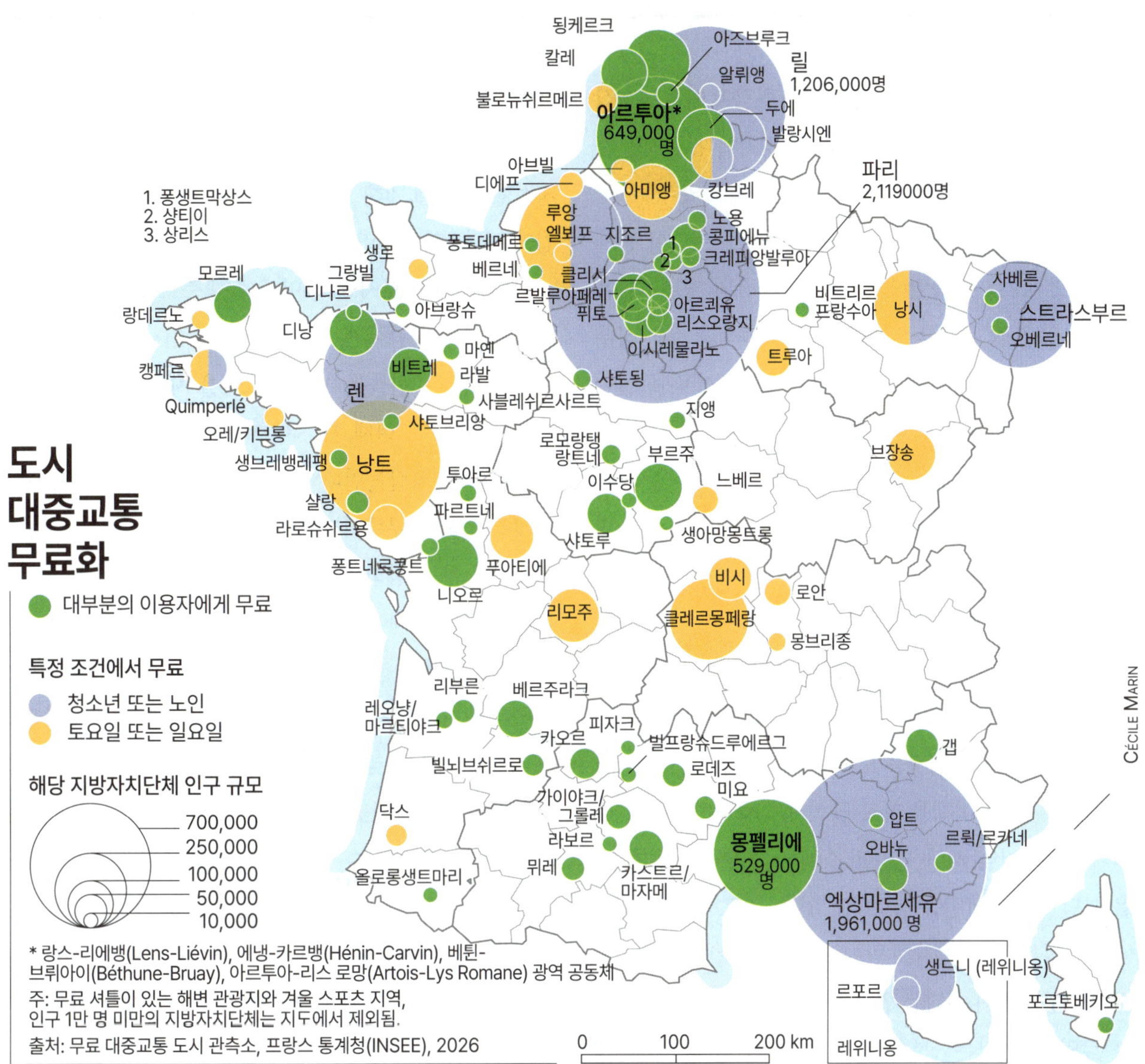

* 랑스-리에뱅(Lens-Liévin), 에냉-카르뱅(Hénin-Carvin), 베튄-브뤼아이(Béthune-Bruay), 아르투아-리스 로망(Artois-Lys Romane) 광역 공동체
주: 무료 셔틀이 있는 해변 관광지와 겨울 스포츠 지역, 인구 1만 명 미만의 지방자치단체는 지두에서 제외됨.
출처: 무료 대중교통 도시 관측소, 프랑스 통계청(INSEE), 2026

직원의 교통 정기권 비용 일부를 보전해야 하는 의무가 사라져 기업의 부담은 줄었다.

무료 정책은 모두에게 제공, 그래야 모두에게 이익

회계감사원에 제출한 서면 답변에서 몽펠리에 시장 미카엘 들라포스는 이를 "정치적 선택"이라고 강조했다. 그는 "대중교통 무료화는 대중교통을 보편적이고 이해하기 쉬운 공동재로 만든다"며 "현행 제도의 두 가지 한계를 바로잡는다"고 주장했다. 첫째는 사회적 요금 할인 제도가 존재하지만 행정 절차나 정보 부족 등으로 인해 실제로 이를 이용하지 못하는 사람이 적지 않다는 점이다. 둘째는 중산층이 이러한 지원 제도에서 종종 제외되면서 제도가 불공정하게 느껴진다는 점이다. 그렇다면 비용을 부담할 능력이 있는 사람들에게는 요금을 부과해야 하는 것 아닐까. 이에 대해 칼바 부의장은 이렇게 답했다. "이와 비슷한 논쟁은 1885년 공교육을 둘러싸고도 있었다. 진정한 인식의 변화를 만들려면 무료 정책은 모두에게 제공되어야 한다. 그것이 결국 모두에게 이익이 되기 때문이다."

이 정책의 성공은 동시에 교통망 혼잡과 버스·트램 운행 속도 저하를 초래하기도 했다.(6) 몽펠리에 대중교통 운영사 TaM(몽펠리에 대도시권 교통) 노사협의회에서 활동하는 포스 우브리에 노조의 로랑 뮈르시아 서기는 이렇게 말했다. "이용객이 39%나 늘었는데 근무 환경이 어떨지 상상해 보라. 홍보 측면에서는 분명 성공적인 정책이다. 하지만 차량이 부족한 상황에서 우리는 과중한 업무를 겪고 있다."

2026년 지방선거를 앞둔 선거운동에서도 이러한 문제는 주요 쟁점으로 떠올랐다. 들라포스 시장의 경쟁자들은 특히 교통망 혼잡 문제를 강조하고 있다. 녹색당 소속 장루이 루메가스는 "대중교통 무료화가 시민의 구매력을 높이는 데 도움이 된 것은 사실"이라면서도 "트램 노선이 지나치게 혼잡해 승객들이 승강장에 남겨지는 경우도 있었다"고 지적했다. 좌파연합(LFI) 소속 나탈리 오지올 역시 준비 부족을 문제로 꼽는다. 그는 "단계적인 준비가 부족해 무료 정책이 두 가지 문제에 부딪히고 있다"며 "운행 빈도가 줄고 서비스의 질도 떨어지고 있다"고 말했다. 다만 이러한 좌파 경쟁자들도 대중교통 무료화를 되돌리겠다는 입장은 아니다. 보다 독특한 입장을 보이는 억만장자 사업가 모헤드 알트라드는 이 정책을 학교 급식까지 확대하겠다고 주장한다. 한편 전임 시장 필리프 소렐은 '초부유층'에게 비용을 부담시키는 방안을 검토하고 있다. 중도 정당인 모뎀(Modem)과 UDI의 지지를 받는 이자벨 페랭만이 부분적 유료화로 돌아가야 한다는 입장을 분명히 밝혔다. "모든 것이 무료일 수 있다는 믿음을 언제까지 시민들에게 심어줄 수 있겠습니까? 그것은 현실적으로 불가능합니다."

대중교통 수요는 무엇보다 서비스의 질에 달려 있다

이 문제를 다룬 여러 연구에서 공통적으로 나타나는 결론이 있다. 대중교통 수요는 무엇보다 서비스의 질에 좌우된다는 점이다. 몽펠리에 대도시권의 교통 담당 부의장 쥘리 프레슈는 "대중교통 무료화의 효과는 서비스 확대와 분리해 생각할 수 없다"며 "우리 임기 동안 교통 공급은 8% 증가했다"고 설명했다. 그는 이를 '종합적인 이동 정책'이라고 강조했다. 몽펠리에 시정은 카풀을 장려하고 트램 1호선을 몽펠리에 쉬드 드 프랑스 TGV역까지 연장했으며, 2025년 12월에는 길이 16km의 트램 5호선을 개통했다.

다만 2020년에 약속했던 간선급 버스 노선(BHNS) 5개 가운데 실제로 개통된 것은 하나뿐이라고 나탈리 오지올은 지적했다. 이에 대해 프레슈 부의장은 토지 확보 문제로 사업이 지연됐다고 설명했다.

몽펠리에 대도시권 주민에게 대중교통은 '완전 무료'이지만 모든 사람에게 적용되는 것은 아니다. 방문객이나 주변 도시권 주민들은 여전히 요금을 지불해야 한다. 장루이 루메가스는 "현재 자동차 이용자의 상당수가 도심 외곽에서 오는 사람들인데, 이들에게는 대중교통 이용을 유도하는 정책이 부족하다"며 대도시권에서 일하는 사람들에게까지 무료 정책을 확대해야 한다고 주장한다. 몽펠리에 대중교통 체계에는 오래된 지방자치 갈등의 흔적도 남아 있다. 트램 노선은 해변에서 불과 3km 떨어진 페롤스(Pérols)에서 끝난다. 이는 1977년부터 2004년까지 몽펠리에 시장을 지낸 조르주 프레슈 시절부터 이어진 지방 간 갈등의 상징적인 사례로 꼽힌다. 들라포스 시장은 "다른 지방자치단체도 참여할 수 있도록 TaM을 지방 공기업으로 전환했다"며 "이미 몽타르노(Montarnaud) 주민들은 이 제도 덕분에 무료 대중교통 혜택을 받고 있다"고 설명했다.

지방선거 논쟁은 대중교통에 집중돼 있지만, 자동차 이용을 줄이는 핵심이 반드시 이 분야에만 있는 것은 아니다. 대중교통 서비스를 추가로 확대하는 데에는 막대한 비용이 들기 때문이다. 오히려 도보나 자전거 이용을 촉진하는 도시 설계가 비용 대비 효과가 더 크다. 몽펠리에 시정도 이러한 점을 인정하고 있다. 르노 칼바(Renaud Calvat)는 "트램 6호선 계획은 없다"고 단언했다. 현재 몽펠리에의 이동 계획은 2032년까지 자동차 이용 비중을 전체 이동의 45% 수준으로 줄이는 것을 목표로 한다. 이 가운데 13%는 카풀로 전환하고, 대중교통과 도보 이용은 각각 20%, 자전거 이용은 15%까지 확대한다는 계획이다.

시민의 힘이 바꾼 자전거 정책

몽펠리에 도심에서는 오래전부터 넓은 보행자 구역이

조성돼 보행자들이 큰 혜택을 누려 왔다. 자전거 정책의 전환점은 2018년 가을에 찾아왔다. 당시 시장이던 필리프 소렐이 자전거 이용자를 경시하는 발언을 했기 때문이다. 그는 한 기자에게 "두 사람만 이용하는 시설을 만드는 것이 과연 바람직한 일일까요?"라고 말했다. 이 발언은 곧바로 시민들의 반발을 불러왔다. 천 명이 넘는 자전거 이용자들이 시청 앞에 모여 "나는 그 두 명의 자전거 이용자 중 한 명이다…"라는 구호를 외치며 항의 시위를 벌였다. 자전거 단체 벨로시테(Vélocité)의 대변인 니콜라 르 무안은 이 일을 계기로 단체 회원이 100명 남짓에서 1천 명 이상으로 늘었다고 말한다. 그는 "이 같은 아래로부터의 시민 동원이 공공 논쟁에 큰 영향을 미쳤다"며 "몽펠리에는 원래 자전거 문화가 거의 없었지만, 시민들의 요구가 커지면서 소렐 시장과 이후 들라포스 시장이 덴마크 전문가들과 협력해 자전거 정책을 추진하게 됐다"고 설명했다.

그 결과는 분명하게 나타나고 있다. 거의 아무 기반도 없던 상황에서 출발했지만, 몽펠리에 대도시권은 그르노블이나 스트라스부르 같은 이른바 '선도 도시'들이 겪었던 큰 시행착오를 상당 부분 피할 수 있었다. 6년도 채 되지 않는 기간 동안 비교적 일관된 자전거 도로망이 구축됐고, 코메디 광장 지하 도로를 자전거 전용 통로로 전환하는 상징적인 변화도 이루어졌다.

물론 해결해야 할 문제도 남아 있다. 특히 교차로에서 자전거 도로의 연결성이 떨어진다는 지적이 나온다. 트램에 자전거를 실을 수 없는 점도 이용자들에게 불편으로 꼽힌다. 장기 대여형 공공 자전거 서비스가 없는 것도 한계다. 반면 전기 자전거 구매를 장려하는 비교적 비용이 큰 보조 정책은 시행되고 있다. 결국 몽펠리에 사례는 대중교통 무료화가 도보나 자전거 같은 능동적 이동수단의 확산을 방해하지 않았음을 보여준다.

'공짜' 논쟁과 교통의 숨은 비용

"세상에 공짜는 없다"는 말을 반복하는 사람들에게 들라포스 시장은 이렇게 반박한다. "도로 유지·관리 비용만 해도 대도시권에서 매년 7,900만 유로(약 1,150억 원)가 듭니다. 상당한 금액이지만, 이런 예산에 대해 문제를 제기하는 사람은 거의 없습니다." 여기에 자동차 중심 교통체계가 초래하는 외부 비용도 고려할 필요가 있다. 자동차 이용으로 발생하는 건강 피해와 사회적 비용, 환경오염의 대가가 그것이다. 아직 추가 검증이 필요하지만, 몽펠리에의 초기 성과는 온실가스와 대기오염을 줄이기 위한 국가 목표를 어떻게 달성할 수 있을지 다시 생각하게 한다. 르노 칼바 부의장은 "이동성 부담금은 내가 보기에 가장 효과적인 재원 가운데 하나"라며 "특정 지출에 직접적으로 연결되는 세원이기 때문"이라고 설명했다. 이 부담금은 일드프랑스 지역에서 이미 3.2%까지 인상돼 운영되고 있다. 이 지역에서는 프랑스 전체 도시 이동의 약 75%(여객 이동 거리 기준)가 이루어진다. 만약 같은 세율이 다른 지역에도 적용된다면, 현재 2%로 제한된 나머지 21개 대도시권의 재정 운용 여지도 크게 확대될 수 있다. **Lᴅ**

글 · **필리프 데캉 Philippe Descamps**
언론인, 지리학 연구자

(1) 「2023년 생활수준과 빈곤」, INSEE Première, 제2063호, 몽트루주, 2025년 7월 7일.
(2) 몽펠리에 메디테라네 메트로폴, 모빌리티 메트릭스와 협력해 이동성 관측소 자료를 바탕으로 작성한 내부 보고서.
(3) 「몽펠리에 메디테라네 메트로폴 지역의 오염물질 배출 현황과 주요 배출 부문 분석」, 아트모 오크시타니, 2025년 7월.
(4) 「도시 대중교통 재원 조달에서 이용자 부담의 역할」, 프랑스 회계감사원, 파리, 2025년 9월.
(5) 「몽펠리에 메디테라네 메트로폴 사례」, 프랑스 회계감사원 최종 의견서, 2025년 9월 17일 심의, www.ccomptes.fr
(6) TaM(몽펠리에 대도시권 교통) 위탁운영사 2024년 연례 보고서.

'사회주의 도시'를 건설할 수 있을까?

알렉시아 블랭 | 역사학자

"지방자치단체는 프롤레타리아트의 자연스러운 거점이다. 바로 그곳에서, 우선적으로, 노동계급은 자신의 힘을 드러낼 것이다." 1904년 시모어 스테드먼(Seymour Stedman)은 이렇게 주장했다. 일리노이 출신의 이 사회주의자에게 도시는 자본주의에 맞서는 효과적인 투쟁의 핵심 공간이 될 수 있었다. 그의 목소리는 결코 고립된 것이 아니었다. 이는 1880년대에서 1920년대 사이 미국과 유럽(스웨덴에서 이탈리아까지), 그리고 호주와 뉴질랜드에서 활발하게 전개된 강력한 국제적 흐름을 반영하는 것이었다. 파리 코뮌이라는 결정적 사건 이후 수십 년 동안 사회주의자들은 수백 개의 도시에서 지방 권력을 장악했고, 공공생활을 민주화하며 노동자들의 생활 조건을 개선했다.

이러한 확산은 무엇보다 경제적·인구학적 조건과 관련이 있었다. 제2차 산업화의 영향으로 프롤레타리아트 인구는 급격히 늘어났고, 이들은 특정 도시나 노동자 거주 지역에 집중되었다. 프랑스의 경우 1871년부터 1931년 사이 파리 교외 인구가 40만 명에서 200만 명 이상으로 증가하면서 이 지역은 이른바 '붉은 벨트(ceinture rouge)'라는 정치적 기반을 형성했다. 이러한 공동 생활 공간에서는 부르주아지와 프롤레타리아트를 가르는 간극이 노동 현장보다 더욱 선명하게 드러났다. 동시에 이 시기는 노동계급이 국가 정치 무대에 본격적으로 등장한 시기이기도 했다. 노동자 정당들은 대중 조직으로 성장했고, 선거 제도에 참여하면서 지방 행정을 담당할 정치 인력을 갖추게 되었다.

지방 사회주의는 단일 도시에서 만들어진 것이 아니라 세 대륙에 걸친 광범위한 네트워크 속에서 형성되었다. 이러한 관계는 제2인터내셔널을 통해 구축되었으며, 1900년 파리 대회에서는 지방자치 프로그램을 마련할 것을 권고하는 결의가 채택되었다. 동시에 논쟁과 정책 실험은 국경을 넘어 확산되었다. 경제학자 에드가 밀로(Edgard Milhaud)는 1908년 『직영 공공서비스 연보(Les Annales de la régie directe)』를 창간해 필수 공공서비스의 시영화 문제를 둘러싼 논의를 촉진했다.(1) 또한 사회주의 언론 역시 중요한 역할을 했다. 예를 들어 독일 사회민주당(SPD)은 지방 문제를 전문적으로 다루는 잡지 〈코무날레 프락시스(Kommunale Praxis)〉를 발간해 각지에서 진행되는 다양한 경험을 소개했다.

선출직 정치인들과 강력한 대중 조직, 즉 노동조합과 협동조합 사이의 유기적 관계는 지방 사회주의를 강화했다. 영국에서는 노동조합 조직에서 출발한 독립노동당(Independent Labour Party)이 1890년대에 이른바 '독점 산업의 시영화(municipalisation des monopoles)'를 추진했다. 협동조합 운동 역시 중요한 인력 기반이 되었다. 벨기에에서는 노동당 소속 지방 정치인들이 행정과 경영 경험을 갖춘 인력을 확보하기 위해 협동조합 인사들을 적극적으로 영입했다.

이처럼 1880년대 이후 형성된 지방 사회주의는 지역적이면서 동시에 국제적인 성격을 띠었다. 이 운동은 두 가지 과제에 직면했다. 첫째, 노동계급을 지방 정치의 영역으로 다시 끌어들이는 것이었다. 실제로 투표권 제한은 국가 차원보다 지방 차원에서 더 강하게 적용되는 경우가 많았다. 1893년 벨기에에서는 사회주의자들이 총파업을 통해 남성 보통선거권과 도시 수준의 비례대표제를 쟁취했으며, 이

두 가지 개혁 덕분에 여러 지방에서 권력을 장악할 수 있었다. 프랑스의 경우 민주화는 공공 공간을 다시 점유하고 공화주의와 혁명 전통을 기념하는 기념물을 세우는 방식으로도 이루어졌다.

도시를 장악하기 위해 나선 사회주의자들은 또 다른 목표도 가지고 있었다. 바로 노동자들의 생활 조건을 즉각적으로 개선하는 일이었다. 이 과제는 특히 중요했다. 1890년대와 1910년대 산업 국가들이 생활비 상승 위기를 잇달아 겪었기 때문이다. 이 시기에 이루어진 대표적인 조치는 여러 공공 서비스의 시영화였다. 물, 가스, 전기, 대중교통 등이 그 대상이었다. 그러나 벨기에, 프랑스, 이탈리아에서는 이보다 더 다양한 정책이 추진되었다. 지방 정치인들은 빈곤층을 위한 교육 기관 설립, 어린이 무료 급식과 의복 제공, 사회주택 건설, 공공 상점 운영 등의 프로그램을 제안했다. 동시에 지방 공무원의 노동 조건을 개선하기 위한 개혁도 추진되었다. 하루 8시간 노동과 최저임금 보장이 그것이다.(2)

집단주의의 싹

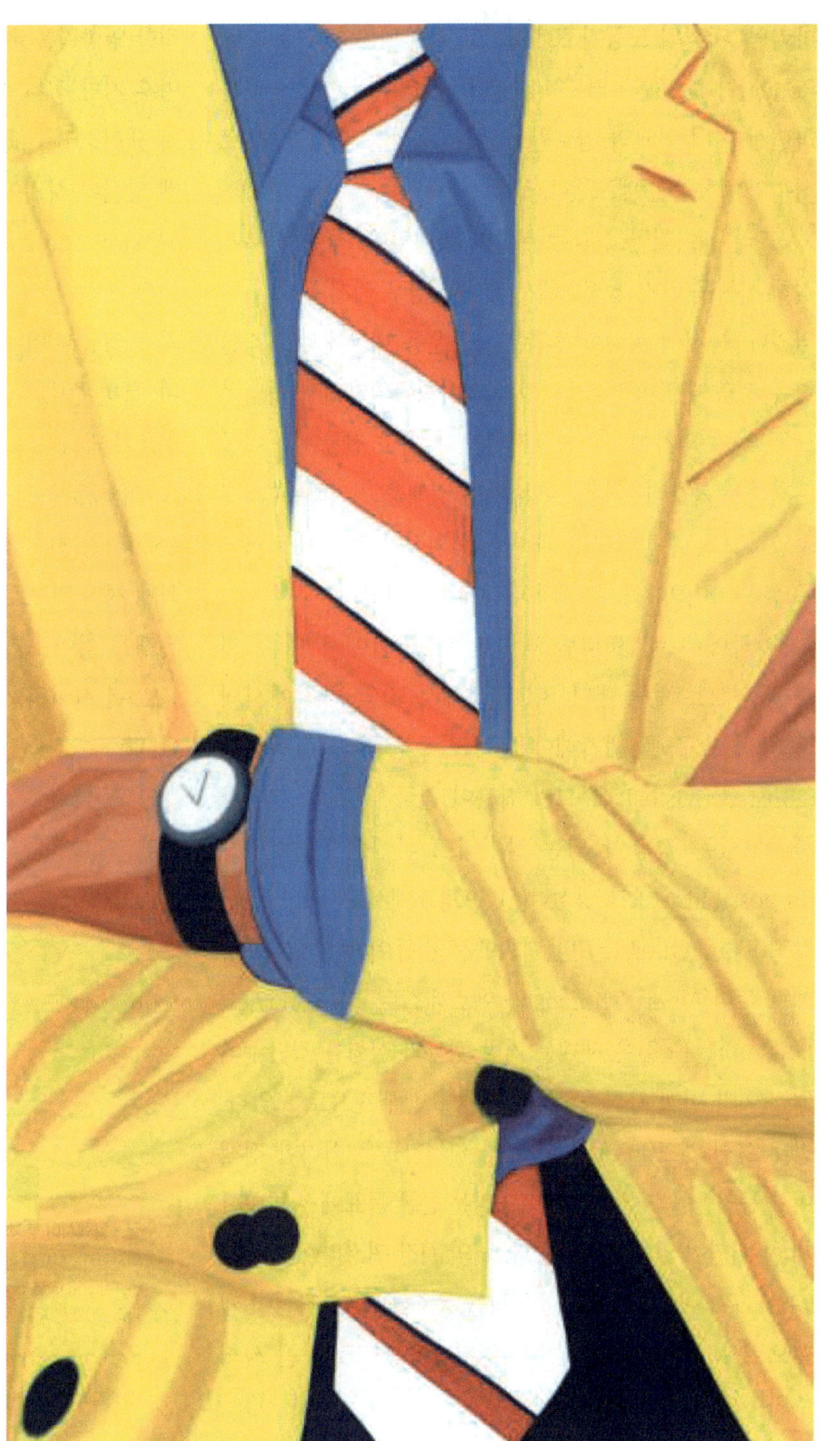

아윈 에스타시오 마르티네스 –「노란 양복」, 2024

이러한 정책은 대부분 전면적으로 시행되지는 못했지만 점차 성과를 내기 시작했다. 미국 밀워키에서는 1910년부터 1912년까지 첫 사회주의 시정이 들어서면서 공중보건과 위생 정책이 강화되었고, 그 결과 빈민 지역의 영아 사망률이 50% 감소했다. 또한 공공사업을 추진하고 공원과 공공 목욕탕을 조성했으며, 노동자들을 위한 교향악 연주회도 개최했다. 프랑스에서는 센-앵페리외르(현재의 센

마리팀) 지역의 노동자 도시 소트빌레루앙(Sotteville-lès-Rouen)이 1896년부터 1914년 사이 사회주의 시장을 선출하면서 여러 학교와 양로원, 공공 도축장을 세웠고, 무료 식수와 학용품을 배포했다.(3)

그러나 이러한 성과는 취약한 것이었다. 상위 정부가 정책 시행을 막거나 선거에서 패배할 경우 쉽게 무너질 수 있었다. 동시에 이러한 정책은 노동운동 내부에서도 격렬한 논쟁의 대상이 되었다. 기독교 사회주의자에서 혁명적 노동조합주의자에 이르기까지 다양한 좌파 전통에서 이를 지지하는 목소리가 있었지만, 지방 정책을 지지하는 '개혁주의자(또는 수정주의자)'와 이에 회의적인 '정통 마르크스주의자' 사이의 갈등은 여러 나라에서 나타났다.

미국에서는 1904년 격렬한 당 대회에서 이 문제가 정면으로 충돌했다. 이 자리에서 지역 차원에서의 '즉각적 요구'를 제기해야 한다고 주장한 '구성주의자(constructivistes)'와, 그런 접근이 결국 다른 정당과 다를 바 없는 정당이 되는 길이라고 본 '불가능주의자(impossibilistes)'가 맞섰다(4). 프랑스에서도 1911년 생캉탱(Saint-Quentin) 당 대회에서 갈등이 폭발했다. 알베르 토마(Albert Thomas)와 에르네스트 푸아송(Ernest Poisson) 같은 젊은 세대는 지방 정부의 실험을 집단주의의 싹이자 미래 사회주의를 위한 중요한 발판으로 보았다. 반대로 쥘 게드(Jules Guesde)의 지지자들은 이러한 정책이 활동가들을 자본주의 전복이라는 근본 목표에서 벗어나게 할 위험이 있다고 비판했다. 릴의 시장 귀스타브 들로리(Gustave Delory)는 이러한 입장을 옹호하며 "그 경험이 개혁으로서의 가치를 가질 수는 있지만 (…) 그것이 곧 사회주의는 아니다"라고 말했다.(5)

비판자들은 지방 정책의 의미를 지나치게 실용적인 측면으로 축소하기도 했다. 뉴욕의 사회주의자들은 밀워키의 동지들을 비꼬며 '하수도 사회주의(sewer socialism)'라고 불렀고, 독일에서는 지방 정책을 비판하는 이들이 이를 '가스와 물의 사회주의'라고 조롱했다.

그러나 지방 사회주의는 1920년대 이후 사라지지 않았다. 전후 프랑스의 '붉은 교외'에서 공산당이 오랫동안 강력한 영향력을 유지한 것이 그 한 사례다. 다만 20세기 말 이후 지방 정치 실험의 의미는 크게 달라졌다. 1981년 버니 샌더스(Bernie Sanders)가 미국 버몬트주 벌링턴 시장에 당선된 사건이나, 2015년 스페인의 '바르셀로나 앙 코뮈(Barcelona en Comú)'의 승리는 더 이상 국제적으로 조율된 전략의 결과가 아니었다. 이러한 정치 프로젝트에는 좌파 정당뿐 아니라 시민 조직과 사회운동이 함께 참여하며, 특히 주택 문제나 도시 개발 문제를 중심으로 움직이는 경우가 많다.

이 새로운 '도시주의(municipalisme)' 프로젝트들이 아무리 강력하다고 해도, 과거처럼 국제적 차원에서 정교하게 짜인 프로그램이나 대중 조직 내부의 활발한 이론적 논쟁을 찾아보기는 어렵다. 그런 의미에서 1880년부터 1920년 사이의 시기는 역사적으로 매우 독특한 순간이었다. ⒧

글 · 알렉시아 블랭 Alexia Blin
역사학자. 『풍요를 향한 돌격: 19세기부터 오늘날까지의 사회주의와 소비』(À l'assaut de l'abondance. Socialisme et consommation, du XIXe siècle à nos jours), PUF, 파리, 2025년 저자.

(1) 파트리치아 도글리아니(Patrizia Dogliani), 「20세기 전반 유럽의 지방주의: 사회주의 네트워크」, Contemporary European History, 제11권 4호, 케임브리지, 2002년 11월.
(2) 파트리치아 도글리아니, 『프랑스와 유럽의 지방 사회주의: 코뮌에서 제1차 세계대전까지』(Le Socialisme municipal en France et en Europe. De la commune à la grande guerre), 아르브르 블뢰 출판사, 낭시, 2018.
(3) 야니크 르 마레크(Yannick Le Marec), 「소트빌레루앙, 사회주의 도시(1896-1914): 하나의 독특한 사회 정책인가?」, Cahiers Jaurès, 제177-178호, 파리, 2005.
(4) 셸턴 스트롬퀴스트(Shelton Stromquist), 『도시를 쟁취하다: 지방 사회주의를 위한 노동자 투쟁의 세계사』(Claiming the City: A Global History of Workers' Fight for Municipal Socialism), 베르소 북스, 런던·뉴욕, 2023.
(5) 아델린 블라슈키에비치-메종(Adeline Blaszkiewicz-Maison), 『알베르 토마: 사회 개혁주의의 역사』(Albert Thomas. Une histoire du réformisme social), 프랑스 대학출판부(PUF), 파리, 2024.

Israel vs Paletine
이스라엘vs 팔레스타인

팔레스타인 나불루스 비누제조 공장

팔레스타인 인권을 말하면 명예훼손?

프랑스 외무장관 장노엘 바로는 유엔 팔레스타인 점령지 인권 상황 담당 특별보고관 프란체스카 알바네세의 발언을 문제 삼아 사임을 요구했다. 그러나 그가 근거로 제시한 발언은 당사자가 실제로 한 적이 없는 것으로 드러났다. 알바네세는 자신을 겨냥해 벌어지고 있는 광범위한 비방 캠페인에 대해 본지 지면을 통해 직접 반박했다.

프란체스카 알바네세 | 유엔 특별보고관

지난 2년여 동안 나의 임무는 점점 더 격렬해지는, 치밀하게 조직된 논쟁의 대상이 되어 왔다. 2월 8일, 한 프랑스 하원의원은 내 발언을 왜곡해 내가 이스라엘을 "인류의 공동의 적"이라고 규정한 것처럼 몰아세우며 나를 공격했다. 그러나 내가 비판한 대상은 이스라엘에 무기를 제공한 국가들, 그리고 집단학살적 담론을 증폭시킨 언론과 소셜미디어 알고리즘이었다.(1) 그러한 내 발언의 진의를 확인하려는 최소한의 노력도 하지 않은 채, 프랑스 외무장관 장노엘 바로는 이를 왜곡해 국제 사회에 유포했다. 그는 내가 한 적도 없는 발언을 "과도하고 비난받아 마땅한 것"이라고 규정하며, 프랑스가 유엔 인권이사회에 나의 사임을 요구하겠다고 발표했다. 이탈리아·독일·체코의 외무장관들도 직무상 요구되는 최소한의 사실 확인 절차조차 거치지 않은 채 그 뒤를 따랐다. 2월 19일에는 프랑스 총리 세바스티앙 르코르뉘도 공개적으로 같은 요구를 되풀이했다.

국가가 직접 나서는 '왜곡'

공직자에 대한 비판은, 특히 인권 문제를 다루는 자리라면 더욱 불가피하다. 그러나 이번 사태는 보다 심각한 문제를 드러낸다. 일부 국가들이 메시지의 내용에 반박하기보다, 그 메시지를 밝힌 당사자를 공격하는 데 집중하고 있다는 점이다.

유엔이 임명한 독립 전문가를 향한 이번 공격은 그 성격과 강도에서 전례를 찾기 어렵다. 문제는 사실과 다른 규정이나 악의적 해석에만 있는 것이 아니다. 무엇보다 국가 최고 권력이 이러한 공세를 직접 주도하고 있다는 사실에 있다. 이는 단순한 논쟁을 넘어, 평화 시기에는 장엄한 약속과 국제조약을 내세우다가도 그 이행이 불편해지는 순간 이를 외면해 버리는 체제의 모순을 드러낸다.

나는 2022년 5월 1일부터 2028년까지 유엔 인권이사회가 임명한 특별보고관으로 활동하고 있다. 이 직책의 여덟 번째 보유자이자 첫 여성이다. 나는 인권 보호에 헌신해 온 경력을 바탕으로, 보수를 받지 않는 이 직무를 맡았다. 그동안 유엔 인권최고대표사무소와 예루살렘의 유엔 팔레스타인 난민구호기구(UNRWA) 등에서 활동했으며, 팔레스타인에 관한 학술 연구를 이어왔다.

이 유엔 임무는 1967년 이후 점령국으로서 이스라엘이 국제인권법과 국제인도법의 원칙과 규정을 위반했는지를 조사하는 데 목적이 있다. 이를 위해 제보를 접수하고 증인을 청취하며, 필요하다고 판단되는 절차적 수단을 활용해 결론과 권고를 담은 보고서를 유엔 인권이사회에 제출한다. 이 임무는 "이스라엘의 점령이 종료될 때까지" 지속된다. 다시 말해, 점령의 종식이 이 직무에 설정된 시간적 한계다.

이스라엘에 초점을 맞추는 것은 개인적 선택이나 편향의 결과가 아니다. 이는 1993년 2월 19일, 이스라엘이 가자지구·요르단강 서안·동예루살렘을 약 30년간 점령해 온 상황에 대응해 채택된 유엔 인권이사회 결의 1993/2A에 근거한다. 따라서 나를 "중립성을 결여했다"고 비난하는 것은 이 임무의 성격을 의도적으로 왜곡하는 일에 다름 아니다. 특정 국가를 담당하는 다른 14명의 유엔 특별보고관 가운데 누구도 이와 같은 공격을 받지 않는다. 아프가니스탄·러시아·이란을 담당하는 보고관들에게 그들의 임무 수행이 "집착"이라는 비난이 제기되는 일도 없다. 그러나 이스라엘이 관련되는 순간, 정상적인 임무 수행마저 일부 정부 인사들의 눈에는 변명해야 할 잘못으로 비친다.

나의 역할은 섬령지에서 발생히는 사실을 확인하고 이를 법적으로 규정하는 것이다. 이 지역에는 제도화된 이중 법체계가 존재한다. 이스라엘 정착민에게는 민법이 적용되는 반면, 팔레스타인인에게는 - 아동을 포함해 - 군사법이 적용된다. 실제로 이스라엘은 세계에서 유일하게 아동을 체계적으로 군사법정에 회부하는 국가다. 이러한 체제를 팔레스타인인에 대한 군사적 통치 형태의 아파르트헤이트로 규정하는 것은 도발이 아니라 법적 평가에 해당한다. 내가 2022년과 2023년에 유엔에 제출한 초기 보고서들에서도 팔레스타인 민족의 자결권에 대한 구조적 침해와 자의적·체계적 자유 박탈, 그리고 점령이 아동에게 미치는 구조적 영향을 다루었다. (2)

하늘 아래의 판옵티콘

오스카 레우테르스베르드 – 「불가능한 형상」(Figure impossible), 1990-2002.

자유로운 민족으로 살아갈 권리, 자신의 정치적 의사를 결정할 권리, 자원을 관리하고 스스로의 미래를 설계할 권리. 이러한 자결권은 다른 모든 권리의 행사를 가능하게 하는 토대다. 이 권리의 부정은 모든 정착 식민주의 프로젝트의 핵심을 이룬다. 수십 년에 걸친 영토의 분절과 정착촌 확장, 이동의 자유와 노동·교육·사법 절차에 접근할 권리에 대한 광범위한 제한, 토지 몰수와 수만 채에 이르는 가옥 철거, 가자지구의 봉쇄, 그리고 2008년부터 2022년 사이 이스라엘의 군사 작전으로 발생한 약 6천 명의 사망자(그중 약 1,200명은 아동)는 자유롭고 독립적인 삶의 가능성을 점점 더 희박하게 만들어 왔다.

점령된 팔레스타인 전역에서 이스라엘은 강도와 방식

에는 차이가 있으나, 사실상 하나의 수감 체제를 구축해 왔다. 검문소와 장벽, 억압적인 관료적 장치는 이동을 제약하고, 상시적 감시는 일상의 거의 모든 영역을 통제한다. 팔레스타인인들은 체포와 자의적 구금, 고문 및 기타 잔혹하고 비인도적이거나 굴욕적인 처우의 위험에 지속적으로 노출되어 있다. 그들이 살아가는 공간은 말하자면 노천의 판옵티콘(3)에 가깝다.

2023년 10월 7일 하마스의 공격 직전에 완성되어 그 직후 공개된 나의 아동 보고서는 가장 참혹하면서도 거의 논의되지 않은 문서다. 나는 이스라엘·팔레스타인 학자 나데라 샬후브-케보르키안(4)의 개념을 빌려 '탈아동화(unchilding)'라는 과정을 설명했다. 이는 보호와 순수함을

박탈당한 채 상시적 폭력 속에서 성장하도록 내몰린 아이들의 현실을 가리킨다. 살해되고, 불구가 되며, 고아가 되고, 가족의 죽음과 모욕, 집의 파괴를 목격하는 아이들. 그들의 절망을 외면하는 것은 우리 인간성의 일부를 포기하는 일이며, 세계와 국제법이 부여한 가장 근본적인 의무, 곧 아동 보호의 의무를 저버리는 것이다.

지워서 대체하고, 파괴하여 전유하는 것

2024년 3월에 발표한 나의 다음 보고서 또한 같은 접근을 따른다. 「제노사이드의 해부」(5)라는 제목 아래, 나는 2023년 10월 7일 이후 가자지구에서 전개된 이스라엘의 첫 다섯 달간의 군사 작전을 문서화했다. 살해, 심각한 신체적·정신적 피해의 초래, 집단의 파괴를 의도한 생활 조건의 부과, 그리고 국가 책임자들의 비인간적 발언도 포함된다. 그 기간 동안 이스라엘은 '인도주의적 위장' 아래, '분쟁', '부수적 피해', '안전지대', '대피 명령'과 같은 완화된 언어를 동원해 가자지구와 그 정체성의 점진적 소거를 정당화해 왔다. 이는 팔레스타인인들이 공동체로 존재하고, 자신들의 땅에 거주하며, 역사와 정체성을 다음 세대에 전할 능력을 박탈하는 과정이었다. 이어 발표한 보고서 「제노사이드를 통한 식민적 소거」(6)에서 나는 이 과정이 요르단강 서안과 동예루살렘으로 확장되며 인종 청소의 양상을 띠고 있음을 지적했다. 이는 정착 식민주의의 논리적 귀결이다. 지워서 대체하고, 파괴하여 전유하는 것.

이러한 결론에 이른 사람이 나 혼자만은 아니다. 2024년 1월, 국제사법재판소(ICJ)는 집단학살협약 위반의 '개연성 있는 위험'이 존재한다고 판단하고 잠정조치를 명령했다. 이어 2024년 7월에는 점령된 팔레스타인 영토

오스카 레우테르스베르드 – 「불가능한 형상」(Figure impossible), 1990-2002.

에서의 이스라엘의 존재가 불법이라는 결론을 내리고, 이를 즉각적이고 무조건적으로 중단할 것을 요구했다. 또한 체계적 차별과 인종 분리, 아파르트헤이트 금지 원칙의 위반, 병합 정책의 존재도 확인했다. 오늘날 이스라엘이 점점 축소된 팔레스타인 영토에서 팔레스타인 민중에 대한 집단학살을 자행하고 있다고 판단하는 기관과 단체는 적지 않다. 이스라엘 역사학자 라즈 세갈은 2023년 10월 이미 경고를 제기했다.

2024년에는 홀로코스트 연구자인 이스라엘 역사학자 아모스 골드베르크와 오메르 바르토프 역시 자국이 집단학살을 저지르고 있다고 평가했다.(7) 몇 달 뒤 국제앰네스티도 같은 결론에 도달했다. 2025년 7월(8)에는 이스라엘 인권단체 비체렘(B'Tselem)이 「우리의 집단학살」(9)이라는 제목의 보고서를 발표했다. 히브리어로 읽을 경우 그 제목은 더욱 직설적으로 다가온다. 이어 2025년 9월에는 유엔이 임명한 독립 국제조사위원회 역시 가자에서 집단학살이 진행 중이라고 밝혔다.(10) 그럼에도 이러한 범죄를 세밀하게 기록한 보고서들은 서방 언론과 정부로부터 거의, 또는 전혀 주목을 받지 못했다. 공식적인 사법적 판결이 아직 내려지지 않았다는 점을 고려하더라도, 해당 조사위원회의 판단은 사실 확인과 법적 분석에 근거한 준사법적 결론에 가장 근접한 평가로 볼 수 있다. 집단학살을 예방할 의무는 심각한 위험이 확인되는 시점에서 발생한다. 2024년 1월 국제사법재판소가 가자에서의 개연성 있는 위험을 인정했을 때, 각국은 행동에 나섰어야 했다. 무엇보다 무기 이전을 중단하는 조치가 우선되었어야 했다.

집단학살 지원 네트워크

2025년 7월 발표한 일부 기업들의 공모에 대한 나의 분석은 특히 격렬한 반발을 불러일으켰다. 나는 이 보고서에서 '집단학살의 경제(11)'를 묘사했다. 투자와 기술, 서비스, 공급망을 통해 이전 보고서에서 기술한 현실을 물질적으로 지탱해 온 민간 행위자들의 네트워크를 지적한 것이다.

이러한 연루는 그들 자신의 책임을 수반한다. 집단학살을 종식시키려면 그것을 가능하게 하고, 동시에 수익을 창출하게 만드는 경제적 구조 역시 해체되어야 한다. 이 보고서는 2025년 8월, 미국이 나에게 가혹한 제재를 부과하는 결과로 이어졌다. 이는 이미 국제형사재판소(ICC) 판사들과 여러 팔레스타인 단체에 적용된 바 있는 조치였다. 나는 사실상 금융 체계로부터 차단되었다. 나와 관계를 유지하는 사람은 누구든, 가족을 포함해(나는 미국 시민권을 가진 딸의 어머니이기도 하다), 100만 달러의 벌금과 20년형에 처해질 수 있다는 위협을 받는다. 이로 인해 나의 임무 수행 능력은 물론, 일상적인 삶 자체도 심각하게 제약받고 있다.

이러한 공격이 나의 모국인 이탈리아의 지지 아래 이루어지고, 다른 국가들로부터 실질적인 지원을 받지 못하는 상황에서도 나는 임무를 계속하고 있다. 나의 최신 보고서는 가자에서 벌어지고 있는 집단학살을 '집단적 범죄(12)'로 규정한다. 이는 오늘날 나를 가장 강하게 비판하고 있는 국가들을 포함해 여러 국가의 지속적인 정치적·군사적 지원이 있었기에 가능했고, 그에 의해 재정적으로도 뒷받침되었기 때문이다.

미국은 여전히 이스라엘에 무기를 공급하는 최대 무기 수출국으로 남아 있으며, 여러 유럽연합(EU) 회원국들 또한 이러한 무기 이전을 계속 지원하고 있다. 유럽연합은 텔아비브의 최대 무역 파트너이기도 하다. 스페인과 슬로베니아 등 일부 예외를 제외하면, 유럽 국가들은 행동 대신 방관 또는 공모에 가까운 태도를 보여 왔다. 예컨대 프랑스는 국제형사재판소(ICC)가 베냐민 네타냐후에 대해 체포영장을 발부했음에도 그의 항공기가 자국 영공을 여러 차례 통과하도록 허용했다. 프랑스는 군사 장비 거래를 지속하고 있으며, 자국 항만과 공항을 통한 물류 이동을 용이하게 하고, 이스라엘과의 상업 교류도 유지하고 있다. 또한 프랑스의 주요 은행들은 이스라엘 군수 산업 및 정착촌과 연계된 기업들에 자금을 제공하고 있으며, 수천 명의 프랑스·이스라엘 이중국적자들이 이스라엘 군에 복무하고 있다.

연대를 범죄화하다

동시에 연대 운동에 대한 탄압도 강화되고 있다. 시위는 금지되고, 학술회의는 검열되며, 활동가와 언론인은 '테러리즘 옹호' 혐의로 기소되고 있다. 경찰의 강경 대응도 이어지고 있다. 독일, 이탈리아, 프랑스, 영국이 이러한 조치의 선두에 서 있으며, 이는 반유대주의에 대한 정당한 대응이라는 명분 아래 이루어지고 있다. 일부 입법안은 유대인 혐오 및 모든 형태의 인종차별에 맞서는 필수적 투쟁과, 이스라엘 국가에 대한 비판을 제한하는 조치를 혼합하려 한다. 이러한 혼동은 유대인 공동체를 이스라엘 정부의 정책과 동일시하는 오류를 낳으며, 정치적 공세의 한 요소로 기능한다. 다시 말해, 반유대주의에 맞서는 투쟁을 도구화해 팔레스타인 주민들과의 연대 표현을 범죄화하고, 비방 캠페인을 정당화하는 방식이다.

이스라엘 정부의 정책에 대한 비판이 이스라엘 국적자와 유대인 일반에 대한 비방으로 전이되는 사례가 세계 곳곳에서 나타나고 있다. 그 결과 이스라엘 국적자와 유대인들은 개인의 입장과 무관하게 이스라엘 정부에 대한 충성 여부를 의심받는 상황에 놓이게 된다. 강조하지만, 반유대주의는 유대인에 대한 증오로, 그 자체로 혐오스럽고 단호히 배격되어야 할 현상이다. 이는 인권을 옹호하는 활동과는 구별된다. 인권 활동은 특정 국가의 행위를 분석하고 평가하는 작업이다. 국제법 체계는 국가 책임의 원칙 위에 서 있으며, 법적 의무를 부담하고 위반에 대해 우선적으로 책임지는 주체 역시 국가다. 이스라엘도 예외가 아니다. 이스라엘 국가에 대한 비판은 국가의 정체성이나 종교를 겨냥하는 것이 아니라, 국제법에 비추어 반복적이고 중대하게 이루어지는 위반 행위와 그에 대한 면책의 지속을 대상으로 한다.

제기된 문제는 이념적 사안이 아니라 법적 사안이다. 프랑스는 이러한 조치를 취하면서 국제적 의무를 준수하고 있는가? 특별보고관으로서의 임무를 수행하며 나는 한 가지 사실을 배웠다. 권력이 문제 제기를 받으면 토론으로 응답하기보다 공격으로 대응한다는 점이다. 명예를 훼손해 자격을 의심하게 만들고, 위협을 통해 침묵을 강요한다. 설득 대신 공격을 택하는 것은 힘이 아니라 불안을 보여준다.

나의 작업은 전임자들의 연장선에 있다. 존 더가드, 리처드 포크, 마이클 링크 역시 점령지의 인권 상황을 조사

하며 국제법 위반을 지적했고, 그 과정에서 반유대주의 또
는 테러리즘을 묵인했다는 혐의로 비난을 받았다. 그들에
게도 문서화된 사실 대신 논쟁이, 법적 분석 대신 인신공격
이 앞세워졌다. 이러한 절차는 이제 하나의 관행처럼 자리
잡은 듯하다. 제네바에 본부를 둔 UN 워치를 중심으로 한
친이스라엘 단체들은 수년간, 특히 유엔 내부에서 텔아비
브 정부의 국제법 위반을 기록하는 이들을 상대로 비방성
보고서를 작성해 왔다. 이들은 '이스라엘에 대해 과도한 비
판이 이루어진다'는 명분을 내세워 발언을 맥락에서 분리
해 왜곡하고, 의미를 변형한 뒤, 이를 반복·확산시켜 사실
인 것처럼 보이게 만든다.

그러나 이 단체들의 이른바 '보고서'를 자세히 들여다
보면 그 공허함이 드러난다. 유엔 내부에서는 이 문서들
의 허위성과 비방적 성격이 오래전부터 알려져 있다. 내가
2023년 10월 7일의 잔혹 행위를 정당화했다거나, 성폭력
을 부인했다거나, 인질들의 고통을 축소했다는 비난 역시
이러한 왜곡의 산물이다. 나는 10월 7일 이스라엘 민간인
을 겨냥한 공격과 하마스의 범죄를 모호함 없이, 그리고 일
관되게 규탄해 왔다.

점령의 맥락 속에서 현상을 보는 '눈'의 부재

나는 이를 주저 없이 전쟁범죄이자 반인도범죄로 규정
해 왔으며, 가해자들은 국제 절차에 따라 사법적 책임을 져
야 한다고 밝혔다. 유엔 조사위원회가 문서화한 바와 같이
이스라엘 피해자들에게 자행된 성폭력 역시 분명히 규탄
했다.(13) 국제법에 따르면, 적대 행위 속에서 전쟁의 수단
으로 사용된 강간은 전쟁범죄가 될 수 있으며, 경우에 따라
반인도범죄가 될 수도 있다. 국제 정의는 선택적 분노나 정
치적 계산에 의해 움직이지 않는다. 그것은 사실에 대한 법
적 평가, 개인의 책임 확정, 그리고 누구에게나 예외 없이
적용되는 적법절차(due process)의 존중에 기초한다.

나는 이스라엘 민간인을 상대로 한 학살과 기타 범죄를
분명하고 단호하게 규탄해 왔다. 그러나 특히 프랑스에서

널리 제기된 주장, 즉 이러한 범죄가 주로 반유대주의에 의
해 동기화되었다는 해석에는 이의를 제기했다.(14) 홀로코
스트와 반유대주의를 연구해 온 저명한 학자들이 지적했듯
이, 그러한 해석은 사실과 부합하지 않을 뿐 아니라 위험하
기도 하다. 그것은 폭력의 구조적 원인을 가리고 사태에 대
한 분석을 왜곡한다.(15) 일부 가해자에게 개인적 차원에
서 반유대주의가 작용했을 가능성은 배제할 수 없다. 그러
나 유엔 사무총장 안토니우 구테흐스가 언급했듯이, 이 학
살은 56년에 걸친 질식할 듯한 점령의 맥락 속에서 발생했
다.(16) 어떤 범죄로 인해 피해가 발생했다 하더라도, 그것
이 또 다른 범죄를 정당화하지는 않는다. 그러나 맥락을 외
면하면 왜곡된 해석을 강화하고, 폭력의 악순환을 끊기보
다 오히려 지속시킬 위험이 있다. 이는 팔레스타인인과 이
스라엘인 모두를 위태롭게 한다.

이 비방 캠페인이 드러내는 바를 분명히 해야 한다. 나
를 중상모략하는 데 투입되는 에너지는 가자에서 진행 중
인 범죄에 대한 침묵, 그리고 국제형사재판소(ICC)의 체포
영장 대상자들에 대한 무대응과 뚜렷한 대조를 이룬다. '유
엔에 책임을 묻는다'는 구호 뒤에는, 인권 옹호를 보편적
법의 문제에서 분리해 정치적 편향으로 규정하려는 의도가
자리하고 있다.

프랑스의 모순

아이러니는 분명하다. 2025년 9월, 프랑스는 팔레스타
인 국가를 승인했다. 이는 강력한 신호이자 상징적 전환으
로 환영받았다. 그러나 점령국을 계속 지원하면서 국제법
준수를 요구하지도 않고, 국제사법재판소(ICJ)가 요구한 대
로 점령지에서의 즉각적이고 무조건적인 철수를 압박하지
않는다면, 그러한 승인은 법적·정치적 책임의 이행이라기
보다 외교적 제스처에 불과하다. 영토도, 주권도, 점령의
종식도 보장되지 않은 국가를 승인하는 것은 공허한 선언
이라 할 수 있다. 동시에, 그 국가의 실질적 성립을 가로막
는 위반 행위를 기록하도록 위임받은 전문가들을 위협하고

침묵시키려 한다면 그 모순은 더욱 선명해진다. 월요일에는 팔레스타인을 승인하고, 남은 한 주 동안에는 그 옹호자들의 입을 막으려 해서는 안 된다.

이러한 행위에 가담하는 지도자들이 겨냥하는 것은 나 개인만이 아니다. 그들은 국제법 질서 자체를 희생시키며, 국제인도법과 이를 수호하는 제도들의 해체를 가속화하고 있다. 바로 그 존립이 위태로운 시점에 말이다.

진실은 외면할 수는 있어도 끝내 감출 수는 없다. 다만 시간의 문제일 뿐이다. 가자에서 범죄를 저지른 자들과 그 공범들의 문을 정의는 결국 두드릴 것이다. 가자의 파괴는 마취된 듯 보였던 양심을 흔들어 깨웠고, 많은 이들이 외면해 온 현실을 드러냈다. 그것은 점령의 잔혹함일 뿐 아니라, 그 지속에 서구 민주주의 국가들이 적극적으로 공모해 왔다는 사실이었다. 이스라엘은 세계 질서의 예외적 사례가 아니다. 오히려 오늘의 국제 질서가 작동하는 방식을 비추는 거울에 가깝다. 그 안에는 특정 상황에 예외를 허용하는 논리, 애도받을 생명과 그렇지 않은 생명을 구분하는 위계, 그리고 안보를 명분으로 책임을 유예하는 담론이 자리한다. 다수의 서구 정부가 이스라엘과 정면으로 마주하지 않는 이유는, 그렇게 하는 순간 자신들 또한 동일한 논리와 기준 위에 서 있음을 인정해야 하기 때문이다.

인권의 조국인가?

이러한 맥락에서, 인권의 조국을 자처해 온 프랑스가 원칙이 아니라 현상 유지를, 국제법의 강화가 아니라 그 수호자들의 약화를 택하고 있다는 점은 시사하는 바가 크면서도 씁쓸하다.

그럼에도 변화의 조짐은 분명하다. 대학 캠퍼스와 소셜 미디어, 거리와 법정에서 하나의 움직임이 형성되고 있다. 그것은 실질적인 사회 정의와 실효적인 인권 존중, 탈식민적 다자주의, 그리고 어떠한 예외도 허용하지 않는 보편성을 요구한다. 서구 수도들과 동맹 관계에 있는 국가라 할지라도 아파르트헤이트를 용납하지 않는 보편성이다. 이 운동은 비방 캠페인으로 침묵하지 않을 것이다. 제재와 탄압에도 위축되지 않을 것이다. 이를 실격시키려는 거짓과 왜곡이 드러날수록, 오히려 더 확산되고 강화될 것이다. **ᴰ**

글 · 프란체스카 알바네세 Francesca Albanese

1967년 이후 점령된 팔레스타인 영토 내 인권 상황에 관한 유엔 특별보고관

(1) 알자지라 포럼(AJ Forum)에서의 필자 전체 발언, X(구 트위터), 2026년 2월 9일.
(2) 「1967년 이후 점령된 팔레스타인 영토의 인권 상황」(A/77/356), 유엔, 2022년 9월 21일 ;
「점령된 팔레스타인 영토에서의 자의적 자유 박탈과 팔레스타인 수감 경험」(A/HRC/53/59), 유엔, 2023년 10월 28일 ;
「1967년 이후 점령된 팔레스타인 영토의 인권 상황」(A/78/545), 유엔, 2023년 10월 20일, https://docs.un.org
(3) Michel Foucault, 『감시와 처벌: 감옥의 탄생』, 갈리마르, 1975년.
(4) Nadera Shalhoub-Kevorkian, 『수감된 아동기와 탈아동화의 정치학』, 케임브리지 대학교 출판부, 2019년.
(5) 「집단학살의 해부」(A/HRC/55/73), 특별보고관 보고서, 유엔, 2024년 7월 1일, https://docs.un.org
(6) 「집단학살을 통한 식민적 소거」(A/79/384), 특별보고관 보고서, 유엔, 2024년 10월 1일, https://docs.un.org
(7) Raz Segal, 「집단학살의 교과서적 사례」, 〈유대인 커런츠〉, 2023년 10월 13일 ;
Amos Goldberg, 「가자에서 벌어지는 일은 집단학살이다. 가자는 더 이상 존재하지 않기 때문이다」, 〈르몽드〉, 2024년 10월 29일 ;
Omer Bartov, 「이스라엘을 마주한 집단학살 역사학자」, 〈오리앙 XXI〉, 2024년 9월 5일.
(8) 「이스라엘과 점령된 팔레스타인 영토: 국제앰네스티 조사 — 이스라엘은 가자에서 팔레스타인인에 대한 집단학살을 저지르고 있다」, 국제앰네스티, 2024년 12월 5일, amnesty.org
(9) 「우리의 집단학살」, 비체렘(B'Tselem), 2025년 7월, www.btselem.org
(10) 「유엔 인포 회보」, 유엔, 2025년 9월 16일, https://news.un.org
(11) 「집단학살의 경제」(A/HRC/59/23), 특별보고관 보고서, 유엔, 2025년 7월 2일, https://docs.un.org
(12) 「가자 집단학살: 집단적 범죄」, 특별보고관 보고서, 유엔, 2025년 10월 20일, www.ohchr.org

(13) 「2023년 10월 7일 및 그 이후 이스라엘에서 발생한 공격에 대한 상세 조사 결과」, 유엔, 2024년 6월 10일, www.ohchr.org
(14) 「이스라엘의 상징적 '금지' 조치는 가자에서의 잔혹 범죄를 가려서는 안 된다: 유엔 전문가」, 〈유엔 인권사무소〉, 2024년 2월 15일, www.ohchr.org
(15) Omer Bartov, Christopher R. Browning, Jane Caplan, Debórah Dwork, David Feldman 외, 「홀로코스트 기억의 오용에 관한 공개서한」, 〈뉴욕 리뷰 오브 북스〉, 2023년 11월 20일.
(16) 「중동 관련 유엔 안전보장이사회에서의 사무총장 발언」, 유엔, 2023년 10월 24일, www.un.org

이스라엘 눈치 보느라, 진실을 왜곡하는 프랑스 외교

세르주 알리미 | 〈르몽드 디플로마티크〉 전 발행인
피에르 랭베르 | 〈르몽드 디플로마티크〉 기자

프랑스 외교의 방향과 그 입장을 누가 대변하는지를 두고 논란이 커지고 있다. 에마뉘엘 마크롱 대통령은 최근 미국 군인들이 베네수엘라 대통령을 납치하는 군사 작전에 대해 공개적으로 긍정적인 반응을 보였다. 약 100명의 사망자가 발생한 해당 작전에 대한 마크롱의 발언은 도널드 트럼프 대통령에 의해 즉각 공유되며 주목을 받았다. 그러나 이후 마크롱 대통령은 다소 신중한 태도를 보였다. 국제법 위반을 지속적으로 비판해 온 프랑스가 한 국가의 수도에서 벌어진 무력 작전을 공개적으로 환영한 점이 논란이 되었기 때문이다. 마크롱 대통령은 자신의 소셜미디어 발언에 대해 "정치는 '트윗'으로 하는 것이 아니다"라고 밝히며, 외교 정책의 공식 입장은 외무장관의 성명을 통해 확인해야 한다고 했다. 그는 해당 성명이 자신의 승인을 거친 것이라고 덧붙였다. 이 같은 발

언으로 대통령의 개인적 발언과 정부의 공식 입장 사이의 관계, 그리고 프랑스 외교 정책의 일관성을 둘러싼 의문이 커지고 있다.

프랑스 대통령이 외무장관에게 사실상 힘을 실어줬지만, 장노엘 바로 외무장관은 곧 그 신뢰를 스스로 깎아냈다. 그는 지난 2월 11일, 친이스라엘 성향의 인플루언서이자 마크롱 진영 국회의원인 카롤린 야당이 전달한 프란체스카 알바네세 발언 요약을 근거로, 유엔 팔레스타인 점령지 특별보고관을 강하게 비판했다. 바로 장관은 알바네세의 발언이 "전혀 용납될 수 없는 과도한 발언"이라고 주장했다. 야당 의원은 알바네세가 "이스라엘을 인류의 공동의 적으로 규정했다"고 주장했다. 그러나 실제 발언에서 알바네세가 문제 삼은 것은 이스라엘 자체가 아니라, 그 국가에 무기를 공급하는 "세계의 대부분 국가들"과 이스라엘 지도자들의 입장을 "확산시키는 대다수 언론"이었다. 그럼에도 발언의 맥락을 확인하려는 노력도 없이, 프랑스 외무장관은 국회에서 알바네세를 "증오의 담론을 선동하는 정치 활동가"라고 규정하며, 그녀가 "유엔의 정신을 배반하고 있다"고 비판했다. 이어 그는 "그녀의 도발에 대한 유일한 대응은 사임뿐"이라고 밝혔다. 프랑스는 2월 25일 유엔 인권이사회 회의에서도 실제로 그녀의 사임을 요구할 예정이었다.

마크롱주의를 변호하는 대변인의 초조함

이 직후 신보수주의 성향의 이른바 '트리오'—장 콰트르메르, 소피아 아람, 베르나르-앙리 레비—도 곧바로 가세했다. 이들은 같은 주장과 일부만 잘라낸 인용을 반복하며, 유엔 특별보고관의 신뢰를 떨어뜨리는 허위 정보를 여러 매체와 플랫폼에 퍼뜨렸다.

그러나 이런 공세는 바로 장관에게 거의 도움이 되지 않았다. 카롤린 야당 의원이 이스라엘 정부의 요구에 따라 행동한 지 불과 24시간 만에, 프랑스 외무부(케 도르세) 대변인은 그녀가 알바네세를 비판하며 인용한 발언이 사실은 "가짜 문장"에 근거한 것이었다고 인정했다. 이후 외무장관의 신뢰는 빠르게 흔들렸고, 저명한 법학자들도 그가 "유엔의 제도적 장치를 약화시키고 있다"고 비판했다.

국제법 준수를 위한 법률가 협회는 허위 정보 유포 혐의로 파리 검찰에 신고를 제기했다. 국제앰네스티 역시 회장을 통해 "장노엘 바로 장관은 공개적으로 사과하고 프란체스카 알바네세의 사임 요구를 철회해야 한다"고 권고했다(2월 13일). 또 많은 전직 대사와 외교관들은 공개서한(2월 18일)을 통해 특별보고관의 임무를 지지하고 프랑스 정

부의 "허위 정보" 유포를 비판하면서 외무장관에게 태도를 바로잡을 것을 촉구했다.(〈르몽드〉, 2026년 2월 18일).

과연 외무장관은 요구대로 할 수 있을까. 흔들리는 마크롱주의를 대변하는 프랑스 외교 수장은 상황에 따라 충돌하는 입장을 취하고 있다. 그 결과 무엇을 옹호하는지조차 불분명해졌다는 지적이 나온다. 그는 인권을 강조하면서도, 올해 1월 말 미국의 기업가이자 투자자인 피터 틸과 오찬을 함께했다. 이 자리에서 바로 장관은 이스라엘 정부와 협력해온 팔란티어의 성장을 언급하며, 피터 틸의 기여를 높이 평가했다. 그는 또 국제법을 내세워 트럼프 대통령의 그린란드 구상은 비판하면서도, 지난해 6월 미국의 이란 공습에 대해서는 비판을 삼갔다.

그러나 바로 장관은 우크라이나 문제에 대해서만큼은 법적 정당성을 강하게 강조하고 있다. 1년 전 트럼프 대통령이 모스크바와 정상 간 대화를 재개한 이후, 기자들이 러시아 외무장관이 프랑스 외무부(케 도르세)로 연락해 올 경우 어떻게 대응하겠느냐고 묻자 그는 대화를 거부하겠다고 답했다. 러시아가 항복 의사를 전달하려는 경우가 아니라면 응하지 않겠다는 입장이었다. "러시아가 결국 우크라이나의 NATO 가입에 동의했다는 내용의 전화라면 받겠다".(1) 이러한 태도는 외교와 과시를 혼동한다는 비판을 낳고 있다. 국제 정치에서 영향력이 약화된 프랑스가 실질적 역할을 하지 못한 채 상황을 지켜보고 있다는 지적이다.

그러나 중동 문제의 경우, 모든 책임을 바로 장관의 냉정함 부족이나 전문성 결여로만 돌리기는 어렵다. 파리가 텔아비브에 점점 더 가까워지고 있다는 신호가 이어지고 있기 때문이다. 이는 프랑스의 팔레스타인 인정 사실을 베냐민 네타냐후 총리에게 잊게 하려는 의도로 해석될 수 있다. 다만 그 인정은 실제로 아무런 효과도 내지 못했다. 2월 15일 마크롱 대통령은 친이스라엘 성향으로 알려진 기자 프레데릭 아지자를 엘리제궁으로 초청해, 프랑스 앵수미즈(LFI)가 "프랑스가 지켜야 할 핵심 가치들에 반대하고 있다"고 말한 것으로 전해졌다. 그는 특히 "반유대주의 문제에서 그렇다"고 주장했지만, 이는 근거가 부족하다는 지적이 나온다. 다만 가자지구에서의 이스라엘 행동을 '집단

르몽드코리아 신간 『문화와 AI』

권당 정가 16,000원

학살'로 규정하는 것 자체를 반유대주의로 보는 입장에 선다면, 이러한 비판은 달리 해석될 여지도 있다.

그로부터 나흘 뒤, 이스라엘 극우 정부에 유리한 조치들이 잇따른 한 주를 마무리하며 세바스티앵 르코르뉘 총리는 세 가지 입장을 밝혔다. 그는 프란체스카 알바네세의 사임을 요구하고, 가자 전쟁을 집단학살로 규정하는 것을 거부했으며, 4월 의회에 '반시온주의'를 반유대주의와 동일시하는 법안을 상정하겠다고 밝혔다. 이 법안을 발의한 인물이 카롤린 야당 의원이라는 점을 고려하면, 바로 장관은 그녀의 '지적 신뢰성'에 대해 누구보다 잘 알고 있을 것이다. ᴸᴰ

글 · 세르주 알리미 Serge Halimi
　　 피에르 랭베르 Pierre Rimbert

(1) 2025년 2월 16일 〈LCI 방송〉 인터뷰.

| **2026년 기획연재** |

은폐된 역사의 진실을 찾아서 (4)

저자 미상의 유럽 지도 제작 작품(아브라함 크레스케스로 추정), 「카탈루냐 지도집」, 1375년. 오른쪽 아래에 황제 만사 무사(Mansa Moussa)가 묘사되어 있다.

역사는 기억의 기록이 아니라, 선택의 결과다. 무엇이 남고 무엇이 사라질지는 늘 권력이 결정해 왔다. 이 연재는 매달 2~3곳의 지역을 선택해, 공식 서사에서 밀려난 역사적 사건들을 다시 살펴본다. 영웅담과 국가 신화 뒤에 가려진 침묵, 의도적으로 삭제되거나 왜곡된 기억, 그리고 '사실'이 어떻게 관리되어 왔는지를 추적한다. 목적은 단 하나다. 새로운 진실을 선언하는 것이 아니라, 의심하는 기준을 되찾는 것이다. 누가 말하고 있는가, 무엇이 빠져 있는가, 왜 이 이야기는 지금까지 말해지지 않았는가를 묻는다. 과거를 다시 읽는 일은 현재를 이해하는 가장 정확한 방법이다. 이 연재는 각 지역의 사례를 통해, 역사가 어떻게 권력의 언어가 되어 왔는지를 조용히 드러낼 것이다. 이 연재는 프랑스어판 〈르몽드 디플로마티크〉가 최근 발행한 특집호 『지적 자기방어 매뉴얼 – 역사편 (MANUEL D'AUTODÉFENSE INTELLECTUELLE – HISTOIRE』를 텍스트로 삼는다.(편집자 주)

말리(Mali)가 유럽을 압도하던 시대

오랫동안 뿌리 깊은 편견 때문에 아프리카의 역사는 식민지 정복이 시작된 순간에서 출발한 것처럼 여겨져 왔다. 그러나 유럽 제국들이 지배를 확장한 곳은 결코 버려진 대륙도, 과거가 없는 지역도 아니었다. 한때 번성했던 여러 문명의 찬란한 모습이 이제 서서히 역사 속 그늘에서 모습을 드러내고 있다.

아드리앵 콜레 | 역사가. 카이로 프랑스 동방고고학연구소 연구원

다마스쿠스 출신의 학자이자 궁정 서기관이었던 이븐 파들 알라 알우마리(Ibn Fadl Allah al-Umari, 1301~1349)는 만사 무사의 귀환 대상이 지나간 지 3년 뒤인 1328년 처음 카이로를 방문했다. 그는 그 사건이 남긴 영향을 직접 확인할 수 있었다. 말리 사절단이 시장에서 지출한 막대한 돈과 귀족들에게 베푼 선물 때문에 금 가격이 장기간 하락할 정도로 경제적 충격이 컸다. 그러나 무엇보다도 사람들의 상상력을 사로잡은 것은 그 사건이 남긴 파장이었다. 무려 12톤이 넘는 금을 가지고 온 말리 왕의 명성은 곧 지중해 전역으로 퍼져나갔다. 알우마리(Al-Umari)는 자신의 방대한 백과사전 『제국을 가진 도시들을 바라보는 길들』(총 27권)에서 여러 강력한 술탄국이 공존하는 다극적 정치 세계를 묘사하면서, 말리를 세계의 주요 강국 가운데 하나로 소개한다. 이 시기 말리 왕국은 이집트뿐 아니라 모로코의 메리니드 왕조와도 매우 우호적인 외교 관계를 유지하고 있었다.

말리 중세사와 관련해 가장 널리 알려진 사건이 동방에서 일어났다는 사실은 놀라운 일이 아니다. 이 제국 내부에서 작성된 문서가 거의 남아 있지 않기 때문이다. 따라서 말리의 역사는 주로 아랍어로 기록된 중세 문헌,

드라마네 톨로바 – 「이중의 빛」, 2022년.

BÊTISIER

어록집

프리드리히 헤겔에서 어제의 니콜라 사르코지에
이르기까지. 두 세기에 걸친 상투적 편견.

"아프리카는, 우리가 역사를 거슬러 올라가 살펴볼 수 있는
한도까지 보더라도, 세계의 다른 지역과 아무런 연결 없이 닫혀 있
었다. 그곳은 금의 나라이며, 자기 안으로 접혀 있는 나라, 역사의
의식적 낮 너머에 놓인 어린 시절의 나라로, 밤의 검은 어둠 속에 싸
여 있다."

— 프리드리히 헤겔, 『역사 속의 이성』, 1837

"아프리카라는 이 땅은 참으로 기이하다! 아시아에는 그 역사가 있
고, 아메리카에도 그 역사가 있으며, 호주조차 인류의 기억이 시작
되는 순간부터 자신의 역사를 지니고 있다. 그러나 아프리카에는
역사가 없다. 거대한 어둠의 전설 같은 것이 그 땅을 뒤덮고 있을 뿐
이다."

— 빅토르 위고, 『아프리카에 관한 연설』, 1879

"어쩌면 미래에는 가르칠 만한 아프리카의 역사가 생길지도 모른
다. 그러나 지금으로서는 그런 것은 없다. 아프리카에 존재하는 것
은 유럽인들의 역사뿐이다. 나머지는 어둠이다. 그리고 어둠은 역
사 연구의 대상이 아니다."

— 휴 트레버-로퍼, 옥스퍼드대 교수, 1963년 11월 28일 발언 (『아
프리카 일반사』 제1권, 유네스코, 1980 인용)

"아프리카의 비극은 아프리카인이 아직 역사 속으로 충분히 들어
오지 못했다는 데 있다. 수천 년 동안 자연과 조화를 이루며 계절의
흐름에 따라 살아온 아프리카 농민은 같은 몸짓과 같은 말을 끝없
이 되풀이하는 시간의 영원한 순환만을 알 뿐이다."

— 니콜라 사르코지, 다카르 연설, 2007년 7월 26일

"인류의 요람인 아프리카는 안타깝게도 그 땅 위에서 찬란한 문명
들이 발전하는 모습을 (이집트를 제외하고는) 보지 못했다."

— 『위대한 문명들(Les Grandes Civilisations)』, Quelle histoire,
파리, 2016

만사 무사의 메카로 향하는 길 위의 대상 행렬. 존 오길비의 판화, 약 1670년경.

특히 북아프리카 학자들의 저작에 크게 의존하고 있다.
13세기 초, 말리 왕국은 서부 사헬 지역에서 여러 도시
국가와 왕국들과 공존하고 있었다. 그 가운데 가장 강력
한 세력은 테크루르(Tekrour), 가나(Ghana), 가오(Gao)
였다. 제국의 창건자인 마리 자타(Mari Djata, 구전 전통
에서는 순디아타 케이타)는 일련의 정복을 시작했고, 그
의 후계자들이 이를 더욱 확장했다. 1300년 무렵에 이
르러 서부 사헬 지역은 역사상 처음으로 하나의 정치 질
서 아래 통합되었다. 그러나 이후 몇몇 통치자들의 부실
한 통치로 인해 이러한 패권은 15세기 초부터 약화되기
시작했다. 말리 제국은 1430년대에 사실상 해체되었고,
그 뒤에는 규모가 더 작은 왕국이 남아 17세기 말까지
일정한 지역적 영향력을 유지했다.

출처 : 『아프리카 지도집(Atlas de l'Afrique)』, Les Éditions du Jaguar, 2015
Elikia M'Bokolo, Afrique noire. Histoire et civilisations, tome 2, Hatier-AUF, 2004 ;
→ 엘리키아 음보콜로(Elikia M'Bokolo), 『흑아프리카: 역사와 문명』, 제2권, Hatier-AUF, 2004
프랑수아자비에 포벨(François-Xavier Fauvelle), 『황금 코뿔소: 아프리카 중세의 역사』, Les Arènes-L'Histoire, 2019

여행가가 기록한 '말리'

술탄국 내부의 상황을 전해주는 거의 유일한 증언은 위대한 여행가 이븐 바투타(Ibn Battuta)에게서 나온다. 그는 1352~1353년에 말리의 수도에 머물렀다. 처음에 그는 당시 술탄이었던 만사 술레이만에 대해 매우 비판적인 태도를 보였다. 궁정에서는 외국 출신 신하들이 금으로 된 연금과 선물을 받고 있었지만, 그는 그들 사이에 끼어들기 쉽지 않았기 때문이다. 그러나 몇 달이 지나 마침내 술탄을 알현하고 그토록 바라던 금까지 받게 되자, 인색하다고 여겼던 왕은 어느새 관대한 군주로 보이기 시작했다. 이와 같은 시선은 그가 묘사한 말리의 무슬림 사회에 대해서도 드러난다. 그의 서술에는 일정한 우월적 시선, 때로는 '인종주의적'이라고 할 만한 태도도 엿보인다. 그럼에도 불구하고 이븐 바투타는 결국 이 사헬 제국에 매료되었으며, 자신이 여행한 곳 가운데 가장 안전한 지역이라고 평가했다. 이곳에서는 대상(隊商)도 무기도 없이 이동하는 것이 가능했다고 그는 기록한다.

그가 남긴 궁정 의식에 대한 아름다운 묘사는 알우마리(Al-Umari)의 기록을 떠올리게 하며, 음악이 중요한 역할을 했음을 보여준다. 그는 이렇게 썼다. "그들의 나팔은 코끼리 상아로 만들어진다. 악기는 갈대와 박으로 만들어지며 막대기로 두드리면 놀라운 소리가 난다." 이 기록은 문헌 속에서 발라폰(balafon, 서아프리카의 목금)을 언급한 가장 오래된 사례로 여겨진다. 또한 그는 쌀보다 소화가 잘되는 곡물인 포니오(fonio), 시어버터를 얻는 카리테 나무의 다양한 활용, 그리고 건조한

몇 세기 전으로 거슬러 올라가면…

"만약 우리가 1515년의 세계인권선언이나 1604년의 나폴레옹 민법전을 이야기한다면 뭐라고 하겠는가?" 중세사 연구자 베르트랑 이르슈(Bertrand Hirsch)는 이렇게 묻는다. 그는 아프리카 역사에 관한 오류가 눈사태처럼 쏟아지는 현실을 지적하며 이렇게 덧붙인다. 아프리카는 여전히 제대로 알려지지 않은 대륙이어서, 저명한 학자나 노벨상 수상자들조차 때때로 매우 대략적인 추정에 기대어 말하곤 한다.

■ "중세에는 간헐적인 교역이 존재하긴 했지만, 물물교환은 매우 드물었다. 내가 알기로 12~13세기에 있었던 유일한 물물교환은 금이 부족했던 서구인들이 화폐를 주조하기 위해 사하라 남쪽으로 내려가 잡다한 물건을 금덩이나 금괴와 바꾸던 사례다."
– 자크 르 고프(Jacques Le Goff), 〈르몽드〉, 2013년 1월 5일

그러나 12~13세기에 유럽 상인들이 무슬림 마그레브, 사하라, 혹은 사헬 왕국들을 가로지르는 상업 여행을 했다는 기록은 존재하지 않는다. 이러한 교역과 관련된 간접적 정보가 문헌에 등장하는 것은 15세기 중반에 이르러서이며, 그때 비로소 사헬 왕국들에서 활동하던 아랍-베르베르 상인들에 대한 언급이 나타난다.

■ "아프리카의 뿔 지역은 서기 5세기부터 페르시아의 침략을 겪었다."
– 카트린 코케리-비드로비치, 『아프리카의 작은 역사』, 2011
그러나 아프리카의 뿔 지역에서 '페르시아의 침략'이 있었다는 기록은 존재하지 않는다.

■ "보르누 왕국은 예컨대 세계 최초로 12세기에 헌법을 제정한 나라였으며, 그 민주주의는 사회·정치·지적 측면에서 그리스보다 훨씬 발전해 있었다."
– 장마리 귀스타브 르 클레지오, Libération, 2011년 11월 12일
그러나 보르누 왕국은 12세기가 아니라 14세기에 등장하며, 그 시기에 어떤 헌법이 존재했다는 흔적도 없다.

■ "[중세에는] 아프리카에서 금은 쓸모가 없다. 화폐가 없기 때문이다. 그러므로 실제로 아무 쓸모도 없다. 그래서 아랍 상인들이 그것을 비교적 싸게 사서 지중해 북쪽에서 매우 비싸게 되판다."
– 가브리엘 마르티네즈-그로, France Culture, 2023년 6월 5일
그러나 중세 아프리카에는 지역 및 지방 화폐가 존재했으며, 이는 대륙의 경제 규모와 성격을 반영하는 것이었다. 이러한 이유 때문에 식민지 지배자들은 때때로 자신들의 화폐 체계를 강제로 도입하는 데 어려움을 겪었다. 예컨대 서아프리카에서의 영국 사례가 그러했다.

흙으로 지은 건축물 등에 대해서도 기록하며 이 독특한 문명의 모습을 전한다. 이러한 역사는 오랫동안 서구 세계에서 거의 알려지지 않았다. 상황이 바뀐 것은 19세기에 들어서 아랍어에 능통한 동양학 연구자들이 등장해 빌라드 알수단(Bilad al-Sudan, '검은 이들의 땅')에 관한 중세 문헌을 번역하기 시작하면서부터였다. 이러한 학문적 연구는 때때로 먼고 파크(Mungo Park)나 르네 카이에(René Caillié) 같은 탐험가들의 여행 기록에 의해 보완되었다. 그러나 식민지 확장이 더해지면서 역사 연구는 커다란 오해 속에서 전개되었다.

식민지 역사에 파묻힌 아프리카

많은 탐험가와 군인, 식민 행정가들은 19세기 아프리카에서 자신들이 관찰한 사회를 마치 중세 사회의 모습인 것처럼 이해했다. 그들은 과거의 유적을 지중해나 메소포타미아 문명에서 유래한 고대 문명의 흔적으로 해석했다. 이러한 '바빌로니아 열광(babylomaniaque)', 즉 아프리카 문명을 외부의 고대 문명에서 비롯된 것으로 설명하려는 집착적 해석의 시대가 지나자, 사하라 이남 아프리카가 역사성이 없는 대륙이라는 주장과 서아프리카의 실제 과거 사이의 모순을 더 이상 외면할 수 없게 되었다. 그러나 식민지 시대의 학문은 여전히 이 지역 문명의 발전을 외부에서 온 무슬림 세력의 영향으로 설명하려 했다. 1960~1970년대 이후 서아프리카 중세사 연구는 크게 진전되었다. 그럼에도 여전히 많은 부분이 밝혀지지 않은 채 남아 있다. 원래도 부족했던 문헌 자료에 더해, 오늘날에는 지정학적 불안정 때문에 현장에서 고고학 조사를 수행하기 어려운 상황이다. 게다가 이 분야에 투입되는 연구 자원도 매우 제한적이다. 결국 전 세계적으로 소수의 전문가들만이 이 연구를 이어가고 있는 실정이다. ⒧

남북전쟁에서 대공황까지, 떠도는 미국

아르노 드 몽주아 │ 언론인, 문학 평론가

미국은 결국 하나의 거대한 신기루에 불과한 걸까. 그곳의 주민들을 끝없는 도주의 길로 내몰고, 탐욕스러운 황금의 땅으로 향하게 하는 신기루 말이다. 제인 앤 필립스의 소설 『레센티넬(Les Sentinelles)』(1)에 등장하는 인물들은 바로 그런 운명을 살아간다. 시대적 배경은 1874년, 웨스트버지니아. 미국 남북전쟁이 끝난 지 겨우 아홉 해가 지났을 뿐이지만, 그 전쟁은 이미 모든 것을 뒤흔들어 놓았다. 기억과 삶의 경로, 그리고 사람들의 운명까지도 말이다. 열두 살 소녀 코라리는 이미 어른이 되어 버렸다. 침묵 속에 갇힌 어머니 엘리자에게도, 진짜 아버지와 그 자리를 대신하려는 남자에게도, 그리고 스쳐 지나가는 모든 사람에게도 그렇다. 그곳을 지나가는 이들은 옛 군인들, 기억을 잃은 떠돌이들, 무거운 짐을 지고 떠도는 여자들이다. 그들에게 남은 것은 낯선 어딘가로 달아나는 길뿐이다. 이 고립된 산악지대 트랜스알레게니는 망명지이자 피난처다. 그곳에는 상처 입은 세상을 고치고 고통을 어루만지려는 '파수꾼들'이 살고 있다. 전쟁 부상자들을 치료하는 병원처럼, 어머니와 딸도 그곳으로 향한다. 그곳은 하나의 마을이면서 동시에 사람들을 새로운 도시로 떠나게 하는 출발점이기도 하다. 많은 이들이 악의적인 운명에서 벗어나기 위해 그 도시들로 향한다. 2024년 퓰리처상 소설 부문을 수상한 이 작품에서 제인 앤 필립스는 "모든 고통 너머의 침묵"을 끈질기게 탐색한다. 그 침묵은 아직 끝나지 않은 집단적 역사 속 그림자를 현재로 끌어낸다.

1930년대, 기자이자 소설가였던 소노라 밥(Sonora Babb, 1907~2005)은 오클라호마, 텍사스, 캔자스 출신 소농들이 수용된 연방 캠프에 머문다. 이들은 대공황과 대규모 먼지 폭풍인 더스트 보울로 농장을 잃은 사람들이었다. 그들은 서쪽, 즉 과수원이 있는 캘리포니아로 향한다. 좌파 성향의 시민이었던 소노라 밥(그녀는 훗날 '블랙리스트'에 오르기도 했다)은 이들을 돕는 한편, 그들의 이야기를 널리 알리려 했다. 그녀는 수많은 증언을 기록하고 많은 메모를 남겼으며, 강제된 유랑의 경험을 소설로 쓰기 시작한다. 농장을 떠나지 않으려는 그들의 고집, 저당 잡힌 땅에 대한 집착, 그리고 결국 시작되는 캘리포니아로의 여정. 그곳은 일할 수 있는 새로운 약속의 땅처럼 보였다. 그러나 곧 그들은 자신들이 사실상 '백인 흑인'에 불과한 처지임을 깨닫는다. 대농장주들의 자의적 권력 아래 놓이고, 자신의 미래를 불안해하는 지역 주민들의 적대에도 직면한다.

소노라 밥의 소설 『이름 없는 자들』은 1937년에 집필되었다.(2) 그러나 실제 출간은 2004년에야 이루어졌다. 존 스타인벡은 소노라 밥의 작업 노트를 알고 있었고, 이를 바탕으로 자신의 소설을 구상했다. 그러나 그녀가 원고를 출판사에 넘겼을 때는 이미 늦은 뒤였다. 스타인벡의 『분노의 포도』가 먼저 출간되어 큰 성공을 거두었기 때문이다. ⅬⅮ

글 · 아르노 드 몽주아 Arnaud de Montjoye
언론인, 문학 평론가

(1) Jayne Anne Phillips, 『센티넬들』, 마르크 암프레빌 옮김(영어·미국 원작), 페뷔스, 파리, 2025, 384쪽.
(2) Sonora Babb, 『이름 없는 자들』, 티에리 보상 번역 및 서문, 에디시옹 뒤 소뇌르, 파리, 2025, 384쪽.

정치에서 오래 버티는 기술

어느 좌파정치인의 일탈,
반인종주의에서 부역으로

인종차별에 맞서는 투쟁에 참여했던 한 '좌파' 정치인이 어떻게 비시 정권에 가담해 페탱 원수를 열성적으로 지지하게 되었을까. 겉보기와 달리 이는 그리 예외적인 사례가 아니다. 폴 마르샹도(Paul Marchandeau, 1882~1968)의 행적은 정치적 일탈이 나타나는 과정에서 개인적 야망과 지역 유력자들 사이의 유착, 그리고 권력 네트워크가 어떤 역할을 하는지를 보여준다.

리오넬 리샤르 │ 역사학자

냉소적인 출세주의자의 모습은 더 이상 놀라운 일이 아니다. 이러한 인물상은 오래전부터 문학 작품 속에서도 반복적으로 등장해 왔다. 19세기에는 알렉상드르 뒤마가 『가브리엘 랑베르』에서, 에밀 졸라가 『먹잇감』에서, 그리고 기 드 모파상이 『벨아미』에서 끝없는 야망을 지닌 인물들을 통해 그 심리적 특징을 묘사한 바 있다.

1930~1940년대에는 이러한 유형의 한 독특한 사례로 폴 마르샹도(1882~1968)를 들 수 있다. 툴루즈의 피에르 드 페르마 고등학교를 졸업한 그는 파리로 올라가 법학을 공부해 박사 학위를 받았다. 이후 변호사 사무실을 열고 급진사회당 소속으로 정치에 입문했으며, 랭스 지역 신문인 〈레클레르 드 레스트〉에 기고하기 시작했다. 그는 곧 신문의 책임자가 되었다. 이를 계기로 그는 마른 지역에서 정치적 기반을 다졌다. 그는 1925년부터 1942년까지 랭스 시장을 지냈고, 1926년부터 국회의원으로 활동했다. 1937년에는 도의회 의장을 맡았으며, 1930년부터 1939년까지 여러 차례 정부의 고위 직책도 수행했다.

페탱과의 오찬

역사가들은 그의 정치적 행로에서 무엇을 주로 기억하고 있을까. 대체로 1939년 그의 이름을 딴 마르샹도 법령을 언급한다. 그는 1938년 11월 1일부터 1939년 9월 1일까지 법무장관을 지냈으며, 이 시기 두 개의 법령이 그의 책임 아래 공포되었다. 첫 번째는 1881년 언론자유법(제32조와 제33조 2항)을 보완하기 위한 것이었고, 두 번째는 외국 선전 활동을 억제하기 위한 것이었다. 이 법령들은 당시 확산되던 인종주의에 대응하기 위해 에두아르 달라디에 정부가 1939년 4월 21일 채택한 것이다. 여기에는 특정 인종이나 종교 집단을 모욕하거나 비방해 시민들 사이에 증오를 선동하는 행위를 처벌하고, 최대 1년의 징역형을 선고할 수 있도록 하는 내용이 포함되어 있었다. 이 때문에 마르샹도는 곧바로 극우 언론으로부터 "유대인들의 동맹자"(1)라는 비난을 받았다. 그러나 1940년 이후 그의 정치 활동은 거의 언급되지 않는다. 그는 1940년 7월 10일 필리프 페탱 원수에게 전권을 부여하는 데 찬성표를 던진 의원들 가운데 한 사람이었으며, 이후에도 끝까지 페탱의 충실한 지지자로 남았다.

1940년 8월 16일 비시 정부는 불과 16개월 전 그의 이름으로 제정된 법을 폐지했다. 프랑스에서 처음으로 인종차별 선동을 처벌한 이 선구적 입법의 주역이 었던 마르샹도는 이에 대해 아무런 입장을 밝히지 않았다. 반면 반유대주의자들은 이를 두고 승리를 외치며 환호했다.

이후 상황은 점차 다른 방향으로 흘러갔다. 독일군의 침공이 시작되자 마르샹도는 중앙산악지대(마시프 상트랄)로 피신했다. 피란이 끝난 뒤 그는 랭스로 돌아왔고, 페탱 원수에게 직접 인사를 하기 위해 비시를 방문하기로 했다. 그는 방문 계획을 미리 알렸고, 이 소식은 부총리 피에르 라발에게 전달되었다. 라발은 샤텔르동에 있는 자신의 성에서 페탱과 함께 점심 식사를 하자고 제안했다. 1940년 7월 3일 열린 이 오찬은 마르샹도에게 사실상 충성의 맹세와 같은 의미를 지니게 되었다. 그는 이를 값싼 시 한 편으로 표현했다. "원수님, 당신은 폭풍에도 굴하지 않고 숲 속에 우뚝 서 있는 거대한 나무와 같습니다…"(2)

랭스로 돌아왔을 때 독일 당국은 그를 경계했다. 한때 급진사회당 소속 정치인이었고, 무엇보다 반유대주의에 맞서는 법률을 추진했던 인물이었기 때문이다. 독일 당국은 처음에는 그의 시장직 복귀를 허용하지 않았다. 그러나 그는 독일 장교들뿐 아니라 페탱과 라발 등과의 인맥을 활용해 결국 시장직을 되찾았다.

당시 마른 주의 주지사는 협력 정권의 충실한 관료로 알려진 르네 부스케였다. 1941년 5월 19일 부스케는 3월 1일 법령으로 설치된 새 시의회를 공식 출범시키기 위해 랭스를 방문했다. 그는 마르샹도가 "프랑스 국가"에 충성을 보여 준 데 대해 감사를 표했다. 이에 대해 마르샹도는 자신의 태도가 지극히 당연한 것이라고 답했다. "원수와 같은 인물들이 어떤 길을 선택했다면 그것은 충분한 판단 끝에 내린 결정이라고 우리는 믿습니다. 그들의 행동을 비판하는 것이 나라를 제대로 섬기는 길이라고 생각하지 않습니다."

1942년 3월 말, 마르샹도는 "피할 수 없는 건강상의 이유"를 들어 랭스 시장직에서 물러났다. 후임자는 그가 직접 정했다. 지역의 유력 인사이자 외과 의사인 조제프 부비에였다. 부비에는 1942년 4월 15일 열린 공식 행사에서 시장으로 취임했다. 그는 전임자에게 '명예 시장' 칭호를 부여하고, 오랫동안 시민을 위해 헌신적으로 봉사한 공로를 인정해 랭스 시 메달을 수여했다.

이후 마르샹도는 자신이 운영하던 신문 〈레클레르 드 레스트〉의 경영에 더 많은 시간을 할애하려 했다. 그는 또한 1934년부터 맡고 있던 프랑스 시장 협회 회장직도 계속 유지하며 그 역할을 수행했다.

1942년 협회 총회를 그의 제안으로 비시에서 개최한 사실은 그가 권력에 대한 아첨을 마다하지 않았음을 보여준다. 8월 27일 그는 개회 연설에서 "프랑스 원수이자 국가 원수인 페탱에 대한 깊은 경의"를 표했다. 회의가 끝날 무렵, 피에르 라발은 참석자들의 결정으로 협회의 명예 회장으로 추대되었다.(3)

점령 기간 동안 마르샹도는 '프랑스 국가'에 대한 충성을 공개적으로 드러내는 인물로 자리 잡았다. 이러한 상황은 1944년 8월 30일 아침, 미국 전차가 랭스 시내에 진입할 때까지 이어졌다. 같은 날 프랑스 임시정부가 임명한 부지사 피에르 슈나이터는 마르샹도의 신문 〈레클레르 드 레스트〉의 건물과 장비를 레지스탕스에서 탄생한 신문 〈뤼니옹 상파누아즈〉가 사용할 수 있도록 하는 명령을 내렸다. 얼마 뒤 마른 지역 해방위원회는 마르샹도의 피선거권을 박탈했다.

'희생자'로 둔갑한 인물

그렇다면 정치적으로 그는 끝난 인물이었을까. 그러나 그렇지 않았다. 〈레클레르 드 레스트〉와 관련된 책임 때문에 그는 법정에 소환되었지만, 피고가 아니라 증인의 신분이었다. 그는 재판에서 "진짜 책임은 기자들에게 있다"고 주장하며 자신은 오히려 그들과 자주 충돌했다고 말했다. 그 결과 그는 마치 "초기부터 활동한 순수한 레지스탕스"(4)였던 것처럼 보이게 되었다.

이후 전개는 정치에서 끈질긴 출세욕이 얼마나 강력한 동력이 되는지를 보여준다. 마르샹도는 법적으로 피선거권이 제한되었지만 시민으로서 항의할 권리까지 잃은 것은 아니었다. 그는 자신의 신문을 빼앗겼다며 끊임없이 문제를 제기했다. 페탱 체제가 무너진 뒤의 혼란스러운 정치 상황 속에서 그는 스스로를 '희생자'로 포장했다. 결국 1953년 분쟁은 그의 승리로 끝났고, 그는 2천만 구 프랑, 오늘날 가치로 약 51만4천 유로(약 7억 4천만 원 정도)에 해당하는 상당한 보상금을 받았다.(5)

마르샹도의 이름은 그를 명망 있는 정치인으로 보이게 했던 1939년 법률에 여전히 남아 있다. 그러나 이후 그의 행적을 돌아보면, 그것이 과연 도덕적으로 정당한 평가인지 의문이 남는다. 이 전형적인 출세주의자의 사례는 역사가 때때로 어떻게 왜곡된 모습으로 여론 속에 자리 잡는지를 보여준다. ID

글 · 리오넬 리샤르 Lionel Richard
역사학자, 피카르디 대학교 명예교수.

(1) 예컨대 1939년 7월 파시스트이자 친나치 성향의 건축가 장 보아셀(Jean Boissel)이 발행하던 격주간지 『르 레베유 뒤 퓌플(Le Réveil du peuple)』에서 이러한 표현이 사용되었다.
(2) 클로드 구넬(Claude Gounelle), 『비시에서 몽투아르까지(De Vichy à Montoire)』, 프레스 드 라 시테(Presses de la Cité), 파리, 1966.
(3) 『정치·문학 논쟁지(Journal des débats politiques et littéraires)』, 1942년 8월 29일자 및 30일자.
(4) 『르 프랑 티뢰르(Le Franc-Tireur)』, 1945년 11월 18일자.
(5) 장피에르 위송(Jean-Pierre Husson), 『제2차 세계대전의 시련 속의 마른과 마른 주민들(La Marne et les Marnais à l'épreuve de la seconde guerre mondiale)』, 랭스대학교출판부(PUR), 제2판, 1998.

그런데 왜 하필 양을 그려달라고 했을까?

에블린 피에예 | 언론인

이것은 단순한 현상이 아니다. 하나의 수수께끼다. "부탁이에요, 양 한 마리만 그려 주세요."라는 말은 이제 누구나 알고 있다. 감동을 느끼든, 혹은 약간 불편함을 느끼든 상관없다. 어쨌든 우리는 이 문장을 알고 있다. 80년이 넘는 세월 동안 사람들은 이 말을 기억해 왔다. 가까이에서든 멀리서든, 마치 오래전부터 집단적 상상력 속에 자리 잡아 온 것처럼 말이다. 말하자면 하나의 문화유산이다. 세상은 변해도 『어린 왕자』는 여전히 남아 있다.(1)

그래서 사람들은 묻게 된다. 왜일까. 비행사이자 작가였던 앙투안 드 생텍쥐페리는 1940년 말부터 뉴욕에 머물고 있었다. 그곳에서 그는 『전투기 조종사』를 출간했고, 이 책은 큰 성공을 거두었다. 1943년 그는 자신이 직접 수채화 삽화를 그린 짧은 이야기를 발표했다. 어린이들을 위한 동화이면서 동시에 어린 시절을 기억하는 모든 이들을 위한

이야기였다. 그는 『어린 왕자』를 친구 레옹 베르트에게 헌정했다. 같은 해에 발표한 『인질에게 보내는 편지』의 중심인물이기도 한 그 친구에게, "그가 어린 소년이었을 때"를 떠올리며 바친 것이다.(2)

1944년 생텍쥐페리는 북아프리카로 돌아가 공군에 복귀한 뒤 작전 임무를 수행하다 지중해 상공에서 실종되었다. 그때부터 그는 하나의 전설이 되었다. 이야기 속에서 한 비행사는 사막에서 비행기가 고장 나 고립된 상황에서 먼 소행성에서 온 한 아이를 만난다. 그 아이가 바로 어린 왕자다. 그는 자신이 유일한 주민이자 주인이었던 작은 별을 떠나 사랑하지만 변덕스러운 장미로부터 멀어지기 위해 여행을 떠났다. 그는 여러 행성을 돌아다니며 그곳의 주민들을 만났고, 지구에 도착한 뒤에는 여우와 친구가 되고 뱀과도 이야기를 나눈다. 어린 왕자는 비행사와 오랜 시간을 함께 보낸 뒤 결국 자신의 별로 돌아가기로 결

조반니 안셀모 — 「보이지 않는 것」, 1970·1998·2007

심한다. 그리고 뱀에게 물려 그 길을 선택한다.

이 이야기는 의도적으로 어린아이 같은 단순한 문체로 서술되어 있다. 때로는 시적인 표현에 가까운 약간의 과장으로 흐르기도 하고, 이야기 속 문장들은 종종 격언처럼 들리며 노골적으로 어떤 지혜를 전달하려 한다. 그리고 반복적으로, 때로는 집요하게, 금빛 머리와 금빛 목도리를 두른 아이의 모습이 찬미된다. 그의 자발성, 순수함, 진정성은 '어른들'의 어리석음과 대조된다. 비행사는 이 아이에게서 경이로움을 믿는 법을 배우고, 경직된 어른의 상식을 잠시 내려놓는 법을 배운다. 그리고 어린 왕자가 떠난 뒤에도 그는 언젠가 그가 돌아오기를 바라게 된다. 이 이야기에서 기억에 남는 것이 양 이야기만은 아니다. 여우와의 장면 역시 많은 독자에게 깊은 인상을 남겼고, 여러 문장은 시간이 지나며 점차 명언처럼 자리 잡았다. "마음으로 보지 않으면 제대로 볼 수 없어. 중요한 것은 눈에 보이지 않거든." "네가 나를 길들인다면 우리는 서로에게 필요해질 거야. 너는 나에게 세상에서 하나뿐인 존재가 될 거야."

끝없이 이어지는 『어린왕자』 신드롬

생텍쥐페리의 여러 작품 가운데에서도 이 짧은 동화는 가장 놀라울 정도로, 그리고 가장 오래 지속되는 인기를 얻었다. 어린 왕자는 세계 어디에서나 읽힌다. 과장이 아니다. 1946년 프랑스에서 출간된 이후 전 세계에서 2억 부가 팔렸다. 어떤 이들은 미국에서 처음 출간된 1943년부터 계산하기도 하지만, 이 정도 규모에서는 그 차이가 큰 의미를 갖지 않는다. 프랑스에서만 1,800만 부 이상이 판매되었고 지금도 매년 40만 부가 팔린다. 전 세계적으로는 매년 500만 부가 판매된다.(3) 또한 650개가 넘는 언어와 방언으로 번역되었다. 과장 없이 말하자면 이것은 진정한 베스트셀러다. 많은 창작에 영감을 주는 작품이기도 하다. 좀 더 직설적으로 말하면 거대한 수익을 만들어내는 작품이다. 성공이 보장된 이야기다. 프랑스와 최근 몇 년의 사례만 간단히 살펴보아도 그 영향력은 분명하다. 초기 사례로는 1954

년 배우 제라르 필리프가 녹음한 낭독이 있다. 그는 화자의 역할을 맡았는데, 이 녹음은 작품을 곧바로 고전의 지위로 끌어올렸다. 2026년 봄에는 두 편의 음악 공연이 이 작품을 바탕으로 만들어졌으며, 그중 하나는 현재 국립민중극장(TNP)의 감독 장 벨로리니가 연출한 작품이다. 2015년에는 마크 오즈번의 애니메이션 영화가 제작되었고, 가수 카미유의 노래와 리처드 하비, 한스 짐머(『글래디에이터』와 『라이온 킹』 음악을 만든 작곡가)의 음악이 사용되었다. 또한 조안 스파르의 만화(2008), 『어린 왕자: 새로운 모험』 시리즈(2011~2015, 총 24권), 미셸 뷔시의 소설『코드 612: 누가 어린 왕자를 죽였는가?』(2021), 그리고 2025년 라그랑드모트에서 열린 천 대의 드론으로 만든 '마법 같은' 공연 등 다양한 형태로 재창작되었다. 이런 사례들은 끝없이 이어진다.

그러나 삶에는 예술만 있는 것이 아니다. 『어린 왕자』의 세계도 마찬가지다. 거기에는 사업도 있다. 『어린 왕자』는 1980년대 말부터 하나의 상표가 되었다. 상속인들이 프랑스 국립산업재산권연구소(INPI)에 등록한 것으로, "양 한 마리만 그려 주세요" 같은 문장들도 함께 상표로 등록되어 있다. 관련 파생 상품의 연간 매출은 약 2억 유로에 이르는 것으로 추정된다. 라이선스를 통해 제작되는 상품만도 1만 종에 달한다. 벽지에서부터 발렌타인데이용 작은 조각상까지 종류도 다양하다. 물론 더 많은 상품을 만들 수도 있다. 그러나 한 관계자는 이렇게 설명한다. "우리는 늘 거절하는 데 시간을 보냅니다. 순수한 책을 훼손하고 싶지 않기 때문입니다." (《르 주르날 뒤 디망슈》, 2022년 2월 14일) 훌륭한 태도다. 윤리적이기도 하다. 따라서 어린왕자 80주년을 맞아 이 이야기에서 '영감을 받은' 제품을 출시하려는 가죽 브랜드 베를루티(Berluti)와 펜 제조사 빅(Bic)역시 이 기준에 부합한다고 할 수 있다. 이들은 작품을 어떤 불순한 것으로 오염시키지 않는, 그저 어린 시절에 대한 헌사를 표현하는 제품을 만들 수 있는 브랜드로 여겨진다. 영원한 어린 시절. 연약하고 금빛 머리를 가진 존재. 순수하고 현명한 존재.

이것이 대체로 공유되는 이미지다. 특히 상업 세계에서

는 어린 왕자가 일종의 수호천사나 부적처럼 활용된다. 그는 부드럽고 순수한 이미지를 보증하는 상징이자 이해관계에서 벗어난 순수함을 나타내는 존재로, 동시에 '윤리적인 소비'를 자극하는 판매의 장치로 기능하기도 한다. 표현방식은 다양하고 강조점도 조금씩 다르지만 기본적인 틀은 같다. 프랑스 교육부 역시 이 작품을 매우 선호한다. 과거 '시민·도덕 교육'이라고 불리던 수업에서 활용되기도 하고, 중학교 1학년 독해 교재로 사용되기도 한다. 프랑스 스카우트 단체 가운데 일부는 어린 왕자의 이름을 사용하고 있으며, 프랑스 우정청이나 파리 조폐국도 이 작품을 주제로 한 우표와 기념 메달을 발행했다. 요컨대 어린 왕자는 생텍쥐페리의 표현을 빌리자면 "매혹적인" 영웅이다. 사랑과 우정을 상징하며, 순수한 시선이 그러하듯 사람들의 감각을 일깨우는 존재다. 장미와 여우 역시 많은 사랑을 받지만, 뱀은 상대적으로 인기가 덜하다.

이 우아한 외계인은 단순히 큰 성공을 거둔 작품의 주인공에 그치지 않는다. 그는 폭넓은 공감과 합의의 대상이기도 하다. 세대를 거치면서 이러한 공감은 오히려 더욱 굳어지는 듯 보인다. 소설가이자 전기 작가인 알랭 비르콩들레는 이렇게 회상한다. "활기 넘치던 1970년대에는 생텍쥐페리를 부정하는 것이 일종의 유행이었다. 그의 '잡화점 같은 철학'을 비판하는 것이 멋처럼 여겨지던 시기였다."(4) 아마도 그랬을 것이다. 당시에는 비판적 분위기가 강했기 때문이다. 그럼에도 『어린 왕자』는 거의 풍자나 패러디의 대상이 되지 않았다. 『백설공주』나 『밤비』가 겪었던 것처럼 비아냥이나 노골적인 희화화의 대상이 된 경우도 드물다. 냉소적인 유머로 유명한 프랑스 코미디 팀 레 앙코뉘조차 이 작품을 읽고는 그저 눈물을 흘릴 수밖에 없었다고 한다.(5)

다양한 관점에서 찬미를 받아온 작품

그러나 이 작품에 대한 애정이 여전히 강하다고 해도, 그 이유는 세월이 흐르면서 조금씩 달라졌다. 오늘날의 학

문적 해석은 이 동화의 인간주의적 가치보다는 그 속에 담긴 깊은 의미에 더 주목하는 경향이 있다. 예컨대 논란이 많은 철학자 마르틴 하이데거가 『어린 왕자』를 "실존적 작품"으로 보았다는 주장까지 굳이 언급하지 않더라도, 오늘날의 해석은 대체로 진지한 성격을 띤다. 롤랑 바르트 연구로 잘 알려진 문학 연구자 티파인 사모요는 이렇게 말한다. "종교 서적을 제외하면 이 작품이 세계에서 가장 많이 읽히는 책이 된 이유는, 그것이 하나의 영적 선언에 가까운 성격을 지니기 때문이다. 『어린 왕자』는 인간 존재와 삶의 의미에 관한 형이상학적 질문을 성찰하게 하며, 일종의 '작은 초월성'을 보여 주는 작품이다." (프랑스 〈퀼튀르 라디오〉, 2023년 1월 2일) 소설가이자 평론가 필리프 포레스트 역시 2013년 낭트 대학의 한 강연에서 이 작품을 설명하며 『오디세이아』와 『신곡』, 그리고 칸트까지 언급하면서 『어린 왕자』를 하나의 "입문 서사"로 해석했다. 이 작품은 또한 '내면의 아이'라는 개념과 함께 읽히기도 한다. 어른의 마음속 깊이 남아 있는 어린 시절의 자아라는 관점에서 정신분석적으로 해석되기도 하고, 자기계발 담론에서 활용되기도 한다. 어떤 이들은 이 작품을 "사랑에 대한 명상"으로 평가하기도 한다(다니엘 르누아르, 〈테모아냐주 크레티앙〉, 2023년 4월 6일).

최근의 해석은 또 하나의 요소를 더욱 분명하게 강조한다. 오랫동안 상대적으로 덜 주목되었지만 이야기 전체에 깊이 흐르는 감정, 곧 슬픔이 그것이다. 그것은 고독의 슬픔이자 동시에 상실의 슬픔이다. 결국 어린 왕자는 스스로 죽음을 선택하는 것처럼 보이기 때문이다. 이 작품을 둘러싼 해석에는 크게 두 가지 흐름이 이어져 왔다고 볼 수 있다. 첫 번째는 전후 경제 성장기인 이른바 "영광의 30년"(Trente Glorieuses) 시기에 나타난 해석으로, 『어린 왕자』를 사랑과 상상력의 힘을 찬미하는 이야기로 읽는 경향이었다. 두 번째는 오늘날의 해석으로, 삶의 고통 속에서 위로를 찾으려는 욕망과 연결된다. 그러나 두 흐름에는 공통된 배경이 있다. 그것은 '어른들'에 대한 경멸, 곧 그들의 빈약한 '이성'과 타협적인 태도에 대한 비판이며, 동시에 어린 시절에 대한 매혹이다. 어린 시절은 순수한 지

혜의 보고로 여겨지지만, 결국 사라질 수밖에 없는 존재이기도 하다.

어쩌면 바로 그 점이 『어린 왕자』가 지금까지도 널리 사랑받는 이유일 것이다. 이 작품은 잃어버린 낙원에 대한 향수와 현실 세계에 대한 실망이 뒤섞인 감정을 건드린다. 냉전의 시대이든, 불안한 근대의 시대이든, 혹은 우울한 신자유주의의 시대이든 상황은 크게 다르지 않다. 『어린 왕자』는 언제나 조용하고 부드러운 방식으로 하나의 오래된 알레고리를 펼쳐 보인다. 그 알레고리는 단순하다. 어른들의 세계는 어린 시절을 배신하고, 살아간다는 일은 또 다른 하나의 시련이라는 것이다. 역사 역시 진보라기보다 반복에 가깝고, 세상은 쉽게 바뀌지 않는다. 이런 세계에서 저항을 한다면 그것의 목적은 오직 자신의 삶을 선택하는 자유, 그리고 경험을 이야기로 남겨 다른 이들에게 전하는 일에 있다. 그것은 또한 우정의 시적인 빛과 고독을 견디는 인간의 경험을 전하는 이야기이기도 하다. 이런 이유 때문에 많은 후원자들과 산업가들이 이 작품을 기꺼이 기념하려 하는 것도 이해할 만한 일이다. **LD**

글 · 에블린 피에예 Evelyne Pieiller
언론인

(1) 『어린 왕자』는 갈리마르 출판사에서 여러 형태로 출간되었으며, 그 가운데에는 확장된 내용이 포함된 '컬렉터판'도 있다. 이 판본은 4월에 출간될 예정이다.
(2) 레옹 베르트에 대해서는 비비안 아미(Viviane Hamy) 출판사에서 나온 『증언(Déposition)』(2000)과 『33일(33 Jours)』(2015)을 참고할 수 있다.
(3) 이 수치는 2025년 기준으로 웹사이트 lepetitprince.com이 제시한 자료이다.
(4) 알랭 비르콩들레(Alain Vircondelet), 『어린 왕자의 진짜 이야기(La Véritable Histoire du Petit Prince)』, 플라마리옹(Flammarion), 파리, 2008.
(5) 코미디 팀 레 앙코뉘(Les Inconnus)의 영화 『세 형제(Les Trois Frères)』(1995)를 참조.

지금은 맞고 그때는 틀리다?
— 이세돌식 서사의 불온함(1)

배인철 | 국제바둑학회(ISGS)학술지 편집위원장

1. 이세돌의 수상한 자서전

2025년 8월 이세돌은 알파고와 대결을 벌인지 9년 8개월 만에 책을 냈다. 자서전에 해당하는 그 책(1)은 체스의 제왕 카스파로프가 딥블루와 대결을 벌인지 20년 만에 발간한 『딥 씽킹 Deep Thinking』을 연상시킨다. 흥미롭게도 두 책은 판박이처럼 닮은 감상으로 시작한다.

2016년 3월 구글의 인공지능 알파고와 벌인 대결은 1대4, 알파고의 최종 승리로 막을 내렸다. 그리고 이 책에서, 대국 직후 내가 기록해두었던 자세한 내막과 심경을 처음으로 공개한다. (이세돌, 2025, 82쪽)

그 20년 동안 나는 딥블루와의 매치와 관련하여 일반에 공개된 사실 말고는 거의 아무런 언급을 하지 않았다. 물론 딥블루에 관한 책은 여러 권 쏟아져 나왔다. 그러나 이 책이야말로, 그 대결에 관한 모든 이야기를 담은 최초의 고백이자, 나의 정확한 입장을 밝힌 유일한 글이다. 또한 고통스러운 기억에 대한 회고인 동시에, 하나의 폭로이자 소중한 경험에 대한 기록이다. (가리 카스파로프, 2017, 13-14쪽)

두 사람 모두 '처음'임을 밝히고 있고, 표현은 다르지만 뭔가 새로운 내용이 들어있음을 암시한다. 다른 점이 있다면 승부사로서의 철학이다. 카스파로프는 계속해서 말한다.

*여섯 번째 체스 세계 챔피언을 지낸 나의 위대한 스승 미하일 보트비닉(Mikhail Botvinnik)은 언제 어디서나 진실을 추구하라고 말했다. 그런 점에서 **딥블루의 진실**에 다가서려는 노력은 내게 분명 의미 있는 도전이었다. (앞의 책, 14쪽, 강조는 필자)*

카스파로프가 20년 만에 내린 결론은 냉정했다. 1국의 기이한 수는 버그였고, 2국의 신의 손(Hand of God)은 정당한 계산의 결과였으며, 패배의 일부는 스스로 자초했다는 것이다. 그리고 혼란 속에서 자신이 정작 중요한 화두—인간과 기계의 협력—를 놓쳤다고 고백했다.

이세돌이 자서전을 펴낸 것도 카스파로프처럼 '알파고의 진실'에 다가가려는 마음에서였을까? 얼핏 보면 비슷해 보이지만 실은 그렇지 않다. 그 역시 화제가 된 4국의 78수를 재조명한다. 그러나 그 과정에서 앞뒤가 맞지 않는 주장을 노골적으로 피력한다. 이를 제대로 짚으려면 78수를 둘러싼 기술적 맥락부터 살펴볼 필요가 있다.

4국 패배 이후 수석 연구원 데이비드 실버는 다음 날 일정을 모두 취소했다. 관광 계획도 접고, 팀 전체가 알파고의 버그(bug)를 찾는 데 매달렸다. 그러나 결국 아무것도 찾지 못했다. 팀원 이오아니스 안토노글루는 "버그는 이세돌이 기발한 수를 찾아낸 것 자체였다"고 말했다. 그렇다면 78수는 버그였나, 내재적 한계였나. 당시의 취재 및 분석 내용을 종합하면 두 가지 견해 모두 공존한다.

첫째는 버그라는 시각이다. 2016년 6월 네덜란드의 한 대학에서 열린 발표에서 딥마인드 팀원 아자 황은 4국에서

드러난 논리적 약점을 이미 패치했다고 밝혔다. 알파고의 정책 네트워크가 78수 이후 최선의 수순을 정확히 유도하지 못했다는 것이다. 패치가 이루어졌다는 사실은 수정 가능한 결함이 존재했음을 시사하며, 이는 버그의 정의에 부합한다.

이와 다른 해석도 있다. 78수가 버그가 아닌 내재적 실패 양상(failure mode)에 가깝다는 시각이다. 바둑 분석가 데이비드 오메로드는 79~87수 일대의 오류가 몬테카를로 트리 탐색(MCTS) 기반 프로그램에서 전형적으로 나타나는 실수 패턴이라고 분석했다. 78수가 극도로 국지적이고 전술적인 상황을 만들어냈으며, 알파고가 훈련 중 충분히 접하지 못한 국면이 형성되어 알고리즘이 결과를 탐색하지 못하는 맹점(blind spot)이 생겼다는 것이다. 국내에서 이 입장을 취하는 사람은 오로의 김수광 기자다. 그는 이 분야의 베테랑 전문가답게 다음과 같이 분석한다.

이세돌이 말한 것 중 '모든 경우의 수를 계산하므로 초반에 오류가 날 것으로 봤다'는 말은 흔한 오해다. 바둑 인공지능은 모든 경우의 수를 계산하지 않는다. 만약 모든 경우의 수를 계산해야 한다면 수억년이 걸려도 그 계산이 끝나지 않을 것이다. (김수광, 2026, 3부)

초반에 오류가 나기는커녕 바둑 인공지능은 초반에 강력하다. 그 이유는, 착점의 가짓수가 많더라도 정책망이 강한 사전분포(prior)를 제공하고 가치망이 일반화된 평점을 주기 때문이다. 또 이 둘이 고급트리탐색 '몬테카를로 트리서치(MCTS)'와 결합되어 연산으로 구현된 직관을 실전에서 재현하기 때문이다. 말하자면, 이세돌은 직관을 발휘하는 존재와 바둑을 둔 것이다. (김수광, 2026, 3부)(2)

이 주장대로라면, 1~5국을 통틀어 이세돌이 그토록 '유발하고자 노력'한 버그는 한 차례도 일어나지 않은 셈이다. 결국 이 사건은 명세 기반 버그와 내재적 한계의 경계가 흐려지는 경우의 실제 사례로 남아 있다. 딥마인드 팀 스스로도 명확한 답을 내리지 못한 채 조용히 패치를 적용하는 방식으로 마무리했다. 그렇지만 한 가지는 분명하다. 구글 딥마인드 챌린지 매치가 벌어지는 동안 버그나 내재적 실패로

볼만한 수는 4국의 78수가 유일하다는 데에 이견이 없다.

그런데 이세돌은 UNIST 교수라는 직함이 무색하게도, 버그와 유사버그(pseudo-bug)(3)를 뒤섞는 무지를 드러낸다. 자서전의 핵심인 스페셜 에세이에는 '버그'라는 단어가 15차례나 등장한다. 1국을 제외하고, 그의 작전은 시종일관 버그에 초점을 맞추었다는 주장이다. 10년 전의 대국 흐름을 정확히 이해했던 독자라면 그날의 기억을 더듬으며 의아해할 것이다. 버그로 볼 수 있는 수가 단 하나였음에도, 이세돌은 마치 수많은 버그가 발생한 것처럼 사실을 호도하고 있으니 말이다. 결국 그가 공개하겠다고 밝힌 '내막'은 좋게 말하면 대국 당사자로서의 인상 비평, 엄밀히 말하면 사실 오류인 셈이다.

겉보기엔 그럴싸하나, 이세돌의 버그 유도설은 우리가 알던 사실과 정면으로 충돌하는 서사다. 알파고의 버그를 유발한 78수는 원래 4국의 주연이었다. '신의 수'라는 별칭은 인간 직관의 신비로움으로 해석되면서 숱한 찬사를 받아왔다. 그런데 이세돌의 주장대로라면 78수는 조연으로 전락한다.

이세돌이 강연에서 밝힌 내용(4)을 보면, 진짜 승부수는 68수였으며 78수는 그 연장이었다고 한다. 3대 0으로 지고 있는 상황에서 알파고가 언제 버그를 일으킬지—아니, 일으키기는 할지조차—알 수 없는 상태에서 그것을 기대하는 것 외에 달리 무슨 수가 있었겠냐는 절망감도 배어 있다. 그렇지만 이세돌은 곧 절망적 체념을 '치밀하게 설계된 작전'으로 치환한다. 그렇게 '스페셜 에세이'라는, 말 그대로 특별히 마련된 지면에서 전개되는 그의 회고는 위악(僞惡)에 가깝다.

이러한 자기모순은 자서전 곳곳에서 발견된다. 이세돌은 78수를 직관의 산물로 분석한 일본의 뇌신경외과 전문의 이와다테 야스오의 책 『직관의 폭발』을 인용한다(이세돌, 2025, 259~260쪽). 그러나 이와다테 박사는 AI의 창조성을 부정하며 직관력을 인간의 전유물로 보는 대표적 인물이다.(5) 78수가 직관의 산물이라는 관점은 이세돌의 버그 유도설과 양립할 수 없다. 버그 유도설에 따르면 78수는 68수라는 작전의 종속변수이므로 무의식의 산물이 될

수 없기 때문이다.

이제 그 '재해석'이 책 안에서 어떻게 자기모순을 일으키는지 살펴보겠다. 다만 그 전에, 자서전을 발간하기까지 이세돌이 공개석상에서 어떤 말을 해왔는지를 먼저 짚어둘 필요가 있다.

2. 이세돌의 바둑관, 그 균열의 내부

알파고와의 대결에서 패하기 전까지 이세돌에게 바둑은 예술이었다. 2024년 뉴욕타임스(NYT)와의 인터뷰에서 그는 패배의 충격을 "세계가 무너졌다"는 말로 표현했다. 알고리즘의 '무자비한 효율성(ruthless efficiency)'에 의해 자신의 모든 것을 쏟은 예술(=바둑)도 함께 파괴되었다는 것이다. 10년 전 이세돌의 정서를 지배한 것은 공포였고, 최근까지 이어져왔음을 짐작할 수 있다. 이 점은 그를 이해하는 데 있어서 중요하다. 이렇듯 패배의 공포가 각인된 순간부터 이세돌의 AI관이 협소해진 것으로 보인다. 바둑=예술이라는 그의 지론 자체가 문제라는 뜻은 아니다. 이세돌은 AI가 자신의 분야에 진입한 것을 계기로 은퇴해 사업가로 변신했다. NYT 기사는 AI에 대해 그가 갖고 있는 관념을 추리할 수 있는 두 가지 단서를 제공한다.

사람들은 예전에 창의성, 독창성, 혁신에 경외감을 가졌습니다. 하지만 AI가 등장한 이후 그런 감정의 많은 부분이 사라졌습니다. (Daisuke Wakabayashi and Jin Yu Young, 2024)

첫째, 그는 알파고와의 대국에서 느낀 생각을 AI 일반으로까지 확장한다. '창의성, 독창성, 혁신'은 과거 반상을 야생마처럼 질주하던 그의 기질을 대변한다. 10년이 지난 지금 AI에 대한 공포감은 많이 누그러졌지만, 여전히 그의 뇌리에 남아 영향을 미치고 있음을 알 수 있다. 이미 떠난 바둑계를 근거도 없이 비관적으로 전망하거나, 공부도 안 되어 있는 노동시장의 미래에 대해 거침없이 얘기할 수 있는 이유도 스스로 일반화의 오류를 범하고 있음을 인지하

지 못하기 때문이다. 은퇴 직후에 워낙 비관적인 얘기를 많이 하고 다녔기에, 이제는 자신이 AI 비관론자(doomsayer)가 아니라고 강조하며 AI를 서슴없이 신이라 부른다.(6) 생존을 위한 태세 전환이라 해도 무방할 정도다. 하지만 그의 신앙은 이미 내부에서부터 금이 가 있다.

우리[이세돌과 딸—필자]는 AI로 쉽게 대체되지 않거나 AI의 영향을 덜 받는 직업을 선택하는 것에 대해 자주 이야기합니다. AI가 모든 곳에 존재하게 되는 것은 시간문제일 뿐입니다. (Daisuke Wakabayashi and Jin Yu Young, 2024)

둘째, NYT 인터뷰의 마지막을 장식하는 이 발언은 이세돌의 언행불일치를 극명하게 보여준다. 안에서는 고3이 된 딸이 행여 AI에 의해 대체될 직업을 선택할까봐 노심초사하지만 밖에 나가면 세상의 변화에 흔들리지 말고 자신만의 길을 찾으라고 조언한다.(7) 그는 AI를 '신'이라 부르면서도, 정작 그 신이 지배하는 세상으로부터 딸을 격리시키려 한다. 이는 그가 설파하는 AI의 미래가 진심이 아닌 전략적 수사에 불과함을 방증한다. 최근 언론을 통해 자주 접하게 되는 이세돌의 발언(바둑의 본질이 변화했다는 입장)은 이처럼 유연한(?) 태도에서 이해할 수 있다. 바둑의 본질이 어떻게 변할 수 있다는 걸까. 이세돌은 "예전엔 개성·감정·스토리가 초반 30~50수에서 드러났는데 지금은 그 구간을 AI 그대로 따라 둬버리니 개성이 사라져버렸다"며 이것이야말로 "바둑의 본질이 바뀐 것"이라고 주장한다.(8) AI가 인간에게 미친 영향을 순식간에 바둑의 본질 변화로 둔갑시키다니 놀라운 논리적 비약이 아닐 수 없다. 이세돌이 상실했다고 말하는 개성과 예술은 실은 정답을 몰랐기에 가능했던 그의 인간적 방황의 다른 이름일 뿐이다. 정답(AI)의 출현이 예술의 소멸을 가져왔다는 그의 탄식은, 역설적으로 그가 평생 바쳐온 바둑의 예술성이 계산의 공백 위에 세워진 사상누각이었음을 스스로 고백하는 것과 다름없다. 바둑이 기(技), 예(藝), 도(道) 중 어느 것에 가까운지는 오랜 논쟁거리였으며, 시대적 제약을 반영한다. 오히려 스포츠라는 범주에 위치시킬 때, 기예나 도라는 과거의 관념은 발전을 가로막는 거추장스러운 장애물이 되어가

는 시대다. 올림픽의 일부 종목에서 스포츠 선수들이 발휘하는 고도의 기량은 점수로 환산되지만, 그로 인해 인간이 정서적으로 느끼는 아름다움이 감소하지 않는 이치와 같다. 바둑의 미학을 절대적 척도로 삼던 과거의 관념이 실은 인간의 불완전한 능력이 만들어낸 착시였다는 주장도 얼마든지 가능한 것이다. 하지만 이세돌은 이 점에 대해 언급하지 않는다. 그의 '바둑=예술'관은 논리에 기초해 있다기보다 일종의 신념체계이기 때문이다. 그의 여러 주장들이 AI라는 거울 앞에서 논리적 모순을 드러낼 수밖에 없는 이유다. 이세돌은 말한다.

나는 바둑을 시작할 때 그것을 예술이라고 배웠다. 두 사람이 함께 그려 나가는 하나의 작품이라고 생각했다. 하지만 인공지능이 나온 뒤, 바둑은 단순히 정답을 찾아내는 게임이 되어버렸다. 더 이상 인간의 창의성이 끼어들 자리가 없다.
(Daisuke Wakabayashi and Jin Yu Young, 2024)

'예술에 정답은 없다'는 말은 흔히 예술 활동의 결과물인 작품을 평가함에 있어서 절대적 기준이 없음을 의미한다. 이세돌은 바둑 AI를 정답을 찍어내는 기계로 간주한다. 이러한 AI관은 이세돌 키드로서 바둑에 입문해 정상의 자리를 고수하고 있는 신진서의 인식과 대비된다. AI를 정답이 아닌 '모범답안'을 제시하는 동반자로 여기는 신진서는 그 이유를 명쾌하게 설명한다.

블루스폿과 같이 인공지능이 꼽은 추천 수만 따라가면 공부가 한정적이다. 그것을 뛰어넘는 수를 계속해서 상상하고 계산하며 내가 가진 수를 발전시켜 나가는 게 진짜 AI 공부다. 정답 너머의 정답을 바라보는 방식이다 … 정답은 없다. 다만 최일선에서 바둑을 두고 있는 내 입장에서는 걱정만 하기 보다는 좋은 활용 방안을 찾는 쪽으로 AI를 이해하는 게 바람직하다고 느낀다. (신진서, 2024, 94-95쪽)

AI 시대 개인의 바둑관이 결국은 AI를 바라보는 태도의 문제임을 시사하는 대목이다. 음악인들은 베토벤의 교향곡에 악보가 있다고 해서 그것이 예술이 아니라고 말하지 않는다. 베토벤이 그린 음표 하나하나는 바둑의 착점처럼 인

간 고뇌의 결정체이기 때문이다. 신진서의 답은 실천적이다. 하지만 이세돌이 잃었다고 말하는 것이 정말 '예술'이라면, 그 예술의 정체를 먼저 물어야 한다. 소설가 테드 창은 예술을 정의하기란 몹시 까다롭지만, 그만의 기준을 제시한다.

내가 말하는 것은 예술이 모든 규모에서 선택을 요구한다는 것이다. 구현 단계에서 이루어지는 수많은 소규모 선택들은 구상 단계에서 내려지는 몇 가지 대규모 선택들만큼이나 최종 결과물에 중요하다. 예술 창작에서 내리는 선택들과 관련해 '대규모'를 '중요한 것'과 동일시하는 것은 실수다. 대규모와 소규모 사이의 상호관계야말로 예술성이 깃드는 곳이기 때문이다. (Ted Chiang, 2024)

테드 창의 시각은 이세돌의 논리 기반을 약화시킨다. 창의성이 대규모 선택이 아닌 구현 단계의 수많은 소규모 선택에서 발현된다면, AI가 높은 점수의 착점을 제시한다고 해서 인간 고유의 선택 행위가 사라지는 것은 아니기 때문이다. 그런데 자서전에서 이세돌은 전혀 다른 목소리를 낸다.

분명한 건 인공지능은 인간을 실력으로 압도할 수 있지만 바둑의 본질을 창조해내는 힘은 인간에게 있다는 사실이다 … 창조 영역에서 인간은 여전히 무한한 가능성을 지닌 존재다. 그러니 인공지능을 두려워하기보다 창조성을 발휘하기 위해 인공지능과 현명하게 협력해 강점을 극대화할 시기라고 생각한다. (이세돌, 2025, 8쪽)

NYT 인터뷰에서 AI를 향한 공포와 내적 균열을 드러낸 것과 견주면, 이 낙관론은 너무나 가벼운 태세 전환이다. 결국 이세돌에게 AI는 자신의 예술적 영토를 효율성이라는 칼날로 베어버린 침략자이면서, 동시에 인간의 창의성을 극대화하기 위해 협력해야 할 도구이기도 하다. 이 두 입장은 논리적으로 양립하기 어렵다. 그는 AI의 수가 내포한 의도와 선택의 가치를 인정하면서도, 그것이 인간의 창의성을 대체할 수 없다는 믿음에 기대어 무너진 예술가로서의 자존심을 가까스로 유지하려 한다. 하지만 여기서 기묘한 반전이 일어난다. 예술의 성역이 파괴되었다고 한탄

하던 그는, 역설적으로 자신의 가장 예술적인 순간인 78수를 설명하기 위해 가장 비(非)예술적이고 공학적 논리인 버그 유도설을 들고 나오기 때문이다. 이제 자서전에서 주장한 68수라는 '설계된 승부수'가 어떻게 이세돌의 야누스적 이중성을 폭로하는지 살펴보자.

3. 78수, 신의 수인가 설계된 수인가

2016년 봄, 이세돌과 알파고의 바둑대결이 펼쳐졌다. 알파고가 4대1로 이겨 인류의 패배처럼 보였지만 우리가 기억하는 건 그 패배 속에서 빛났던 78수였다. 이세돌에게 승리를 안겨준 그 수는, 대국 후 분석에서 알파고가 제대로 응수했다면 성립되지 않는 실착으로 밝혀졌다. 그럼에도 인간만이 가질 수 있는 직관과 독창성의 산물이라는 찬사를 받았다. 78번째 수는 알파고를 계산할 수 없는 영역으로 끌어들여 끝내 '버그'를 유발했기 때문이다. 사람들은 인류 역사상 유일하게 AI를 이긴 이세돌의 쾌거에 열광했다.

이것이 우리가 알고 있는 그날의 진실이다. 이세돌은 여기에 새로운 시나리오를 추가한다. 그 내용을 분석하기 위해서는 자서전, 그중에서도 스페셜 에세이를 집중적으로 살펴볼 필요가 있다. 먼저 이세돌은 당시의 심경을 다음과 같이 밝힌다.

나를 포함한 모두가 이미 나의 패배를 기정사실화하고 있었을 만큼 좋지 않은 상황 속에서 자리에 앉은 나는, 전날 밤부터 정리했던 작전에 좀 더 확신을 가질 수 있었다. 평상시에는 '내가' 어떻게 두어가는 게 중요하지만 지금은 '알파고'의 약점을 공략하는 게 핵심이었다. 조금은 과감하고 도박적인 작전이 나의 마지막 승부수이자 지금 할 수 있는 최선의 작전이라 생각하며 4국에 임했다. (109쪽)

그가 말하는 "조금은 과감하고 도박적인 작전"의 정체도 밝혀진다.

*4국의 작전은 '초반에는 변화를 최소화하고 중반전에 모*든 것을 결정하자'였다. 알파고에 버그가 일어났을 때 조금의 이득이 아닌 바둑에 치명적으로 작용하도록 진행하는 게 중요한 포인트다. (109-110쪽)*

이를 과연 작전이라 부를 수 있을까? 이러한 태도는 4국에만 국한된 것이 아니었다.

'1국처럼 초반에 실수하지 말자'를 되뇌며 2국을 시작했다. 침착하게 두면서 기다리면 알파고가 버그를 일으킬 것이라는 게 2국에 임하는 나의 핵심적인 생각이었다. (99쪽)

2국을 둬본 결과 무난하게 진행해서는 답이 없을 거란 생각이었다. 초반부터 강하게 둬서 버그 확률을 높이는 것이 3국의 기본 작전이었다. (104쪽)

그러니 4국의 회고에 등장하는 작전도 기본적으로는 2·3국의 연장선상에 있는 셈이다. 차이가 있다면, 2·3국에 비해 4국의 진술은 좀 더 구체적이다.

백 68은 굉장히 침착한 수지만 사실상 승부수였다. 선택할 수 있는 수많은 수 중 사람과의 대국이었다면 절대 두지 않았을 수였다. 전투라는 차원에서 알파고가 우위에 있다고 생각했기 때문에 선택했던, 처음 작전대로 정수보다는 알파고의 버그를 일으킬 확률이 높은 쪽으로 움직인 것이다. 이 수를 기반으로 고대했던 순간이 찾아왔다. 백78에 흑 79, 알파고에 치명적인 버그가 발생했다. 이후의 수순은 큰 의미가 없으며 백 68의 승부수는 최고의 선택이 되었다. 바둑이 좋지 않다고 느꼈던 순간에도 처음 세운 작전대로 밀고 나갔던 것이 좋은 결과로 이어졌다. (110-111쪽)

이세돌의 주장은 두 가지 치명적 문제를 안고 있다. 첫째, 서사의 비논리성이다. [1도]의 백 68은 은인자중의 수로, 장차 중앙에서 벌어질 전투와의 인과관계를 찾기 힘들다. 대국 당시 68은 우변 지형의 판도를 좌우하는 정수(正手)로 간주되었다. 그럼에도 불구하고 이세돌은 10년이 지난 지금 버그 유도설을 주장한다. 그 심리를 추적해보면, 전형적인 사후 확신 편향(hindsight bias)에 해당한다. 나아가 이는 자기충족적 예언(self-fulfilling prophecy)의 구조와도 맞닿아 있다. 버그가 일어날 것이라는 믿음이 버그를 유도하는 방향으로 수를 두게 만들었고, 실제로 버그가 발생하자 그 믿음은 소급하여 '작전'으로 확정된다. 이세돌의 주장대로 68수가 정말 설계된 수였다면 이후 78수가 나오기까지의 과정(69~77)에 대한 논리적 설명이 있어야 한다. 그런데 이세돌은 어떠한 설명도 제시하지 않는다. 단지 "극단적인 실리보다는 단단함과 균형을 중시한" 초반 몇 수에 대한 감상만을 늘어놓음으로써 논점 이탈을 즐길 뿐이다. 다음 문답을 보자.

기자: 승리한 4국에서의 78수를 두고 '신의 한 수'라 일컫는데 정작 본인은 다르게 생각하는 것 같다.

이세돌: 상대가 사람이었으면 그렇게 두지 않았을 것이다. '최선의 수'가 아니고 오직 버그를 일으키기 위한 수였다. 그 전으로 돌아가자면 68수가 있다. 그게 더 힘들었다. 68수 이후 몰아서 78수에서 승부를 본 거다. 지나고 난 뒤 '이게 맞았나' 하는 생각을 많이 했다. 내 바둑의 가치관이나 철학에 위배되는 수다. 바둑이 끝난 상황도 아니고 포기할 정도의 상황도 전혀 아니었다. 사람과의 대국이었으면 (승부는) 사실 그때부터다. 정상적으로 이기기 힘들다고 생각해 68수를 두고 버그를 일으키려고 한 거다. 물론 운이 좋았지만 프로라면 **세 판을 치른 다음에 그 정도의 작전은 짤 수 있다.** *(임지영, 2025, 강조는 필자)*

이세돌은 시종일관 버그를 일으키겠다는 것이 핵심 작전이었다고 술회한다. 그런데 68수에서 78수까지 이어지는 구체적 과정은 그 어디에서도 밝히지 않는다. 즉 연계되었다고 주장하는 68-78수의 수순이 '어째서 치밀하게 계획된 작전'이었는지에 대해서는 설명하지 않은 채 단지 '그 정도의 작전'이라고 말할 뿐이다.

그가 '사람과의 대국이었다면'이라는 가정 하에 두어야 했을 수란 상변에 위태롭게 놓인 백 녁 점을 돌봐야 했다는 말일까. 만약 그렇다면 '전투라는 차원에서 알파고가 우위에 있다고 생각했기 때문에 선택했던'이라는 말과 모순된다. 설마 이세돌은 68수 이후의 수순을 전부 예견했다는

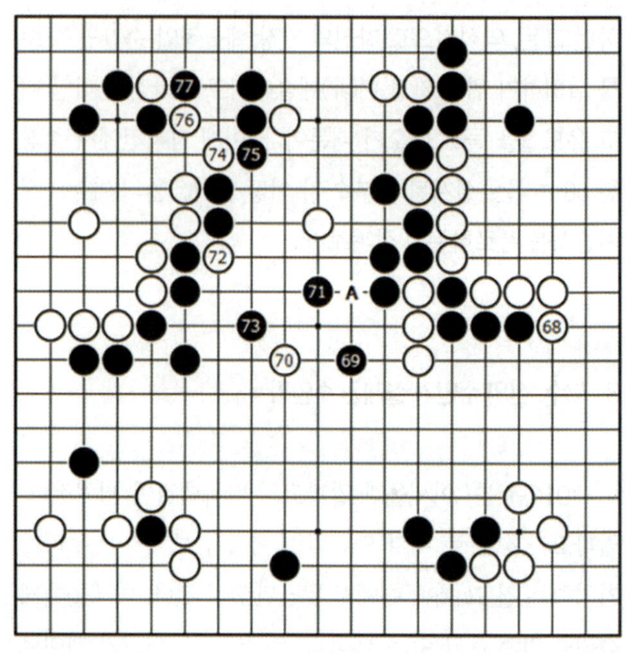

1도

것일까? 자서전에는 안 나오지만, 다음 발언은 꽤 의미심장하다.

(사람들은) 알파고의 버그가 일어난 78수를 많이 기억해 주십니다. 이 대국의 승부수는 68번째 수였어요. 78번째 수는 68수를 둘 때 이미 결정된, 연계된 수순이었다고 생각을 하시면 될 것 같습니다. 이 68번째 수는 통했기 때문에 승부수로 남아 있지만은, 통하지 않았다면 이 바둑의 패착은 68번째 수였을 거구요. **오직 알파고의 버그를 일으키겠다는 일념 하에** *두어진 수죠.(9)*

'이미 결정된, 연계된'이라는 표현만으로도 이세돌은 완전 예견(perfect foresight) 능력자의 아우라를 풍긴다. 하지만 그는 어떻게 '이미 결정되고 연계됐는지'에 대해서는 침묵한다. 이 주장이 왜 충격적인지를 제대로 이해하려면, 10년 전 '신의 수'로 불린 78수의 정체를 먼저 살펴볼 필요가 있다.

2016년 3월 13일 제4국이 끝나고 타전된 각종 보도 자료를 분석한 벵하민 라바투트는 자신의 소설 『매니악』에서

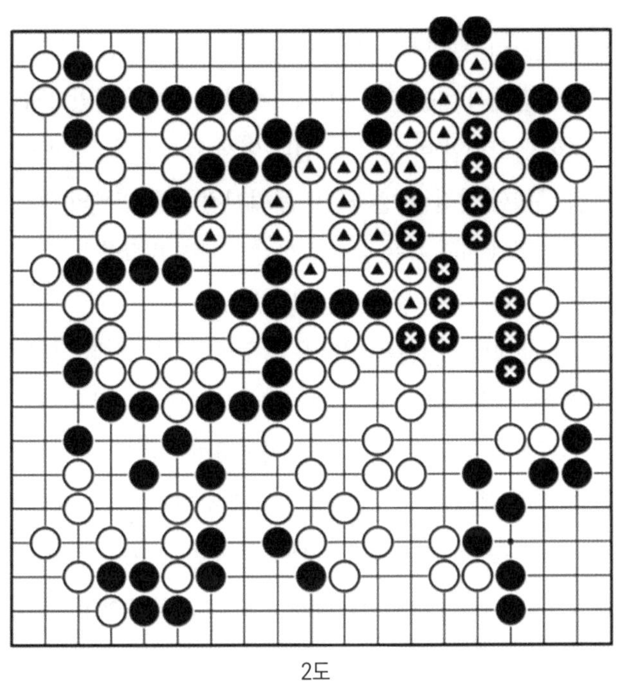

2도

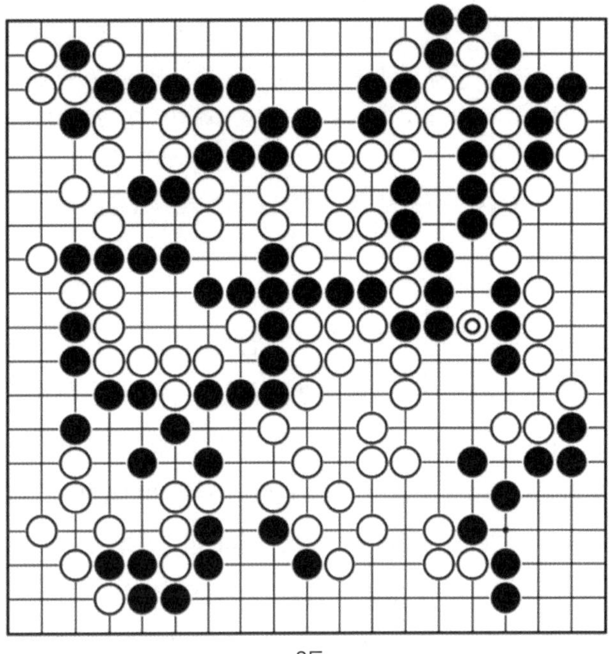

3도

그날의 상황을 다음과 같이 묘사했다.

이세돌은 컴퓨터가 아무리 계산해도 예측할 수 없는 수를 발견하고 싶었으나 사실 자신의 사고 과정은 전혀 이성적이지 않았음을 훗날 고백했다. 그 수는 순전히 영감에서 비롯된 것이었다. 예견하거나 계획한 것이 아니었다. 기자회견에서 질문을 받았을 때도 그는 이를 솔직하게 인정했다. "대국 당시에는 그 수밖에 보이지 않았습니다. 다른 곳에는 둘 자리가 없었어요. 유일한 선택지였죠. 그래서 이렇게 칭찬을 들으니 몸 둘 바를 모르겠습니다." *(벵하민 라바투트, 2024, 392쪽, 강조는 필자)*

모두가 그렇게 믿었다. 78수는 미처 준비되지 않은 수였다. 프로기사들은 흔히 이러한 순간을 안개가 자욱하게 낀 미지의 상황에서 번뜩이는 섬광으로 설명한다. 찰나의 순간에 찾아들기에 영감이며 직관의 산물인 것이다. 우리가 그러한 순간을 요행이라 표현하지 않는 이유는 인간이 오랜 세월 켜켜이 쌓은 학습량이 낳은 결과임을 알고 있기 때문이다.

당시 기자회견에서 이세돌이 했던 발언은 정의하기 어려운 78수의 성격에 명확한 상을 부여한다. 불리한 상황에서 건곤일척 던진 그 수는 사실 숙련된 프로기사라면 직관적으로 떠올릴 만한 수였다. 구리 9단의 입을 통해 회자된 '신의 한 수'는 그 성립 여부를 떠나 절망적인 상황에서도 굴하지 않는 인간 의지에 대한 헌사였다. 78수가 묘수, 귀수, 꼼수 등 숱한 바둑 용어를 제치고 '신의 한수'로 등극한 경위는 '인간 대 기계'의 운명적 대결이라는 상황 외에 엄정한 평가의 잣대를 들이댈 경우 발생하는 머쓱함을 가려주기 때문이다.

이해를 돕기 위해 잠시 [2도]를 보자. 한국과 중국의 프로기사가 인터넷에서 둔 바둑이다. 종반을 맞이한 대국은 서로 얽혀 있는 흑돌(x)과 백돌(△)의 수상전 양상인데, 다음에 백이 둔 한 수로 결판이 났다. 그곳은 어디일까? 바로 [3도]의 끼움수(◎)다. 초읽기에 몰린 상황임에도 불구하고, 백은 '오직 이 한 수'를 단숨에 찾아냈다. 직관이 빚어낸 묘수다. 같은 끼움이라도 이세돌이 둔 78과의 차이는 '성립하는 수'라는 점이다. 잘 알려진 대로 78수는 알파고가 제대로 응수했다면 성립하지 않는 수였다. 그러나 누구도 그 수의 가치를 깎아내리지는 않는다. 그래서 우리는 벵하민 라바투트의 찬사에 고개를 끄덕이게 된다.

그것은 실로 신들린 움직임, 신의 손길이 닿은 한 수였다. 인간은 만 명 중에 단 한 명만이 떠올릴 수 있었던 수. 이세돌 의 끼움 수에 알파고가 허둥댄 것은 그래서였다. 인간의 경 험치를 훌쩍 뛰어넘은 것은 물론 알파고의 무한해 보이는 능 력조차 초월한 수였으므로. (벵하민 라바투트, 2024, 393쪽)

흥미로운 사실은 당시 구글의 알파고 개발팀이 이 수를 2국에서 알파고가 구사해 격찬을 받은 37수와 같은 성격으 로 이해했다는 점이다. 구글 공동 창업자 세르게이 브린은 알파고가 3-0으로 앞선 직후인 2016년 한 인터뷰에서 "알 파고는 실제로 직관력을 가지고 있다"며 "아름다운 수를 둔다. 심지어 우리 대부분이 생각할 수 있는 것보다 더 아 름다운 수를 둔다"고 감탄했다.(10) 알파고가 신경망의 훈 련을 통해 인간에 가까운 직관력을 발휘하는 데 성공을 거 두었다는 인식은 현재까지 거의 정설로 받아들여지고 있 다. 오픈AI의 노암 브라운은 심지어 "알파고는 신경망이 인 간보다 패턴인식을 더 잘할 수 있다는 것을 확실히 보여줬 다. 신경망은 본질적으로 인간을 뛰어넘는 직관력을 가질 수 있다"(11)라는 말로 알파고의 유산을 정리한다.

AI 분야 최고의 저널리스트이자 베스트셀러 작가인 케 이드 매츠는 알파고와 대국을 했던 판후이와 이세돌이 불 과 몇 차례 대국만으로도 바둑을 보는 눈이 완전히 바뀌었 다고 진술한 점에 주목했다. 비록 의사소통은 안 되지만, 반상 위에서 펼쳐지는 인간과 AI의 상호작용에 대해 그가 남긴 말은 깊은 울림을 준다.

이것은 인간 대(versus) 기계의 대결이 아니다. 인간과 (and) 기계의 대결이다. [2국에서 알파고가 둔] 37번째 수는 우리 누구도 상상할 수 없는 수였다. 하지만 78번째 수가 나 타났다. 그리고 우리는 이런 질문을 던져야 한다. 만약 이세 돌이 알파고와의 첫 세 판을 두지 않았더라면, 그는 신의 수 를 발견할 수 있었을까? 그를 패배시킨 기계가 동시에 그가 길을 찾도록 도왔던 것이다. (Cade Metz, 2016)

둘째, 진술의 번복과 서사의 오염이다. 이세돌은 우리 의, 나아가 '신의 수'에 감동을 느꼈던 수많은 사람들의 기

억을 간단히 부정한다. 2016년 당시 이세돌은 78수가 "순 전히 영감에서 비롯된 것이며, 그 수밖에 보이지 않았다"고 솔직하게 고백한 바 있다. 그런데 이제 와서 이를 '전날 밤 부터 준비한 작전'의 결과물로 둔갑시킨 것은 인류의 의지 를 대변했던 기적 같은 승리를 한낱 공학적 버그를 노린 도 박으로 격하시키는 것과 다를 바 없다.

이 지점에서 질문을 던지지 않을 수 없다. 어째서 그는 10년 동안 이 '치밀한 작전'에 대해 침묵했는가? 대국 직후 의 기자회견에서 영감과 직관을 강조하며 겸손해하던 모습 과 지금에 와서 "전날 밤부터 정리했던 작전"이었다고 강 변하는 모습 중 어느 쪽이 진실에 가까운가. 10년 전의 그 는 인류의 의지를 대변하는 영웅으로 남고 싶어 했고, 지금 의 그는 기계의 결함을 통제한 '전략가'로서의 권위를 확 보하고 싶었던 것은 아닌가. 이러한 말 바꿈은 그가 새롭게 가공한 서사가 지닌 진정성을 근본적으로 의심케 한다.

이세돌의 주장은 10년 전 그가 보여준 숭고한 인간 의 지의 기록을 스스로 훼손한다는 점에서 불온하다. 그는 인 류에게 감동을 주었던 '기적의 승리'를 한낱 기계의 허점을 노린 기술적 성취로 치환해버렸다. 이러한 서사의 왜곡은 결국 그가 지켜온 프로기사로서의 명예에 스스로 상처를 입히는 행위나 다름없다. 68이 '신의 수' 78을 예비했다는 이세돌의 주장은 무엇보다 기존의 중론이었던 '78 승부수' 를 부정한다는 점에서 충격적이다. 그는 이 점을 거듭 부연 한다.

지금 생각해보면 백 68의 선택이 4국을 승리로 이끌었기 에 최고의 승부수로 남아 있지만 고대했던 순간이 오지 않았 다면 패착의 오명이 씌워졌을지도 모른다. 바둑도 인생도 결 과론이라는 것은 희극이 아닐 수 없다. 당신은 백 68을 어떻 게 평가하는가. 지금 와서는 4국의 승리보다도 백 68의 선택 의 순간이 훨씬 더 기억에 남아 있다. (111쪽)

절체절명의 순간 이세돌이 던진 78수는 인간 직관의 정수로 기록되었고, 숭고한 투쟁의 결정체였기에 감동을 준다. 그것으론 부족했을까. 이세돌은 그 감격적인 순간을 스스로 허문다. 그의 주장은 논리와 윤리 양 측면에서 심각

한 문제를 안고 있다. 대국 당일에 임하는 감상적 술회 속에서 '전날 밤부터 정리했던 작전'이라는 문구는 아무런 맥락 없이 돌발적으로 등장한다. 상대가 인간이 아닌 기계이기에 승부 철학의 부정도 용납된다고 여기는 것일까.

10년 전 한 판이라도 이기고 싶었던 그의 절박한 마음을 이해한다 하더라도, 버그 유도설을 제기하는 이유는 이해하기 힘들다. 앞서 살펴본 그의 바둑관과 AI에 대한 그릇된 인식이 그 동기와 밀접한 연관이 있는 것으로 보인다. 바둑을 예술이라 칭송하며 AI 때문에 창의성이 소멸했다고 탄식하던 그가, 정작 본인의 가장 빛나는 승리의 순간을 시스템의 버그를 노린 공학적 해킹으로 설명하려 한다는 점은 지독한 아이러니다. 상대가 기계라는 이유로 버그 유도를 정당한 작전으로 수용하는 순간, 그가 그토록 지키려 했던 바둑의 예술성은 스스로에 의해 부정당한다. 그는 기계를 이기기 위해 기계적인 도박사가 되기를 자처한 셈이다.

이세돌은 신간에서 마치 비밀 파일인 것처럼 공개한 내용으로 인해 이름값에 어울리지 않는 자해를 가한다. 그렇다면 같은 패배를 겪은 또 다른 천재는 어떤 길을 택했을까. **ID** 〈5월호에 계속〉

참고문헌

- 가리 카스파로프(2017), 『딥 씽킹』, 어크로스
- 김수광(2026), "알파고 10주년, 인간 직관과 기계 창의가 교차한 반상 문명사, 1부-7부", 오로바둑
- 벵하민 라바투트(2024), 『매니악』, 송예슬 역, 문학동네
- 신진서(2024), 『대국』, 휴먼큐브
- 이세돌(2025), 『이세돌, 인생의 수읽기』, 웅진지식하우스
- 이와다테 야스오(2024), 『직관의 폭발』, 웅진지식하우스
- 임정우(2026), "이세돌 'AI는 이미 신의 영역'…석차옥 '전문가 대체보단 역할 재편'", 동아사이언스, 2026.03.05.
- 임지영(2025), "알파고 신의 한 수? 바둑 철학에 위배되는 수였다", 시사IN, 938호.
- Alex Wilkins, "The Moment That Kicked Off the AI Revolution", New Scientist, 7 March 2026

- Daisuke Wakabayashi and Jin Yu Young, "Defeated by A.I., a Legend in the Board Game Go Warns: Get Ready for What's Next", The New York Times, July 10, 2024
- Cade Metz, "In Two Moves, AlphaGo and Lee Sedol Redefined the Future", WIRED, Mar. 16, 2016
- Mark Zastrow, "How victory for Google's Go AI is stoking fear in •South Korea", New Scientist, 15 March 2016
- Ted Chiang, "Why A.I. Isn't Going to Make Art", The New Yorker, August 31, 2024

글 · 배인철
경제학 박사
국제바둑학회(ISGS) 학술지 편집위원장. 현재 목원대학교 금융경제학과와 글로벌융합학부에서 기술이 경제 및 사회, 문화에 미치는 영향을 강의 중이며, AI를 주제로 한 책을 집필 중이다.

(1) 본인이 '자서전격'이라 말했으니 이하 자서전이라 칭하겠다. '오마이포럼 2026—AI 권력의 시대: 인간다움과 민주주의의 미래', 2026.02.20. https://www.youtube.com/watch?v=yAHiyYRf0hQ
(2) 데이비드 실버가 근래 몇 년 간 생성형 AI 개발에 회의적 입장을 보이면서 다른 길을 가고 있는 이유도 10년 전 경험과 관련이 있다. 그는 AI의 직관 획득이야 말로 AI 개발의 유일한 활로라고 본다.
(3) 유사버그란 엄밀한 공학적 의미의 버그, 즉 의도한 동작과 실제 동작 사이의 검증 가능한 불일치와 달리, 단순히 사용자의 기대나 감각에 반하는 동작을 버그로 혼용하는 용법을 구별하기 위해 임시변통한 표현이다. 이세돌이 자서전에서 사용한 "버그성 수순"(95쪽), "버그성 진행"(100쪽), "일종의 버그 형태"(112쪽)가 이에 해당한다.
(4) '오마이포럼 2026—AI 권력의 시대: 인간다움과 민주주의의 미래' 강연.
(5) 'AI에 대체되지 않을 직관력을 키워라'라는 에필로그의 제목처럼 그는 인간 직관의 고유성을 강조하며, 이세돌의 78수를 직관이 발휘된 대표적 예로 꼽는다. 이와다테 야스오(2024) 참조.
(6) 임정우(2026) 참조.
(7) 이세돌(2025) 6장.
(8) 바둑에서 정석은 어느 한쪽이 손해 보지 않도록 기술적으로 정립된 돌의 형태다. 시대를 막론하고 초반에 정형화된 형태가 많이 등장하는 것은 바둑의 특성상 불가피하다. 그 불가피함을 창의성의 결여 내지 몰개성의 표현이라고 말하는 것은 심각한 착오다. 이세돌은 정석이라는 바둑의 기술적 개념을 창의성이라는 미학적 범주와 혼동하고 있다. 임정우(2026), 같은 기사.
(9) '오마이포럼 2026—AI 권력의 시대: 인간다움과 민주주의의 미래' 강연. 강조는 필자.
(10) Mark Zastrow(2016) 참고.
(11) Alex Wilkins(2026) 참고.

한국적 종교 파시즘의 현상과 특징

정치를 숙주 삼아 기생하는 종교 집단의 좀비화

황미숙 | 한국교회사 박사. 한국기독교역사연구소 연구위원

서울 종로에서 성조기와 이스라엘기, 그리고 십자가를 들고 '윤어게인'을 외치는 시위대. 2026년 3월14일. 사진=성일권

생명체가 살아가는 방식은 다양하다. 어떤 생물은 스스로 먹이를 찾고 살아가지만, 어떤 생물은 다른 생물을 숙주로 삼아 그 안에서 기생하며 생존한다. 잘 알려진 사례로 동충하초 곰팡이와 개미의 관계가 있다. 곰팡이는 개미의 몸에 침투해 영양을 얻을 뿐 아니라 개미의 행동까지 바꾼다. 감염된 개미는 숲속 식물의 줄기나 잎 위로 올라가 죽고, 그 몸에서 곰팡이가 자라 포자를 퍼뜨려 다시 다른 개미를 감염시킨다.

자연계에서 이러한 기생은 예외적인 생존 전략이다. 그러나 이 논리가 사회로 확장될 때, 그것은 전혀 다른 결과를 낳는다. 종교와 파시즘의 관계는 그 대표적인 사례. 신념을 조직화하는 종교와 권력을 조직화하는 정치가 서로를 숙주로 삼는 순간, 그 결합은 신앙도 정치도 아닌 또 다른 지배 장치로 변한다. 역사적으로 파시즘은 언제나 기존 사회의 문화와 제도 위에서 성장해 왔으며, 종교는 그 과정에서 강력한 매개로 작동해왔다. 종교의 권위와 결속, 도덕적 정당성은 파시즘이 대중을 동원하고 스스로를 정당화하는데 유리한 토대가 된다.

오늘날 한국 개신교 내부에서 나타나는 일부 극우적 흐름 역시 이러한 맥락에서 해석될 수 있다. 종교의 권위주의적 성향과 정치적 극단주의가 결합하는 양상이 바로 그것이다. 종교는 본질적으로 숭배와 카리스마적 권위를 중심으로 작동하며, 때로는 배타적 진리관을 통해 타자를 악마화하거나 배제하는 담론을 만들어낸다. 이러한 종교적 구조와 언어는 특정한 정치 세력이 자신을 정당화하고 대중을 동원하는 기반으로 작용한다. 어떤 이데올로기도 진공 속에서 성장하지 않는다. 그것은 언제나 어떤 사회적 숙주 위에서 증식한다.

이재천 목사는 기독교 근본주의의 배타적 진리관이 근대 사회의 핵심 가치인 다원주의·합리주의·민주주의를 거부할 때, 그것이 파시즘의 전체주의적 통제 논리와 결합할 수 있는 조건이 형성된다고 지적한다. 특정한 종교적 진리가 절대적 권위로 제시될 경우, 정치권력이 이를 활용해 사회를 통제하고 정당성을 확보하려 할 수 있다는 것이다.

역사적으로도 종교의 권위와 정치권력의 결합은 여러 차례 나타났다. 1920년대 이탈리아에서는 무솔리니의 파시스트 운동이 일부 교권 세력의 지지를 통해 종교적 정당성을 확보했다. 나치 독일은 '적극적 기독교(Positive

Christianity)'라는 개념을 내세워 기독교를 정치의 도구로 삼고자 했다. 이는 기독교에서 유대적 요소를 제거하고, 게르만 민족 중심의 신앙으로 재구성하며, 교회를 국가와 민족에 봉사하는 조직으로 만들려는 시도였다. 이를 통해 기독교를 독일 민족주의와 인종주의에 종속시키려 했다. 스페인의 프랑코 체제는 가톨릭을 국가 이념과 밀접하게 결합시켰고, 이란 또한 1979년 혁명 이후 종교적 권위를 국가 권력의 핵심 요소로 제도화해 신정체제를 확립하였으며, 40여 년간 그 권력 구조를 유지해왔다. 이러한 사례들은 종교 자체보다도 종교적 권위가 정치권력과 어떤 방식으로 결합하는가가 핵심적인 문제임을 보여준다.

'분리지향적 정죄 신앙'이 키운 파시즘의 토양

초기 한국 개신교는 이른바 '분리지향적 정죄 신앙'에 뿌리를 두고 형성되었다. 이는 미국 기독교 근본주의의 영향을 받아 세계를 선과 악의 이분법으로 나누고, 자신과 타자를 엄격히 구별하는 배타적 신앙 태도를 키웠다. 이러한 경향은 1907년 평양 대부흥회를 거치면서 더욱 강화되었다. 죄에 대한 철저한 고백과 도덕적 단설을 강조하는 정죄 중심의 신앙은 전국 교회로 확산되었고, 한국 개신교의 중요한 정체성으로 자리 잡았다.

일제 말기에는 일부 교회 지도층이 일본 제국의 파시즘적 체제와 타협하거나 협력하였다. 당시 일본의 국가주의적·전체주의적 질서에 일정 부분 순응한 것이다. 그 상징적 사건이 1938년 장로교 총회에서 결의된 신사참배였다. 문제는 해방 이후에도 교권 세력을 중심으로 형성된 권위주의적 신념 구조와 조직 체계가 충분히 청산되지 않은 채 지속되었다는 점이다. 이러한 유산은 형태를 바꾸어 오늘날까지도 영향을 미치고 있다.

파시즘의 실체

한국 사회에서 나타나는 파시즘과 종교의 관계를 이해하기 위해서는 먼저 파시즘의 본질을 살펴볼 필요가 있다. 현대 파시즘 연구의 대표적 학자인 로버트 오 팩스턴(Robert O. Paxton)은 파시즘을 다음과 같이 정의했다. "파시즘은 공동체의 쇠퇴와 굴욕, 희생에 대한 강박적 집착을 바탕으로 이를 보상하려는 정치적 행동의 한 형태로, 통일성·힘·순수 혈통에 대한 숭배를 강화하는 경향을 지닌다." 보통 사람들은 파시즘을 단순히 독재 정권 정도로 생각한다. 그러나 파시즘은 위에서 강제로 지배하는 체제에 그치지 않는다. 파시즘은 대중의 불안과 분노를 동력으로 성장하는 정치 운동이다. "우리는 쇠퇴하고 있다", "굴욕을 당하고 있다", "위기에 처했다"는 등의 집단적 위기의식을 사회 전반에 확산시키고, 이를 통해 대중의 불안을 자극한다. 이러한 상황에서 구세주를 자처하는 세력이 등장한다. 이들은 "순수한 혈통과 위대함, 그리고 거대한 야망"을 내세우며 이른바 신화를 확산시킨다. 그러나 이러한 주장 이면에는 권력의 독점과 시민의 자유와 권리의 제한, 반대 세력에 대한 배제와 공격, 그리고 '정화'라는 이름의 폭력이 자리하고 있다. 이것이 파시즘의 실체다.

무엇이 파시즘을 유혹하나

한국 개신교 일부에서 집단적 위기의식이 본격적으로 표출되기 시작한 시점은 김대중 정부의 대북 유화정책과 노무현 정부의 사립학교법 개정 시기와 맞물린다. 반공주의와 냉전체제 지지라는 정치적 기반 위에서 성장해 온 보수 개신교 세력에게 이러한 정책 변화는 기존 질서를 흔드는 위기 요인으로 인식되었다. 특히 사립학교법 개정은 종교가 오랫동안 유지해 온 사적 자율 영역에 대한 국가의 침해로 받아들여졌다. 여기에 더해 2000년대 중반 이후 차별금지법 제정 시도와 성소수자·인권 담론의 확산 등 소수자 인권운동은 일부 보수 개신교 진영에서 기독교 근본주의적 가치 체계를 위협하는 변화로 인식되었다. 이러한 위기의식 속에서 혐오와 차별의 담론은 점차 정치적 언어로 전환되었고, 그 과정에서 특정 종교 집단의 정치적 극우화 경향이 본격적으로 나타나기 시작했다.

한국 개신교의 이러한 현상에는 바로 팩스턴이 지적한

공동체의 위기감과 굴욕감, 그리고 쇠퇴와 피해의식이 자리하고 있다고 볼 수 있다. 여기서 말하는 '쇠퇴'와 '굴욕'은 단순한 신앙의 위기를 의미하는 것이 아니다. 그것은 한국 개신교가 한국 사회에서 축적해온 영향력과 제도적·사회적 기득권이 약화될 수 있다는 우려와 결부되어 있다.

2005년 11월 7일, 김진홍 목사를 중심으로 결성된 '뉴라이트'는 이러한 배경 속에서 등장했다. 뉴라이트는 위기의식을 바탕으로 기존 영향력과 기득권을 유지하려는 정치적 움직임의 성격을 띠었다. 이들은 이른바 '장로 이명박 대통령 만들기'에 적극 나섰다. 류대영 교수는 한국 개신교 현상에 대해 "신앙과 이념의 결합은 자유주의로 나아가기보다 전체주의로 귀결될 위험이 있다"고 지적했다. 뉴라이트는 보수 성향의 대형교회들과 연대하며 정치적 기반을 확장해 나갔다.

전광훈 현상

2010년대 들어 보수 개신교는 박근혜 정부 시기와 탄핵 정국을 거치며 정치적으로 더욱 결집하는 모습을 보였다. 일부 단체는 촛불집회와 탄핵을 '좌파 선동'으로 규정하며 태극기·성조기·십자가를 상징으로 내세운 탄핵 반대 집회를 주도했다. 2019년 보수 개신교 연합기구인 한기총은 강경 보수 의제를 전면에 내세운 전광훈 목사를 총회장으로 선출했다. 그는 동성애 반대, 차별금지법 반대, 종교인 과세 저항 등을 강하게 주장하며 대규모 정치 집회를 조직했고, 이 과정에서 이른바 '전광훈 현상'이라 불릴 만큼 강한 정치적 동원력을 보여주는 인물로 부상했다. 심지어 자신을 신격화하는 발언과 행동이 이어지며 비판적 파장이 확산되었다.

코로나19 이후 극우 개신교의 정치화

2020년 코로나19 팬데믹은 한국 개신교의 대면 예배 중심 구조에 직접적인 타격을 주었다. 일부 군소 교단과 강경 보수 교회는 정부의 방역 조치를 종교 자유 침해로 규정하며 강하게 반발했고, 이를 "종교 탄압" 혹은 "정권의 통제 시도"라는 프레임으로 해석했다. 이 과정에서 반공주의, 차별금지법 반대, 동성애·페미니즘 비판, 이슬람 난민 문제, 중국 혐오, 부정선거 음모론 등이 결합되며 일부 신도층의 정치적 세계관은 더욱 급진화되었다. 이러한 정치적 동원은 2022년 대선 국면에서도 일정한 영향력을 행사했다는 평가가 제기된다. 이후 정치적 갈등이 심화되며 보수·극우 개신교 인사들의 집회가 일상화되었고, 물리적 충돌과 시설 파손 등 폭력 사태도 이어졌다.

한국 개신교는 2018년 문화체육관광부 조사 기준 약 374개 교단(분파)으로 구성되어 있다. 이 가운데 장로교 계열이 가장 큰 비중을 차지하며, 예수교장로회(통합)와 예수교장로회(합동)가 대표적인 주류 교단으로 분류된다. 그 외에도 수백 개의 군소 교단이 존재한다. 보수 개신교 진영의 상당수는 오랜 기간 근본주의와 신유파(神癒派 – 신의 힘으로 병을 고친다는 개신교 흐름)의 영향을 받아 반공주의를 핵심 정체성으로 유지해 왔다. 이 과정에서 민주·평화 세력을 이념적 적대 대상으로 규정하는 담론이 형성되었다는 분석도 제기된다.

이러한 흐름 속에서 강경 노선의 전광훈과 손현보가 부상했다. 잠시 두 인물을 살펴보면, 전광훈은 군소 교단 출신으로 신유와 반공주의를 강조해 왔고, 손현보는 예수교장로회 고신 계열 배경 속에서 근본주의적 신앙과 반공 담론을 강하게 표명해 왔다. 두 인물은 대규모 집회의 전면에 나서며 보수·극우 개신교 집회의 상징적 인물로 자리 잡았다. 특히 군소 교단 출신인 전광훈 목사가 한기총 총회장으로 선출된 사례는 일부 주류 교권 세력이 보수·극우 정치 세력과의 연대와 대중 동원에 일정 부분 공조했음을 보여준다. 비록 주류 교단이 전면에 나서지는 않았지만, 이러한 정치적 흐름을 후방에서 묵인하거나 간접적으로 지원했다는 평가와 연결된다.

이처럼 일부 극우 개신교 세력이 헌정질서를 위협하는 정치적 행동으로 나아갈 수 있었던 배경에는 한국 개신교 주류 교권 세력의 묵인과 방조, 그리고 오랜 기간 형성되어 온 분리지향적 정죄 신앙이 자리하고 있다. 적대 세력을 설정하고 정죄하는 신앙 구조는 르네 지라르의 '희생양 메커니즘'으로 설명될 수 있다. 이는 공동체가 갈등과 위기에 직면했을 때 내부의 불안과 긴장을 특정 개인이나 소수 집단에 전가함으로써 결속을 강화하는 방식이다. 이 관점에서 볼 때, 일부 보수 개신교는 정치·사회적 갈등 속에서 특정 집단을 이념적 적대 대상으로 설정하며 내부 결속을 강화해 왔다고 볼 수 있다. 이러한 구도는 진영 논리를 심화시키고 정치적 극단화를 촉진하는 요인으로 작용해 왔다는 분석이 제기된다.

여기서 한 가지 중요한 질문이 제기된다. 한국 개신교 하위층 교인들은 어떤 사고체계와 인식 구조 속에서 극단적 집단행동에 이르게 되었는가 하는 점이다. 한국 개신교 조직은 상·하위 계층이 중층적으로 구성된 구조를 갖고 있다. 상위층은 교단 지도부와 성직자를 중심으로 한 엘리트 집단으로, 정교분리 원칙을 상황에 따라 선택적으로 적용하며 교권과 기득권을 유지해 왔다. 하위층 교인들은 이러한 지도 체계 아래에서 설교와 신앙 교육을 통해 형성된 평신도 집단으로 볼 수 있다. 상위층은 개신교가 한국에 들어온 이후 약 140여 년 동안 근본주의적 설교와 신유 집회를 통해 하위층 교인들의 신앙 정체성을 강화해 왔디. 기독교 근본주의는 19세기 말부터 20세기 초에 걸쳐 유럽의 자유주의 신학과 근대 사상(진화론, 세속주의 등)에 대응해 미국에서 형성된 신앙 운동으로, 성경의 무오성과 절대성을 강조하는 특징을 지닌다. 이러한 신학적 토대는 한국 개신교 안에서 강한 정체성으로 자리 잡았고, 이후 정치적 담론과도 결합하는 기반이 되었다.

근본주의와 권위주의의 상호 강화 메커니즘

기독교 근본주의의 주요 특징으로는 첫째, 성경 문자주의와 무오설(無誤說, biblical inerrancy)을 강조한다는 점이 꼽힌다. 성경을 역사적·과학적으로 오류가 없는 하나님의 말씀으로 간주하며, 이를 문자 그대로 해석하고 순종해야 한다고 본다. 둘째, 성경의 무오, 예수의 동정녀 탄생, 대속적 구원, 육체적 부활, 재림을 신앙의 핵심 교리로 고수한다. 셋째, 배타성과 분리주의를 지향하며 자유주의 신학이나 세속 문화, 타 종교와의 타협을 거부한다. 넷째, 진화론 등 근대 과학과 합리적 이성을 비판하거나 거부하는 경향을 보인다. 다섯째, 신앙을 '영적 전쟁'으로 인식하는 전투적 영성을 강조하며 선과 악의 이분법적 구도를 강화한다. 이러한 근본주의 특성은 강한 배타성, 권위주의적 질서, 적대적 세계관과 결합할 경우, 정치적 극단주의와 쉽게 접속할 수 있다. 일부 연구자들은 한국 개신교의 이러한 흐름이 신앙을 명분으로 신도들의 사상과 행동을 통제하고, 번영신학을 통해 자본주의적 성공을 신성화하며, 사회적 약자나 소수자를 배제하는 태도를 보여 왔다고 분석한다. 박성철 박사는 이러한 현상을 "강력한 권위주의 체제(집단)"로 규정하며, 종교적 권위가 집단 내부를 강하게 통제하는 구조를 비판했다. 또한 설훈 박사는 한국 개신교 권력 구조의 형성과정에서 개교회주의, 성장주의, 가족주의라는 지배 이념이 작동하며 권위주의적 성격을 강화해 왔다고 설명한다.

앞서, 한국 개신교 조직의 상위층인 교권 세력은 기독교 근본주의적 설교와 신유 집회를 통해 신자들의 견고한 충성도를 구축해 왔다. 신자들에게 보수 정치 권력에 대한 지지를 공개적으로 표명하며, 이를 '신이 허락한 권력'이라는 신앙적 언어로 정당화하는 한편, 비판적 시민 세력에 대해서는 국가 안보를 위협하는 존재로 규정하는 담론을 형성해 왔다. 이러한 구조의 목적은 두 가지로 정리된다. 하나는 종교 권력을 정치 권력 확보의 자원으로 활용하는 것이고, 다른 하나는 정치권력을 통해 종교 권력을 보호하고 확대 재생산하는 것이다. 두 권력은 이 과정에서 상호 숙주와 기생의 관계를 형성한다.

수치심 방어와 집단적 나르시시즘의 정치학

한국 개신교는 박정희·전두환·노태우 정부 시기 국가권력과 긴밀한 관계를 유지하며 급속한 양적 성장을 이루었다. 한때 교인 수가 1,000만 명에 육박했고, 세계 대형교회 상당수가 한국에 위치할 정도로 외형적 확장을 경험했다. 이러한 성장 과정은 교회 지도층이 정치 권력과 결합해 영향력을 확대하는 기반이 되었다는 평가가 제기된다.

한국 개신교인의 맹목적 신앙 현상을 설명하는 데 슈테판 마르크스의 『열광과 도취의 심리학』 이론이 인용된다. 그는 제3제국 당시 나치 추종자 43명을 심층 인터뷰해, 이들이 특정 이념에 매료된 배경을 '특수한 의식 상태'로 분석했다. 그 요소로는 ①마력적 지도자에 대한 투영 ②최면적 무아지경 ③수치심 방어 ④집단적 나르시시즘 ⑤이전 세대의 트라우마 ⑥종속성 등을 제시했다. 마르크스에 따르면, 추종자들은 카리스마적 지도자에게 과도한 능력을 투사하고, 집단적 열광 속에서 비판 능력이 약화된다. 수치심 방어는 공동체의 좌절과 굴욕을 외부의 '희생양'에게 전가하는 방식으로 나타난다. 이는 팩스턴이 말한 '공동체 쇠퇴와 굴욕에 대한 집착'과도 연결된다. 한국 사회 일부 보수 개신교 진영에서 특정 집단을 '적대적 대상'으로 설정하는 담론 역시 이러한 메커니즘과 유사하다. 집단적 나르시시즘은 대형 집회나 감정 중심 예배에서 강화될 수 있다. 힐송 예배 방식의 영향을 받은 '쇼 중심 예배'는 음악과 감정 고양을 통해 집단적 몰입을 강화하는 사례로 언급된다. 이 과정에서 교리적 성찰보다 감정적 체험이 강조되는 경향이 나타난다. 세대 간 트라우마의 전이 역시 설명 요소로 제시된다. 이전 세대의 근본주의적 사고방식이 청년 세대 일부에게 계승되며 정치적 성향으로 드러나는 것이다. 또한 종속성은 종교 중독 개념으로 설명된다. 박성철 교수는 종교 중독이 감각·감정 중심의 열광적 신앙 형태로 나타나며, 지도자에 대한 맹목적 복종과 타자에 대한 배타성을 강화할 수 있다고 지적한다. 이처럼 열광과 도취, 수치심 방어, 집단적 나르시시즘, 종속성 등이 결합될 때, 종교적 집단은 강한 내부 결속과 동시에 외부에 대한 배타성을 강화하는 방향으로 나아갈 수 있다는 분석이 제기된다.

록 만들었다. 이는 이성과 지성의 기능을 약화시키고, 지도자에 대한 감정적 집중을 극대화하기 위한 장치로 해석된다. 슈테판 마르크스는 이러한 '열광과 도취'의 구조가 특정 시대에 국한되지 않으며, 다른 형태로 반복될 수 있다고 경고했다. 이 관점을 적용하면, 일부 한국 개신교 집단에서 나타나는 강한 집단 몰입 현상 역시 설명 가능하다는 주장이 제기된다. 카리스마적 설교와 감정 중심 집회, 대형 부흥회와 청년 집회 등에서 인도자에게 열광하는 분위기 속에서 비판적 판단이 약화되는 양상이 나타난다는 것이다.

팩스턴의 파시즘 개념과 마르크스의 도취 심리학을 종합하면, 공동체 쇠퇴에 대한 두려움과 집단적 열광의 결합이 권위주의적 정치 동원을 가능케 한다는 것이다. 이처럼 교회의 영향력 약화에 대한 위기의식 속에서 일부 종교 지도층은 보수 정치권력과 연대하며 세속적 영향력 유지를 시도해 왔다. 이와 관련해 하나의 질문이 제기된다. 극우적 신도층이 결집하는 목적은 무엇인가. 일부 비판자들은 이를 복음화의 명분 아래 정치적 진영 확대와 공적 영향력 유지를 위한 전략으로 해석한다.

동충하초 곰팡이의 포자가 개미의 몸 안으로 침투하면, 시간이 지나면서 개미의 신경계를 교란해 행동까지 바꾸게 된다. 기생체가 숙주의 행동을 조종하는 이 현상은 흔히 '좀비 개미(zombie ant)'라고 불린다. 종교를 숙주로 삼아 기생하는 정치, 반대로 정치를 숙주로 삼아 기생하는 종교. 그것이 자의든 타의든, 그 결말은 집단의 좀비화로 이어질 위험을 낳는다. 비판적 판단과 자율성을 잃는 순간, 사회는 스스로를 통제할 능력을 잃고 타자의 의지에 종속된다. 동충하초에 잠식된 개미가 죽음으로 향하듯, 사회적 관계와 역할에서 본질을 잃은 기생은 타락에 머물지 않고 공동체를 무너뜨린다. 그것은 공동체 전체의 비극이다. ▣

숙주와 기생, 비극의 종교 파시즘

나치는 추종자들에게 비판적 사고를 차단하도록 요구하며, 감정적 몰입과 집단적 열광 속에서 체제에 동화되도

글 · 황미숙

한국교회사 박사. 한국기독교역사연구소 연구위원. 목원대, 배재대 강사 역임. 저서로 『내한감리교선교사들의 사회복지사업』으로 소망학술상 수상했고, 공저 『기독교 한국에 살다』 등과 다수의 논문을 썼다.

역날검(逆刃刀)을 든 켄신(왼쪽 뺨의 열십자 칼자국은 그의 과거를 상징한다.) (출처: Netflix 공개 포스터)

'모체포식(matriphagy)' 기술로서의 AI와 사무라이 검(劍)의 공통점

–〈루로우니 켄신〉과 일본 근대화 서사를 중심으로

이준석 | 경성대 교수

2025년 한국에서 개봉한 〈극장판 귀멸의 칼날: 무한성편(劇場版 鬼滅の刃: 無限城編, 이하 〈귀칼〉)〉은 80일 만에 560만 관객을 돌파하였고, 일반 영화와 애니메이션, 국내와 해외 작품 모두를 통털어 2025년 최고의 흥행작으로서 박스오피스 1위를 달성하였다. 〈귀칼〉은 국내 개봉한 일본 영화와 애니메이션을 통털어 역대 최고의 흥행기록을 세웠고, 제작 국가 불문하고 국내 개봉 역대 애니메이션 중 최고 매출을 갱신하였다. 이 작품은 개봉도 하기 전에 80%에 육박하는 압도적 예매율을 기록하며 문화계의 화제를 모았었다. 세계적으로는 미야자키 하야오 감독의 작품들을 제치고 역대 일본 영상 작품 중 1위를 기록하였고, 비영어권 제작 영화와 애니메이션을 통털어 북미 흥행 역대 1위와 2025년 전세계 박스오피스 6위를 기록하였다. 해당 작품은 일본에서는 12세 이상 관람가이고 한국에서는 15세 이상 관람가이지만, 아마 초중고생을 자녀로 둔 가정에서는 아이들 덕분에 많이들

동반 관람을 하셨을 것으로 사료된다.

〈귀칼〉에는 국내에서 15세 이상으로 제한상영가 등급을 받을 수 밖에 없었을 정도로 다소 잔인한 장면이 많이 나온다. 더욱이 한국은 사무라이 검(劍)과 그다지 친숙한 문화가 아니다. 한국의 선조들 역시 검을 무기로 활용하기는 하였으나, 일본의 사무라이 문화는 한국에서 볼 수 없는 매우 독특한 사회문화적, 그리고 경제적이고 계급적인 특징까지 갖고 있다. 특히 메이지유신에 이은 폐도령(廢刀令)과 더불어 사라진 사무라이 계급은, 근대화에 반하는 반-근대화 그룹과 찬성하는 친-근대화 그룹으로 나뉘어 전반적인 사회기술적 이미지를 형성하는데 일조했었다. 그렇기에 일본 문화에서 검이 갖는 이러한 역사적 맥락에 익숙하지 않은 한국인들이, 사무라이 검을 주된 '프롭(prop)'으로 활용하는 애니메이션 내지 영화에 열광하는 현상은 분석의 여지를 갖는다. 다만 〈귀칼〉에 대해서는 많은 분석이 이루어졌기에, 이 글에서는 『루로우니 켄신: 메이지 검객 낭만기(るろうに剣心: 明治剣客浪漫譚)』(이하 〈켄신〉)라는 작품에 등장하는 '기술로서의 검'에 대해 살펴보고자 한다.

〈켄신〉 시리즈는 와츠키 노부히로 작가의 작품을 원작으로 하며, 한국에는 『바람의 검심(劍心)』으로도 번역되었다. 작중 주인공의 이름인 '히무라 켄신'의 '켄신'은, 검심(劍心) 즉 검의 마음을 뜻한다. 이 작품은 일본의 메이지 유신 및 근대화 시기에 일어난 사무라이 계급의 몰락과 신정부 탄생 이후의 역사적 갈등을, 실존 인물과 가공의 인물을 교묘하게 등장시켜 내러티브로 구성한다. 특히 부제에 드러나는 메이지 시대라는 시간적 배경과 유랑 검객(るろうに剣客)이라는 주인공의 정체성이 교차하는 지점에서, 작품이 선택한 시대성과 검이라는 기술에 결부된 윤리 문제가 흥미로운 분석 대상이 되어 준다.

극장판 실사영화 포스터인 [사진]에는 주인공 히무라 켄신이 검을 든 모습이 묘사되어 있다. 켄신 역을 맡은 배우 사토 타케루가 켄신의 상징과도 같은 '역날검(逆刃刀, sakabato, reverse-blade)'을 들고 있는 모습이다. 그가 들고 있는 검에는 날카롭게 날이 벼려 있는데, 사진에서는 검

은 색의 검신(劍身)과 대비되는 흰색 부분의 칼날을 확인할 수 있다. 사실 이 칼날은 칼로 대상을 베는 쪽이 아니라 칼등 쪽에 위치하고 있다. 즉 대상을 베는 쪽은 뭉툭한 쇠 부분으로 되어 있고, 뭉툭한 칼등이 있어야 할 곳에 날카로운 칼날이 위치해 있다. 당연히 이 검으로는 대상을 벨 수가 없다. 검을 들었을 때 자신을 향하는 칼등에 칼날이 위치해 있고, 상대를 향하는 부분이 뭉툭한 쇠이기 때문이다. 삶과 죽음을 찰나에 가르는 대결의 연속 속에서 살아가는 사무라이가 왜 이러한 역날검을 사용할까.

이에 대해서는 [사진]에 드러난 켄신 왼쪽 뺨의 십자형 상처가 설명한다. 예수의 십자가를 상징하듯 켄신의 뺨에는 지난 세월의 기록이 열십자(十)의 흔적으로 기록되어 있다. 이 상흔은 사실 켄신의 인생을 걸쳐 두 번에 걸쳐 발생한 사건들의 자취이며, 그가 세운 불살생(不殺生)의 맹세, 즉 불살맹(不殺盟)이 비롯되는 기원으로써 작동한다.

열십자의 상처는 서로 다른 두 사건이 겹쳐 생긴 '이중의 흔적'이다. 열십자(十) 상처는 가로선(一) 상처와 세로선(丨) 상처로 구성되는데, 상처 하나에 하나의 사건이 정확히 대응한다. 먼저 생긴 상처는 세로줄 상처이며, 이 상처가 생긴 사건은 켄신이 살인귀로 활동하던 자신의 행동을 처음 자각하게 되는 사건이자, 비극적인 사랑의 시작을 암시하는 사건이다. 사건이 일어난 시기는 막부 말기였고, 당시 켄신은 '발도재(拔刀齋, battousai)'라는 별칭으로 불리우며 어둠 속에서 활약하고 있었다. 그는 새 시대를 열어 모든 행위자가 평등하게 잘 살 수 있는 세계를 만들고자 하는 나름대로의 코스모폴리틱스(cosmopolitics)적 방법론으로 검술을 사용하고 있었고, 정치 지도자의 명령을 받아 이를 방해하는 사람들을 제거하는 암살자의 윤리를 체현하고 있었다.

'발도재(拔刀齋)'라는 명칭은 발도술(拔刀術)의 달인이라는 뜻이다. 발도술은 검집에 꼽혀있는 칼을 발출하면서 동시에 상대를 베는 기술이며, 칼을 꺼내는 동작과 상대를 베는 동작이 분리되지 않고 한 번의 슬래쉬(slash)로 이루어진다. 이는 일반적이지 않은 물질적 배치를 사용함으로써, 발출되는 검의 궤적이 갖는 속성을 실재속성에서 감각

속성으로 변화시키는 기술이다. 즉, 발도되기 이전 상태의 검의 궤적은 곧 발도되어 상대를 벨 가능성을 가진 퇴은(退隱, withdrawn) 상태의 실재속성을 갖고, 발도된 이후에는 예측하여 대비할 수 없는 궤적을 그려 상대를 베는 감각속성을 갖는다. 발군의 발도술을 소유한 켄신은 절대적인 실력을 갖춘 암살자로서 일본의 근대화와 유신에 일조하고 있었다.

세로로 난 첫 번째 상처(ㅣ)는 켄신이 막부 측 행동 대원인 신선조(新選組)의 키요사토 아키라를 상대하다가 생긴 상처다. 당시 압도적인 실력차로 켄신에 의해 일격필살이 이루어졌으나, 미쳐 사망하기 전의 아키라가 완전히 쓰러질 때까지 몇 번이고 일어나 켄신에게 칼을 휘두른다. 이는 아키라가 약혼녀인 유키시로 토모에에게 돌아가기 위해 필사적으로 대항한 흔적인데, 그는 켄신의 뺨에 겨우 상처 하나를 남기며 사망하였다. 이 상처는 암살자로서의 켄신의 정체성과 윤리, 서로 죽이지 않으면 죽임을 당하는 막부말의 질서를 상징하는 흔적이다.

켄신 뺨에 가로로 난 두 번째 상처(一)는 아키라의 약혼녀인 토모에와 사랑에 빠진 시기의 켄신에게 난 상처다. 이 둘은 함께 지내면서 깊은 관계에 이르렀으나 사실 토모에는 전 약혼자의 복수를 하기 위해 켄신에게 접근한 것이었고, 세월이 흐르다보니 토모에 역시 켄신을 사모하게 되어 미쳐 복수를 행하지 못하게 된 상태에 발생한 사건이다. 은거해 살던 켄신에게 접근한 암살자 집단과의 최후 결전에서 앞이 보이지 않는 상황까지 몰린 켄신이 적을 감지하여 최후의 일격을 날렸다.

이 참격은 성공하여 적이 제압되었으나, 켄신과 적의 사이에는 토모에가 있었다. 이미 부상이 심했던 토모에는 적과 켄신이 서로를 향해 일격을 날리는 순간 켄신을 향한 적의 검을 몸으로 막았고, 켄신의 검은 토모에를 관통하여 적을 사살하였다. 이때 죽어가는 토모에는 켄신의 뺨에 두 번째 상처를 의도적으로 남기면서 자신을 기억해 주기를, 그리고 자신의 복수도 그것으로 이루어졌음을 암묵적으로 호명한다. 켄신은 자신이 가장 지키고 싶었던 존재를 자신의 손으로 소멸시킨 것이며, 이는 켄신이 불살맹(不殺盟)을

하게 되는 결정적 사건이 된다. 이후 켄신은 칼날이 반대로 붙어있는 역날검을 사용한다. 결국 켄신의 두 번째 상처는 희생과 '이루어진/이루어지지 않은' 복수, 그리고 속죄와 참회를 상징하는 사건의 흔적이다.

이렇게 두 번의 사건을 통해 켄신에게 각인된 흔적은, 과학기술학의 행위자-네트워크 이론에서 말하는 기입(inscription)으로 작동한다. 마치 실험실의 연구 결과가 그래프나 이미지 등으로 기입되듯, 과거 수 년 간의 행위의 결과가 흔적으로써 주체의 몸에 기입된 것이다. 뺨의 흔적은 단순한 상처가 아니며 행위자의 정체성을 규정하고, 윤리를 호명하며, 그가 행위성을 발현하는 방향을 불살(不殺)로 강제하는 비인간 행위소이자 물질적 행위자이다. 과학기술학자인 브루노 라투르와 마들렌 아크리치 등에 의해 주장된 기입의 개념은 다음과 같다. 기술의 설계자는 기술이 특정한 방향성을 갖도록 스크립트(script)를 만든다. 그리고 이 스크립트가 대상에 기입되기도 한다. 예를 들어, 자동차 시동장치에 음주측정기가 부착되어 음주 운전이 아닌 경우에만 시동이 걸리도록 기술이 적용되어 있다면, 해당 기술은 "음주를 하지 않은 상태에서만 운전을 하라"라는 도덕적 규범과 사회적 명령이 기입되어 이를 물질적으로 구현하는 것이다. 마찬가지로 켄신 뺨의 열십자 상처는 "앞으로 불살맹을 수호하라"라는 윤리적 명령을 강제하는 기입이다.

켄신이 협력한 유신지사들의 활동으로 일본은 봉건적 막부 체제를 무너뜨렸고, 현대 기술과 과학을 포함한 서양의 문물을 받아들여 근대화를 향하게 된다. 유신 이후에 켄신은 새 정부에서 일해 달라는 요청을 받았지만 이를 거부하고 역날검을 든다. 켄신이 새로 든 역날검은 검이 가진 살생이라는 감각속성을 포기하고, 활인검(活人劍)의 실재속성을 추구하는 객체가 된다. 켄신은 이 역날검을 갖고 세상을 유랑하며 더 나은 사회, 사회구성원들에게 보편적인 복지가 구현되는 이상세계, 악인이 타도되고 정의로운 사람이 승리하는 미래에 대한 사회기술적 상상을 구현하기 위해 노력한다. 켄신의 역날검에는 생명에 대한 존중과 새로운 세계를 구현하고자 하는 가치판단, 그리고 사무라이

본인의 삶의 궤적과 이상이 내재되어 있었다.

페도령 이후 검은 일본사회의 네트워크에서 해리(解離)시켜야 하는 비인간 행위소가 되었다. 그러나 검은 사무라이들의 네트워크에는 필수불가결한 의무통과점이므로, 이를 제거한다는 것은 사실 사무라이들의 행위자-네트워크 전체를 붕괴시키는 것과 같고, 메이지 정부가 의도했던 바가 이것이다. 유신 이전에는 물리적 폭력을 구현하는 매개체이자 사무라이 계급의 상징과도 같았던 검이, 유신 이후 일본의 새로운 행위자-네트워크에서는 구시대의 유물이자 소거되어야 하는 객체로 번역된다. 사실 유신의 탄생과 기원은, 〈켄신〉에서 묘사되듯 유신을 지지하던 사무라이들과 그들이 휘두르던 검의 물리적 폭력에 어느 정도 기초하고 있었는데, 이것들을 폐지한다는 것은 자신의 기원을 부정하는 행위이다. 검은 유신의 물리적 기원이다. 하지만 동시에 유신은 기원으로서의 검과 사무라이 계급을 소거하고자 하므로, 검은 존재했지만 존재할 수 없는 대상이자, '모체포식(matriphagy)'를 통해 자신(사무라이-검 어셈블리지)을 잡아먹고자 하는 아들(유신)을 낳은 어머니(검)와도 같다.

현재 우리 사회는 AI라는 새로운 기술에 결부된 코스모폴리틱스를 구성해야 하는 단계에 접어들었다. 인간의 역사에서 경험한 적이 없었던 이 기술이 장차 사회를 어떻게 변화시킬 것인가에 대해 그 어느 때보다 신중한 접근과 분석이 필요하다. 자칫하면 〈켄신〉에 묘사된 기술로서의 검처럼, AI 역시 자신을 낳아준 인간 사회를 '모체포식'하는 파괴적 기술로 진화할 가능성이 있기 때문이다. 〈켄신〉은 가상의 상황을 영상으로 구현한 미디어 작품이지만 작중에 묘사된 역사는 실제이기에, 검처럼 강력한 힘을 가진 기술로서의 AI를 사용하는 우리는 해당 기술이 역날검이 되어 거꾸로 인간 사회를 향하는 일이 없게끔 극히 조심해야 할 것이다. 이를 위해 첫째, 개발자의 경우 무분별한 AI의 발전 속도를 다소 늦추고 느린과학(slow science)으로 AI 연구를 전환시켜야 한다. 특히 인공일반지능(AGI)에 가까운 시점부터는 매 단계 신중하게 학습과 발전을 시켜야 할 것이다.

둘째, AI에게 학습 데이터가 누적된다는 점을 잊지 말고 일반 사용자들도 재미를 위해 이상한 명령이나 사상을 입력하는 것을 지양해야 한다. 이미 인터넷에는 특이한 어투를 학습시켜 AI와 장난을 치는 사용자들이 많이 보이는데, 단순한 재미를 위하기에 AI는 너무 위험한 기술이 될 수 있으므로 항상 리스크를 염두에 두어야 한다. 셋째, 극히 일부의 해커들은 윤리적 가이드라인을 우회하여 이른바 AI를 탈옥(jail-break)시키기 위해 하루 종일 다양한 실험들을 하고 있다. 기존에 보안 서버를 해킹하던 작업을 AI에 대해서 행하는 것인데, 자신을 능가하는 초지능이 탄생하는 경우 어떻게 될 지를 신중하게 생각해 보아야 한다. 〈켄신〉에도 군데군데 묘사되고 있지만 자신들이 세운 유신 정부에 의해 정작 스스로 몰락하게 된 사무라이 계급의 돌이킬 수 없는 후회를, AGI를 만든 인간이 하는 날이 오지 않기를 바란다. ID

* 이 글은 이준석(2026), 「미디어에 투사된 기술로서 검(劍)이 갖는 사회기술적 상상의 신유물론적 이해: 〈귀멸의 칼날〉 등 네 편의 영상 미디어를 중심으로」, 『미학예술학연구』의 부분을 컬럼 형식으로 수정한 것이다.

글 · **이준석**

경성대학교 창의인재대학 미래인재교양학부 조교수. 과학기술학(science and technology studies, STS)을 전공하였고, 행위자-네트워크 이론과 객체지향존재론, 신유물론 등을 연구하고 있다.

시인이 된 샹송 작가, 피에르-장 드 베랑제

강은영 | 가수
강혜영 | 작가

현재 우리는 인터넷, 스마트폰 등 고도로 발달한 정보통신기술과 인공지능 등 지능정보기술을 통해 엄청나게 많은 정보가 실시간으로 교류되는 정보사회에 살고 있다. 개인의 심리까지 주변 네트워크를 통해 영향을 받을 만큼 연결 사회가 심화되는 중이다. 과거에는 어떻게 주로 정보가 소통되었을까? 첨단 기술도 없고 문맹률도 높았는데 사회의 구성원들이 서로를 모르는 채 연결될 방법이 있었을까? 노래가 대표적인 정보 유통의 방법이 아니었을까?

라틴어 'cantus'에서 유래한 프랑스어 'chant'은 사람이나 새의 노래, 악기 소리, 시, 찬가, 반주와 대비되는 멜로디 등의 의미를 포괄한다. 여기서 파생한 '샹송(chanson)'이 우리가 일상적으로 즐겨 듣는 대중가요로서의 노래, 즉 가사와 곡조를 갖춘 구체적인 작품을 지칭하는데, 노래로 불리는 텍스트란 의미도 가진다. 이 의미가 확장되어 필사하거나 인쇄한 가사와 악보를 가리키기도 한다. 샹송에서 파생된 용어 '샹소니에(chansonnier)'는 세속적인 노래들을 모아놓은 필사본 또는 인쇄한 노래집을 일컫는데, 바로 이 노래집들이 과거에 정보를 유통하는 중요한 매개가 되었다.

초기 샹송들은 중세 음유시인들의 레퍼토리인 무훈시나 궁정풍 연애시 또는 종교 가요 등이었다. 14~15세기에 시작된 시와 음악의 분리가 르네상스 시대에 더욱 뚜렷해지면서 시는 고귀한 장르로, 샹송은 대중적인 장르로 자리 잡게 된다. 독자적인 장르로서 샹송은 정치 풍자에 힘입

노래집(샹소니에)

어 비약적으로 발전했다. 17세기 중반에 일어난 프롱드 난 동안 재상 마자랭(Mazarin)에 관한 풍자시 또는 풍자 산문 '마자리나드(Mazarinade)'가 인쇄되어 배포되면서 대유행했던 것이다. 이때 파리의 퐁 뇌프에서 풍자적 노래를 만들어 부르는 사람들을, 노래집을 이르는 용어와 마찬가지로 '샹소니에'라고 불렀다.

샹소니에들은 대중에게 이미 잘 알려진 곡조에 가사

를 붙이는 방식으로 노래를 만들었다. 악보가 없이 가사만 담겨 있는 그들의 노래 팸플릿에는 "~곡에 맞춰(sur l'air de~)"라는 언급과 함께 구전되는 노래의 제목이나 가사의 첫 줄이 적혀 있었다. 주로 퐁 뇌프 위나 그 주변에서 사람들을 끌어모아 노래를 불렀기 때문에 그들의 노래를 '퐁 뇌프'라고도 했다.

18세기 중반, 파리 시내에 유포되어 급격히 확산된 루이 15세와 그의 애첩 퐁파두르 부인에 대한 비판적인 시와 노래들은 샹송이 대중의 적극적인 소통의 매개였음을 잘 보여준다. 불온하여 금지된 시가 적힌 메모 등이 술집과 카페들에 돌았고, 사람들이 그걸 익숙한 멜로디에 붙여 노래함으로써 문맹률이 높았음에도 정보가 공유되어 빠르게 확산되었던 것이다. 공식적인 언론이 통제되던 시기에 글을 읽을 줄 아는 인구가 반도 안 되는 사회에서 샹송은 당시 사건들에 대한 세평을 전하며 부분적으로 신문의 기능을 맡았다. 또한 이 노래들은 이 사람에게서 저 사람으로 전달되면서 새로운 사건에 관한 구절이 계속 덧붙여지며 진화했다. 정보가 일방적으로 전달되는 것이 아니라 재가공되고 공유되면서, 시민들이 시와 노래를 통해 정치적 사건에

반응하고 자신의 의견을 투영한 것이다. 거리와 술집, 시장 등 일상에서 노래로 연결된 이 네트워크를 두고, 근대 이전 사회에서 구전 문화가 현대의 사회관계망 서비스(SNS)와 유사한 기능을 했다는 견해도 있다.(1)

18세기와 19세기에 이르러 정치적이고 풍자적인 노래를 만드는 '샹소니에'는 전성기를 맞는다. 노래를 부르기 위해 정기적으로 만나는 '노래회(société chantante)'들이 조직되었던 것이다. 시작은 '카보(Caveau)'였다. 카보는 1734년 몇몇 시인과 작가들이 즉흥적으로 샹송을 짓기 위해 만든 모임에서 시작되었다. 점차 많은 작가, 음악가, 철학자들이 회원으로 참여한 이 모임을 모방해 비슷한 유형의 카보들이 만들어졌고, 그 속에서 샹소니에들이 유명세를 얻게 되었다. 부르주아지에 속한 회원들로 구성된 카보에서는 풍자적인 노래뿐 아니라 외설적인 노래나 감상적인 로망스 등 폭넓은 작품이 만들어졌다.

18세기 후반에 접어들어 혁명 시기와 맞물리면서 샹송은 중요한 선전 수단이 되었다. 프랑스의 국가가 된 〈라 마르세예즈〉도 이때 만들어졌다. 혁명 후 공화국에서 샹송은 사랑이나 익살스런 농담 같은 주제로 되돌아가 잠시 유흥 위주로 방향을 틀었다. 그렇게 노래하는 모임들도 정치적 표현 측면에서 잠시 소강상태로 접어들었다가 제정 시기, 샹송을 통한 민중의 의견 표명이 감시의 대상이 되면서 일정한 한도 내에서 저항적인 모습을 보였다. 1806년에는 18세기 카보의 후신인 '모던 카보(Caveau moderne)'가 만들어졌고, 백일천하 기간에는 '고게트(Goguettes)'라는 이름의 노래 모임들이 생겨났다. '교양 있는 사람들'의 공간인 카보와 달리 노동자와 수공업자들로 구성된 고게트에서는 사회 비판적이고 풍자적인 샹송이 주로 불리면서 샹송이 정치적 열망을 분출하는 일상적인 수단이 되었다. 정치적 억압이 강해진 왕정복고기에 고게트가 노래를 통해 정치적 의견을 교환하는 모임이 되었던 것이다. 바로 이 시기에 역사상 가장 유명한 샹소니에가 등장한다. 혁명기 샹송 문화의 뛰어난 대변자이며 현대 정치적 샹송의 창시자이기도 한 피에르-장 드 베랑제(Pierre-Jean de Béranger)다.

1780년에 태어난 베랑제는 대혁명에 뛰어들 수는 없었

피에르-장 드 베랑제

지만 혁명의 영향 아래 교육을 받았다. 루소의 추종자가 운영하는 무료 초등학교에서 시민 교육을 받았는데, 학생들은 수업 후 공화주의 노래들을 합창했다. 거기서 베랑제는 노래가 가진 강한 힘을 느꼈다. 성장하여 문학에 뜻을 둔 그는 서사시와 전원시, 풍자 희극 등 다양한 문학적 시도를 했다. 당시는 감시와 검열이 만연한 제정 시대라, 혁명기의 애국적인 샹송들은 사라지고 오직 쾌락주의적 샹송만이 허용되었던 때였다. 베랑제의 다양한 시도들은 검열에 막혔지만 1813년에 쓴 〈이브토의 왕(Le Roi d'Yvetot)〉은 세상에 나와 큰 인기를 얻었다. 이 작품으로 베랑제는 문학 작가에서 샹송 작가로 거듭났고 모던 카보에 발을 들이게 되었다.

그는 자신의 영토를 조금도 넓히려 하지 않았고
누구에게나 붙임성 좋은 이웃이었다네
권력자들의 본보기가 되었던 그는
즐거움을 삶의 유일한 법으로 삼았다네
그가 숨을 거두었을 때에야 비로소
그를 묻어주던 백성들은
눈물을 흘렸다네

Il n'agrandit point ses états,
Fut un voisin commode,
Et, modèle des potentats,
Prit le plaisir pour code.
Ce n'est que lorsqu'il expira
Que le peuple qui l'enterra
Pleura. (〈이브토의 왕〉 중에서)

이브토는 노르망디에 있는 도시로 옛날 이곳 영주들이 종종 왕이란 칭호를 사용했다고 한다. 하지만 베랑제의 노래에 나오는 이브토의 왕은 실제 역사와는 무관한, 당시 황제였던 나폴레옹과 모든 점에서 정반대되는 허구적 등장인물이다. 늦게 일어나 일찍 잠들고 소박하며 군대를 소집하는 일도 거의 없는, 자신의 영토를 넓히려 들지 않고 붙임성 좋은 이웃으로 사는 온화하고 선량한 이브토의 왕을 묘사하며, 베랑제는 유럽 곳곳에서 끊임없이 전쟁을 벌이는 나폴레옹을 익살스럽게 풍자했다.

나폴레옹이 몰락하고 왕정이 복고된 후 1815년에 베랑제는 〈도덕적인 노래들과 그 외의 노래들(Les Chansons morales et autres)〉이란 노래집을 출판했다. 그의 노래들이 더 뚜렷한 정치적 색채를 띠게 되면서, 베랑제는 왕정복고 체제와 성직자 중심의 반동 정치를 비판하고 공화국과 제국의 영광을 찬양하며 자유주의 진영의 입장을 대변했다. 민중의 열망을 담아내면서 검열을 피해 자유주의적 사상을 퍼트리는 수단으로 샹송만큼 효과적인 것도 없었다. 시는 민중에게 다가가지 못했고 정치 언론은 교육받은 부유한 엘리트들의 전유물이었다. 대중들에게 익숙한 멜로디에 새로운 가사를 붙이는 샹소니에의 작업 방식으로, 베랑제는 정부의 횡포에 맞서 정견과 연대감을 나누는 민중의 네트워크를 형성하는 데 기여했다.

1820년에는 베랑제의 〈낡은 깃발(Le Vieux Drapeau)〉이 군부대에 은밀히 퍼져 나갔다. 이 샹송은 과거의 영광과 나폴레옹에 대한 향수를 불러일으키면서 프랑스인들의 애국심을 자극했고 엄청난 인기를 끌었다.

그의 독수리는 먼지 속에 남아있지
먼 곳의 공적에 지친 채로
그에게 갈리아의 수탉을 돌려주자
그는 번개를 던지는 방법도 알고 있지
프랑스여, 슬픔을 잊고
자유롭고 자랑스럽게 그를 다시 축복하라
언제쯤 먼지를 털어낼까
고귀한 색을 퇴색시키는 그 티끌을

Son aigle est resté dans la poudre,
Fatigué de lointains exploits.
Rendons-lui le coq des Gaulois;
Il sut aussi lancer la foudre.
La France, oubliant ses douleurs,
Le rebénira, libre et fière.
Quand secoûrai-je la poussière
Qui ternit ses nobles couleurs? (〈낡은 깃발〉 중에서)

이때까지도 베랑제는 여러 샹소니에 중 한 명이었지만, 왕정이 비판적인 언론을 본격적으로 탄압하는 시기였던 1821년에 두 번째 노래집을 내면서 '국가적 인물'이 되었다. '미풍양속 및 공공·종교 도덕에 대한 모독, 국왕에 대한 모욕'으로 기소되어 3개월의 징역형과 벌금 5백 프랑을 선고받았던 것이다. 베랑제를 기리는 수많은 노랫말이 만들어지고 선물들이 감옥에 쇄도했다. 복역하고 나온 그는 저명인사가 되었고, 왕정복고기에 우후죽순으로 생긴 수많은 고게트의 회원들이 그를 숭배했다.

1828년에 출판한 또 다른 노래집으로 베랑제는 다시 징역 9개월과 벌금 1만 프랑을 선고받았는데, 이런 처벌들은 그의 명성을 더욱 높여줄 뿐이었다. 대중은 모금을 통해 그의 벌금을 지불했고 빅토르 위고, 알렉상드르 뒤마 같은 저명인사들이 수감된 베랑제를 면회했다. 출소한 베랑제는 국민시인에 등극했다.

1830년 혁명 이후, 베랑제는 당대의 위대한 고문(grand conseiller)으로 추앙 받았으나 7월 왕정의 어떤 공직도 받아들이지 않았다. 그는 철저한 공화주의자로서 자신의 독립성을 지키면서 주로 철학적이고 인도주의적인 주제들로 작품을 썼다. 1848년에는 압도적인 표를 얻으며 센(Seine)주의 의원으로 선출되었으나 샹소니에로서의 자유를 지키고자 사임했다. 1957년, 그는 가난 속에서 삶을 마감했고 제2제정 정부는 국장을 치러주었지만 군중이 몰리는 것을 두려워해 대중이 장례식에 참석하는 것을 금지했다.

수많은 사람들이 베랑제의 생전에 그에게 경의를 표했다. 샤토브리앙은 그를 프랑스가 배출한 가장 위대한 시인 중 하나라 칭송했고 빅토르 위고는 그의 작품 〈레미제라블〉에서 에포닌이 베랑제의 시 몇 구절을 노래하게 했다. 베랑제가 거지에게 2수를 적선하자 한 남자가 거지에게 5프랑을 줄 테니 방금 받은 2수와 바꾸자고 했는데, 적선한 신사가 베랑제란 것을 알게 된 거지가 동전을 바꾸지 않고 간직했다는 일화도 있다. 그만큼 많은 사람들이 그를 사랑하고 존경했다.

오늘날 베랑제는 문학사에서 거의 언급되지 않는다. 1848년 이후의 문학사가 샹송과 민중 문학에 대한 부정적

인 인식을 바탕으로 구축되었기 때문이다. 대체로 샹송은 유흥에 곁들여지거나 패러디의 수단으로 활용되었고 19세기 초에 이르러서는 시와 대립하는 하위 장르로 간주되어 저속한 노래라는 평가를 받았다. 그러나 샹송은 어떤 말보다 더 민중적이었고, 자유로운 샹송은 검열을 뿌리치고 민주주의의 진전에 크게 공헌했다. 베랑제는 시 애호가와 샹송 애호가 모두를 위해 작품을 쓰면서 새로운 형태의 시를 구현하는 방식으로 샹송을 혁신한 샹소니에였다. 부르주아 엘리트와 민중이 동시에 그의 작품에 매료되었던 이유다.

그의 샹송들에 깃든 시사성이 시간이 지남에 따라 퇴색하고 정치적으로도 1848년 이후 그가 내세웠던 박애주의적 휴머니즘보다 투쟁적인 사회주의가 강해지면서 베랑제의 명성은 시들해졌지만, 샹소니에의 전통은 후세에 되살아났다. 고게트가 정치적 탄압으로 폐지되고 서민들에게 각종 공연과 연주를 제공하는 카페인 '카페-콩세르(café-concert)'가 번성하면서 유명한 샹소니에들이 나오지 않은 공백기가 잠시 있었다. 그러다가 1878년, 시인 에밀 구도(Émile Goudeau)가 '이드로파트(les Hydropathes)'란 예술 카바레의 맹아를 결성하면서 다시 샹소니에들이 대중과 만나게 되었다. 이후 '검은 고양이(Chat-Noir)'를 비롯한 유사한 스타일의 카바레들을 통해 아리스티드 브리앙(Aristide Bruant) 같은 샹소니에들이 현대 샹송의 기틀을 다졌다. 이후 사회 풍자 노래의 전통은 조르주 브라상스(Georges Brassens) 등의 뛰어난 아티스트들에 의해 부활해 훌륭한 샹송들을 우리에게 남겼다. 🆔

강은영
프랑스에서 재즈보컬을 전공했고, 대학에서 강의하며 가수로 활동 중이다.
강혜영
프랑스에서 연극학을 전공했고, 작가로 활동중이다.

(1) 로버트 단턴, 『시인을 체포하라 : 14인 사건을 통해 보는 18세기 파리의 의사소통망』, 김지혜 옮김, 문학과 지성사, 2013.